◎"十二五"高职高专规划教材·轨道交通系列
◎国家高职高专示范性骨干院校·示范专业建设推广教材
◎职业技能鉴定指导

内燃机车钳工试题解析：中级工

金　科　刘　洁　主　编
张万成　刘志勇　副主编

北京交通大学出版社
·北京·

内 容 简 介

本教材对"内燃机车钳工"职业资格考证试题进行了详尽的解析，分为选择题和判断题两部分。在对试题的分析过程中对试题所涉及的理论知识与实际操作进行了讲解，帮助读者掌握知识与技能点。本书可作为高职学生职业资格证书考试的辅导教材，也可作为中职和企业职工培训的教材，同时可供社会读者参考。

图书在版编目（CIP）数据

内燃机车钳工试题解析：中级工/金科，刘浩主编． —北京：北京交通大学出版社，2013.5

（职业技能鉴定指导）

ISBN 978 - 7 - 5121 - 1469 - 2

Ⅰ.①内…　Ⅱ.①金…　②刘…　Ⅲ.①内燃机车-钳工-职业-技能-鉴定-题解

Ⅳ.①U262.06 - 44

中国版本图书馆 CIP 数据核字（2013）第 102095 号

策划编辑：刘　辉
责任编辑：刘　辉
出版发行：北京交通大学出版社　　　　　电话：010 - 51686414
　　　　　北京市海淀区高梁桥斜街 44 号　邮编：100044
印 刷 者：北京鑫海金澳胶印有限公司
经　　销：全国新华书店
开　　本：185×260　印张：11　字数：281 千字
版　　次：2013 年 7 月第 1 版　　2013 年 7 月第 1 次印刷
书　　号：ISBN 978 - 7 - 5121 - 1469 - 2/U · 136
印　　数：1～3 000 册　　定价：27.00 元

本书如有质量问题，请向北京交通大学出版社质监组反映。对您的意见和批评，我们表示欢迎和感谢。
投诉电话：010 - 51686043，51686008；传真：010 - 62225406；E-mail：press@bjtu.edu.cn。

前　言

　　《教育部关于推进中等和高等职业教育协调发展的指导意见》中明确要求，高职院校要促进学历证书与职业资格证书对接。高职院校要实现"双证书"制，即学生毕业要求取得毕业证书和职业资格鉴定证书。铁道机车车辆专业（内燃机车方向）毕业生必须考取的职业资格证书是"内燃机车钳工"证书。同时，"内燃机车钳工"证书也是从事内燃机车检修工作的技术工人必须取得的职业资格证书。

　　内燃机车钳工理论考试题库（中级工）的题目有一千余道，从基础知识到专业知识、专业技能，范围很广。目前，还没有一本专门针对"内燃机车钳工"职业资格鉴定（中级工）的试题解析指导书。本教材针对"内燃机车钳工"考试题库进行了详尽的试题解析，对高职教学和企业职工培训均具有较高的实际使用价值。

　　本教材共分两个部分，分别对选择题和判断题进行了试题解析。本教材由黑龙江交通职业技术学院副教授金科、工程师刘浩担任主编，由黑龙江交通职业技术学院副教授张万成、凌源钢铁集团高级工程师刘志勇担任副主编，刘浩负责全书统筹和校对。本教材的编撰得到了哈尔滨铁路局齐齐哈尔机务段和凌源钢铁集团运输部的大力支持，特此感谢！

　　由于时间仓促、水平有限，教材中存在失误之处，请读者批评指正。

编者

2013 年 1 月

说　　明

　　本教材对内燃机车钳工鉴定理论考试题库——《内燃机车钳工》（铁道部人才服务中心编写）的中级工部分，逐题进行了解析。能够帮助进行职业技能鉴定的学生和在职职工更好的理解题目，更好的进行考前复习和辅导。

　　解析是逐题进行的，将题库给出的标准答案填入题干中，再对题目进行解析。按照题库的排列方式，分别对选择题和判断题进行解析。

目　录

内燃机车钳工（中级）练习题解析（共 1186 道）

第一部分 选择题（单项选择题 949 道）

1. 机车轴瓦是（B）轴承。

 （A）滚动   （B）滑动   （C）推动   （D）含油

 解析：轴瓦指滑动轴承，一般由两片半圆轴瓦组成。

2. 机体内部结构不能用单一剖切平面剖开，而是采用几个互相平等的剖切平面将其剖开，这种剖视图称为（D）。

 （A）斜剖   （B）旋转剖   （C）复合剖   （D）阶梯剖

 解析：阶梯剖视图：假想用几个平行的剖切平面剖开机件后向投影面投影所画的视图（图1）。

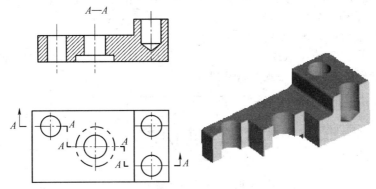

图 1 阶梯剖

3. 1∶2 的比例（B）。

 （A）是放大的比例   （B）是缩小的比例

 （C）图、物相同   （D）图、物无关

 解析：比例的概念：比例为图样中机件要素的线性尺寸与实际机件相应要素的线性尺寸之比。

4. 直线 AB 与 H 面平行，与 W 面倾斜，与 V 面倾斜，则 AB 是（C）。

 （A）正平线   （B）侧平线

 （C）水平线   （D）一般位置直线

 解析：如图2所示 V——正投影面；W——侧投影面；H——水平投影面；V、H 交线——OX 轴；H、W 交线——OY 轴；V、W 交线——OZ 轴。平行于 H 面而与 V、W 面倾斜的直线称为水平线（与 z 轴垂直），因此 AB 为水平线。平行于 V 面而与 H、W 面倾斜的直线称为正平线（与 y 轴垂直）。平行于 W 面而与 H、V 面倾斜的直线称为侧平线（与 x 轴垂直）。

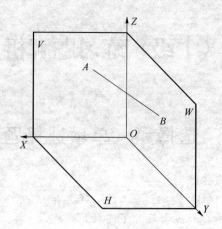

图 2 投影面

5. 平面与 V 面垂直，与 H 面平行，与 W 面垂直，则该平面是（B）。

（A）正垂面 　　　　　　　　（B）水平面

（C）侧平面 　　　　　　　　（D）一般位置平面

解析：如图 2 所示，平行于 H 面与 V、W 两个面垂直的平面是水平面；平行于 W 面与 V、H 两个面垂直的平面是侧平面；垂直于 V 面的平面是正垂面。

6. 手锯锯条的楔角是（C）。

（A）30° 　　　　（B）40° 　　　　（C）50° 　　　　（D）60°

解析：楔角指锯齿尖角的度数（见图 3）。

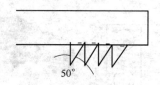

图 3 手锯锯条楔角

7. 铰刀校准部分的前角是（A）。

（A）0° 　　　　（B）5° 　　　　（C）10° 　　　　（D）−5°

解析：铰孔：用铰刀进行精密孔加工和修整性加工的方法。例如铰孔螺丝定位。

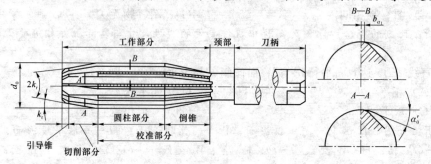

铰刀的结构

图 4 铰刀

8. 液压传动装置实质上是一种（D）装置。

(A) 运动传动 　　(B) 力的传递 　　(C) 液体变换 　　(D) 能量转换

解析：液压泵将机械能转变成液体的压力能，通过液体传递后，由液压马达将压力能转变为机械能。

9. 平行于一个投影面，而于另外两个投影面倾斜的直线，称为（B）。

(A) 投影面垂直线 　　　　　　　　(B) 投影面平行线

(C) 相贯线 　　　　　　　　　　　(D) 水平线

解析：如图2所示，平行于一个投影面，而与另外两个投影面倾斜的直线称为投影面平行线，若与 H 面平行，则称为水平线。

10. 有效功率等于柴油机指示功率减去柴油机（A）。

(A) 机械损失功率 　　　　　　　　(B) 摩擦损失功率

(C) 燃油消耗率 　　　　　　　　　(D) 换气损失功率

解析：柴油机气缸内工质在单位时间内对活塞所作的指示功称为指示功率，用 N_i 表示，单位 kW。指示功率表示气缸中工质交给活塞的总能量，代表柴油机的总收入，因为柴油机内部还有种损失，所以对外不能全部输出。柴油机内部各种损失主要有：1.活塞组与气缸间往复运动摩擦损失；2.轴与轴承间滑动摩擦或滚动摩擦损失；3.齿轮传动中的冲击及摩擦损失；4.柴油机内各附件如机油泵、水泵、喷油泵、扫气泵及气门驱动机构等部件的驱动动力；5.进、排气过程中所消耗的功等。所有这些动力损失的总和称为机械损失功率 N。运转的柴油机必然有机械损失功率，这些消耗为维持运转所必需，但可设法减少损耗。

柴油机曲轴输出的有效功率为气缸内发出指示功率与机械损失功率之差值。

11. （B）是液压系统的动力部分。

(A) 电动机 　　(B) 液压泵 　　(C) 油压泵 　　(D) 液压马达

解析：见第 8 题解析。

12. 液压传动是依靠（D）来传递运动的。

(A) 压力的变化 　　　　　　　　　(B) 流量的变化

(C) 速度的变化 　　　　　　　　　(D) 密封容积的变化

解析：液压传动是利用密封系统内液体作为工作介质来传递能量和进行控制的传动方式。

13. 若要改变油缸活塞的运动速度，只要改变流入液压油缸中的油液的（B）即可。

(A) 压力 　　(B) 流量 　　(C) 速度 　　(D) 方向

解析：流量为体积除以时间，活塞速度为距离除以时间，实际上流量是表示单位时间进入油缸的油量，即单位时间活塞扫过的体积（即活塞的移动距离乘以活塞面积）。

14. 油液流经无分支管道时，每一横截面上通过的（B）一定是相等的。

(A) 压力 　　(B) 流量 　　(C) 速度 　　(D) 平均流速

解析：根据流液的连续性方程，液体在管路中如果是连续流动（即液流在管路中既无漏泄也无补充）液体的可压缩性很小，在一般情况下认为是不可压缩的，即密度 ρ 为常数。由质量守恒定律可知，理想液体在通道中作稳定流动时，液体的质量既不会增多，也不会减少，因此在单位时间内流过通道任一通流截面的液体质量一定是相等的。如图 5 所示，管路的两个通流面积分别为 A_1、A_2，液体流速分别为 v_1、v_2，液体的密度 ρ 为，则有

$$\rho v_1 A_1 = \rho v_2 A_2 = 常量$$
$$v_1 A_1 = v_2 A_2 = q = 常量 \tag{1-1}$$

式（1-1）称为液流的连续性方程，它说明不可压缩液体在通道中稳定流动时，流过各截面的流量相等，而流速和通流截面面积成反比。因此，流量一定时，管路细的地方流速大，管路粗的地方流速小。

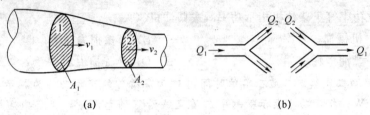

(a)　　　　　　　　　　　　(b)

图 5　理想液体在通道中流动

15. 已知活塞运动速度 $v = 0.04$ m/s，活塞有效工作面积 $A = 0.008$ m²，则输入液压缸的流量为（A）。

(A) 3.2×10^{-4} m²/s　　　　　　　(B) 3.2×10^{-3} m²/s

(C) 5 m²/s　　　　　　　　　　　(D) 0.2 m²/s

解析：流量＝体积/单位时间＝m³/s＝$v \times A$＝0.04 m/s×0.008 m²＝3.2×10^{-4} m²/s

16. 已知活塞有效工作面积为 0.000 8 m²，外界负载为 9 720 N，则液压缸的工作压力为（B）。

(A) 12.15×10^{-4} Pa　　　　　　(B) 12.15×10^{5} Pa

(C) 8.2×10^{-7} Pa　　　　　　　(D) 8.2×10^{-6} Pa

解析：答案为 B，$P = F/A = 9\,720$ N/0.000 8 m²＝12.15×10^{5} Pa。

17. 在测量过程中，由一些无法控制的因素造成的误差称为（A）。

(A) 随机误差　　(B) 系统误差　　　(C) 粗大误差　　　(D) 偶然误差

解析：误差从性质上可分为三大类，即系统误差；随机（偶然）误差；疏失误差（粗大误差、过失误差）。

系统误差：系统误差是指按一定规律出现的误差；在同一条件下，多次重复测试同一量时，误差的数值和正负号有较明显的规律。

随机误差（偶然误差）：在同一条件下，对某一量多次重复测量时，各次的大小和符号均以不可预定的规律变化的误差。随机误差或偶然误差是具有不确定性的一类误差。

过失误差：由于人员的疏失，如测错、读错、记错或计算错误等，或由于测试条件突变导致测量误差明显地超出正常值。

依题意，此题应选 A。

18. 通过测量某一量值，并借助已知函数关系计算出需要的测量数据的测量方法叫（B）。

  （A）直接测量 （B）间接测量 （C）函数计算 （D）误差换算

  解析：测量是为获得测量结果或被测量的值进行的一系列操作，它是将被测量与同性质单位的标准量进行比较，并确定被测量对标准的倍数。

  直接测量是用测量仪器和被测进行比较，直接读出被测的测量结果。

  间接测量不能直接用测量仪器得到被测量的大小，而依据与被测量有确定函数关系的几个量，代入函数关系式而得到被测量的大小。

19. 用量具测出零件的弓高和弦长，通过公式计算出直径的测量方法叫（B）。

  （A）直接测量 （B）间接测量 （C）随机测量 （D）系统测量

20. 两孔的中心距一般都用（B）法测量。

  （A）直接测量 （B）间接测量 （C）随机测量 （D）系统测量

21. 钻黄铜或表铜，主要要解决钻头的（B）。

  （A）抗力 （B）挤刮 （C）散热 （D）扎刀

  解析：因为铜比较软，可解决钻头的挤刮问题。

22. 毛坯上扩孔主要解决的是（B）问题。

  （A）切削深度 （B）定心难 （C）进给量 （D）转速选定

  解析：为保证定心准确，常采用扩孔钻头。钻的刀齿数较多，导向性好，切削平稳，有利于定心。

23. 可以独立进行装配的部件称为（C）。

  （A）装配系统 （B）装配基准 （C）装配单元 （D）组件

  解析：例如活塞连杆组就是一种装配单元。

24. 用测力扳手拧紧螺纹目的是为了（B）。

  （A）防松   （B）控制拧紧力矩

  （C）保证正确连接   （D）提高装配效率

  解析：使用测力扳手时，当达到规定力矩会提示或指针达到相应位置。

25. 弹簧垫圈上开出斜口目的是为了（C）。

  （A）增大预紧力   （B）产生弹力

  （C）防止螺母回转   （D）增大摩擦力

  解析：斜口方向与旋转方向相对，起到防缓作用，弹簧垫也叫作防缓垫，防止螺母回转、松动。

26. 圆锥面过盈连接是利用包容件与被包容件的（A）而获得过盈量的。

  （A）相对轴向位移   （B）过盈值的大小

  （C）配合性质   （D）装配方法

  解析：圆锥面配合时，因为是锥面，轴向位移增大配合的径向过盈量随之增大。

DF$_{4B}$机车牵引电动机小齿轮就是典型的圆锥面配合。

27. 滚动轴承顶预紧的根本目的是（D）。

 （A）消除游隙   （B）减少变形

 （C）增大载荷   （D）提高轴承工作时的刚度和旋转精度

解析：预紧的含义是在轴承组装中，人为调节轴承轴向及径向游隙，使游隙减少，提高轴承工作的刚度和旋转精度的方法。游隙指轴承在未安装于轴或轴承箱时，将其内圈或外圈的一方固定，然后未被固定的一方做径向或轴向移动时的移动量。根据移动方向，可分为径向游隙和轴向游隙。

28. 蜗杆传动机构正确啮合，在蜗轮轮齿上的接触斑点位置应在（C）。

 （A）齿面中部   （B）齿面端部

 （C）齿面中部稍偏蜗杆旋出方向 （D）齿面中部稍偏蜗杆旋入方向

解析：如图6所示。蜗杆传动是在空间交错的两轴间传递运动和动力的一种传动，两轴线间的夹角可为任意值，常用的为90°。蜗杆传动用于在交错轴间传递运动和动力。

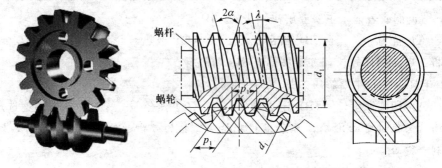

图6 蜗杆传动

 接触斑点是指安装好的齿轮副在轻微的制动下，运转后齿面上分布的接触擦亮痕迹，接触斑点的位置在齿面中部稍偏蜗杆旋出的方向可以保证传递载荷的能力，降低传动噪声，延长使用寿命。

29. 当齿轮的接触斑点位置正确，而接触面积太小时，是由于（D）所致。

 （A）侧隙太大   （B）中心距偏大

 （C）中心距偏小   （D）齿形误差太大

解析：接触斑点正确指在齿轮的齿面上沿长度方向（齿宽）和沿高度方向的接触斑点位置都有斑点。接触面积太小时，齿面不符合渐开线的齿面，所以接触面积小，也就是齿形误差太大。

30. 齿轮安装中心距误差不仅影响齿轮的接触位置，而且影响（A）。

 （A）齿侧间隙   （B）接触面积   （C）传动比   （D）传动效率

解析：齿侧间隙是指齿轮啮合传动时，为了在啮合齿廓之间形成润滑油膜，避免因轮齿摩擦发热膨胀而卡死，齿廓之间必须留有间隙，此间隙称为齿侧间隙，简称侧隙。

 中心距过大，齿侧间隙变大，工作冲击较大；中心距过小，齿侧间隙变小，易卡死。

31. 两啮合齿轮接触面积的大小，是根据齿轮的（A）要求而定的。

　　（A）接触精度　　（B）齿侧间隙　　（C）运动精度　　（D）转速高低

解析：接触精度是指两配合表面，接触表面和连接表面间达到规定的接触面积大小和接触点分布情况。接触精度是齿轮精度的第三组精度，包括接触斑点≥70％、FB-齿向公差、Fpx-轴向齿距极限偏差。

32. 螺纹连接属于（C）。

　　（A）可拆的活动连接　　　　　　　（B）不可拆的固定连接

　　（C）可拆的固定连接　　　　　　　（D）不可拆的活动连接

33. 楔键连接属于（C）。

　　（A）可拆的活动连接　　　　　　　（B）不可拆的固定连接

　　（C）可拆的固定连接　　　　　　　（D）不可拆的活动连接

解析：楔键上下面是工作面，键的上表面有 1∶100 的斜度，轮毂键槽的底面有 1∶100 的斜度。把楔形键打入轴和轮毂时，表面产生很大的预紧力，工作时主要靠摩擦力传递扭矩，并能承受单方向的轴向力。缺点是会迫使轴和轮毂产生偏心，仅适用于对定心要求不高、载荷平稳和低速的联结。

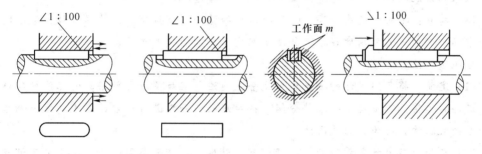

图 7　楔键

34. 销连接属于（C）。

　　（A）可拆的活动连接　　　　　　　（B）不可拆的固定连接

　　（C）可拆的固定连接　　　　　　　（D）不可拆的活动连接

解析：销可以分为圆柱销、圆锥销和异形销等，它属于可拆的固定连接。

35. 操作简便，生产效率高的装配方法是（A）。

　　（A）完全互换法　　（B）选配法　　（C）调整法　　（D）修配法

解析：装配方法有以下几种。

1）互换法：配合零件公差之和小于或等于规定的装配允差，零件可完全互换。例如滚动轴承。

2）调整法：通过尺寸调整件的选择，零件互换位置等进行调整。例如气缸盖调整垫、喷油泵调整垫等。

3）修配法：在修配件上预留修配量，装配时修去多余的部分，保证配合精度。例如滑动轴承，抱轴瓦。

4）完全互换法：配合零件公差之和小于或等于装配允许偏差，零件完全互换。操作方便，易于掌握，生产率高，便于组织流水作业。但对零件的加工精度要求较高。适于配合零件数较少，批量较大，零件采用经济加工精度制造时采用。

根据以上介绍，依题意应选 A。

36. 采用分组选配法装配，配合精度的高低取决于（D）。

　　（A）零件的加工精度　　　　　　（B）装配方法

　　（C）装配过程　　　　　　　　　（D）分组数

解析：选择装配法。

1）定义：将装配尺寸链中组成环的公差放大到经济可行的程度，然后选择合适的零件进行装配，以保证装配精度要求的装配方法，称为选择装配法。

适用场合：装配精度要求高，而组成环较少成批或大批量生产。

2）种类

直接选配法。

（1）定义：在装配时，工人从许多待装配的零件中，直接选择合适的零件进行装配，以保证装配精度要求的选择装配法，称为直接选配法。

（2）特点：①装配精度较高；②装配时凭经验和判断性测量来选择零件，装配时间不易准确控制；③装配精度在很大程度上取决于工人的技术水平。

分组选配法。

（1）定义：将各组成环的公差相对完全互换法所求数值放大数倍，使其能按经济精度加工，再按实际测量尺寸将零件分组，按对应的组分别进行装配，以达到装配精度要求的选择装配法，称为分组选配法。

（2）应用：在大批大量生产中，装配那些精度要求特别高同时又不便于采用调整装置的部件，若用互换装配法装配，组成环的制造公差过小，加工很困难或很不经济，此时可以采用分组选配法装配。

3）一般要求：

（1）采用分组法装配最好能使两相配件的尺寸分布曲线具有完全相同的对称分布曲线，如果尺寸分布曲线不相同或不对称，则将造成各组相配零件数不等而不能完全配套，造成浪费；

（2）采用分组法装配时，零件的分组数不宜太多，否则会因零件测量、分类、保管、运输工作量的增大而使生产组织工作变得相当复杂，同时降低配合精度，因此此题选 D。

4）特点：主要优点是零件的制造精度不高，但却可获得很高的装配精度；组内零件可以互换，装配效率高。不足之处是增加了零件测量、分组、存贮、运输的工作量。分组装配法适用于在大批大量生产中装配那些组成环数少而装配精度又要求特别高的机器结构。

37. 一般来说，流水线、自动线装配都采用（A）。

　　（A）完全互换法　　（B）选配法　　　（C）调整法　　　（D）修配法

解析：见35题解析。

38. 部件装配是从（A）开始的。

 （A）零件 （B）基准零件 （C）装配单元 （D）基准部件

39. 根据装配精度合理分配各组成环公差的过程，叫作（C）。

 （A）工艺分析 （B）尺寸计算 （C）解尺寸链 （D）精度保证

解析：尺寸链（dimensional chain）（见图8），在零件加工或机器装配过程中，由互相联系的尺寸按一定顺序首尾相接排列而成的封闭尺寸组。组成尺寸链的各个尺寸称为尺寸链的环。其中，在装配或加工过程最终被间接保证精度的尺寸称为封闭环，其余尺寸称为组成环。根据装配精度合理分配各组成环公差的过程就叫解尺寸链。封闭环的公差等于各组成环公差之和。组成环可根据其对封闭环的影响性质分为增环和减环。若其他尺寸不变，那些本身增大而封闭环也增大的尺寸称为增环，那些本身增大而封闭环减小的尺寸则称为减环。

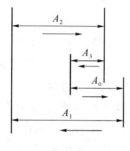

图8　尺寸链

40. 封闭环的公差等于（A）。

 （A）各组成环公差之和   （B）各组成环公差之差

 （C）减环公差之和   （D）增环公差之和

解析：见39题的解析。

41. 修配法解尺寸链的主要任务是确定（D）在加工时的实际尺寸。

 （A）增环 （B）减环 （C）封闭环 （D）修配环

解析：采用修配法装配时，各组成环均按该生产条件下经济可行的精度等级加工，装配时封闭环所积累的误差，势必会超出规定的装配精度要求。为了达到规定的装配精度，装配时须修配、装配尺寸链中某一组成环的尺寸（此组成环称为修配环）。为减少修配工作量，应选择那些便于进行修配的组成环做修配环。在采用修配法装配时，要求修配环必须留有足够但又不是太大的修配量。

42. 采用修配法装配时，尺寸链中的各尺寸均按（B）制造。

 （A）装配精度要求   （B）经济公差

 （C）修配量   （D）封闭环公差

解析：经济公差对于某固定设备来说，就是加工零件经济精度，如轴加工，车床一般达到7、8级。从6到5级，车床的加工成本就高了，或达不到精度要求。应改用磨削的方式会更经济。不同的设备有不同的功用。其加工的方式也不同，如平面、内圆，等等。

因此考虑零件加工的方式、精度等级和经济性、能力问题，应选用不同的设备来完成。

43. 装配时，通过调整某一零件的（D）来保证装配精度要求的方法叫调整法。

    （A）精度   （B）形状   （C）配合公差   （D）尺寸或位置

解析：见 35 题的解析。

44. 一般情况下，曲轴轴颈都是经过（D）来完成的。

    （A）车削和钻削   （B）车削和铣削   （C）钻削和铣削   （D）车削和磨削

解析：轴颈一般要求加工精度较高，所以要车削后磨削。

45. 对柱塞偶件进行滑动性检查，通常是将其倾斜（B），再提起柱塞看其是否能自由滑动落下。

    （A）30°   （B）45°   （C）60°   （D）80°

解析：清洗滑动试验，将清洗过的柱塞偶件斜置 45°，使柱塞转到任何圆周位置抽出 25～30 mm，放手后柱塞都应能借助自重滑落到柱塞套底，且无任何阻滞感觉。否则说明配合过紧，应研磨修复。

46. 标准柱塞偶件的严密度，其合格范围为（D）。

    （A）10 s   （B）10～15 s   （C）7 s   （D）7～25 s

解析：此题考查严密度试验。由试验台的液压缸产生作用力通过密封压盖密封柱塞偶件的顶面，确定柱塞的滑键中心线与柱塞套定位槽中心线相交成 40°夹角，试验时该状态由专用夹具予以保证。在柱塞套内充满试验油，由试验台的液力顶缸产生作用力，在柱塞的尾端施加 5 595 N 的恒定推力，使柱塞向上移动。这时，在柱塞偶件的顶部将形成 22 MPa 的稳定油压，在整个有效供油行程里，由于柱塞与柱塞套之间存在着一定的间隙，使得里面的试验油慢慢渗漏，柱塞则缓慢上升。柱塞移动一个供油行程所需的时间即为柱塞偶件的严密度。连续试验 2～3 次，测得的时间相差应不超过 4s。

47. 柱塞偶件严密度过大，说明（A）。

    （A）配合间隙过小，滑动性差   （B）配合间隙过大，会造成漏油

    （C）密封性能好，工作状态好   （D）密封性能差，工作状态不好

解析：如 46 题解析，严密度小则表示间隙小。

48. 对机车主要部件进行检查修理，以恢复机车的基本性能的修程是（B）。

    （A）大修   （B）中修   （C）小修   （D）辅修

解析：修程指机车修理的级别。我国分为大修、中修、小修、辅修四级，中修、小辅修为段修，大修为厂修，修程不同，技术要求也不同。

大修：要求机车全面检查，大范围（各部件、管系等）解体检修，最终恢复机车基本性能。

中修：要求机车全面检查，中等范围（主要部件）解体检修，最终恢复机车主要性能。

小修：机车全面检查，小范围（关键部件）解体检修，有针对性地恢复机车运行可靠性。有技术诊断条件者，可按其状态进行修理。

辅修：机车全面检查，保养清扫，做故障诊断，按状态修理。

49. 一般来说，内燃机车的最大运用速度为（A）。

(A) 200 km/h　　(B) 180 km/h　　(C) 160 km/h　　(D) 140 km/h

解析：由于受内燃机功率限制，内燃机车最大速度大约在 200 km/h，我国速度最高内燃机车 DF_{11} 和 DF_{4D} 准型，为 170 km/h。货运机车一般在 100 km/h，HXN_5 为 120 km/h。

50. 在落轮坑实施落轮作业时，一般（B）。

(A) 要分解转向架　　　　　　(B) 不分解转向架
(C) 要分解轮对　　　　　　　(D) 两转向架可同时进行

解析：同一转向架装有 3 个轮对，用落轮坑进行落轮作业时，不用分解转向架，拆除轮对连接部件，包括轴箱拉杆、电机吊杆、轴向弹簧等，轮对落入落轮坑，侧移出车体外。

51. 车间内的各种起重机、电瓶车、平板车属于（C）。

(A) 生产设备　　(B) 辅助设备　　(C) 起重运输设备　　(D) 试验设备

解析：设备分为机械设备和动力设备两大类，机械设备包括金属切削机床、锻压设备、起重运输设备、木工铸造设备、专业生产设备、其他机械设备；动力设备包括动能发生设备、电器设备、工业炉窑、其他动力设备。

52. 磨削的工件硬度高时，应选择（A）的砂轮。

(A) 较软　　(B) 较硬　　(C) 任意硬度　　(D) 硬度适中

解析：砂轮硬度的选择，砂轮硬度是衡量砂轮"自锐性"的重要指标。磨削过程中，磨粒逐渐由锐利而变钝，部分钝化了的磨粒继续工作，作用在磨粒上的压力就会不断增大。当压力大到一定数值时，有的磨粒会自行崩碎而形成新的刃口。当压力超过结合剂的黏结力时，磨粒会自行脱落。钝化了的磨粒自行崩碎或脱落使砂轮保持锐利的特性称为"自锐性"。较软的砂轮有较好的"自锐性"，可提高砂轮的磨削性能，减小磨削力和磨削热。磨硬材料时，磨粒容易钝化，应选用软砂轮，以使砂轮锐利。磨软材料时，砂轮不易钝化，应选用硬砂轮，以避免磨粒过早脱落损耗。磨削特别软而韧的材料时，砂轮易堵塞，可选用较软的砂轮。

53. 测量误差对加工（A）。

(A) 有影响　　(B) 无影响　　(C) 影响较大　　(D) 可以忽略

解析：因为在加工中要经常对加工的零件进行测量，然后决定进刀量大小，如果测量误差过大，有可能使加工的零件报废。

54. 选择划线基准时，应先根据图纸找出（C），使划线的基准尽量与设计基准一致，以便直接量取划线尺寸，简化换算。

(A) 找出基准　　(B) 统一基准　　(C) 设计基准　　(D) 测量基准

解析：在零件图上用以确定其他点、线、面位置的基准，称为设计基准。例如轴套零件，各外圆和内孔的设计基准是零件的轴心线，端面 A 是端面 B、C 的设计基准，内孔的轴线是外圆径向跳动的基准。

55. 滚动轴承精度等级分为（C）四级。

(A) A、B、C、D　　　　　　　　(B) B、C、D、E

(C) C、D、E、G　　　　　　　　(D) D、E、F、G

解析：C 最高，G 最低。

56. 钩舌有裂纹时（C）。

　　(A) 允许焊修　　(B) 恢复原形　　(C) 禁止焊修　　(D) 加工合格

解析：段规规定，车钩各零件须探伤检查，下列情况禁止焊修。

1）车钩钩体上的横向裂纹，扁销孔向尾部发展的裂纹。

2）钩体上距钩头 50 mm 以内的砂眼和裂纹。

3）钩体上长度超过 50 mm 的纵向裂纹。

4）耳销孔处超过该处端面 40% 的裂纹。

5）上、下钩耳间（距钩耳 25 mm 以外）超过 30 mm 的纵、横裂纹。

6）钩腕上超过腕高 20% 的裂纹。

7）钩舌上的裂纹。

8）车钩尾框上的横裂纹及扁销孔向端部发展的裂纹。

57. 机车能够牵引列车运行于线路上，是由于（A）作用于机车的结果。

　　(A) 外力　　　　(B) 内力　　　　(C) 牵引力　　　　(D) 制动力

解析：如果把机车吊起来，转矩只能作为内力矩，只能使机车动轮转动，机车不能平行移动。机车在钢轨上，轮轨间有压力接触时，轮轨间产生力的作用，使机车发生平移的外力称为轮周牵引力，简称牵引力，这是使机车前进的唯一外力。

58. 人对下列振动中的（A）最不敏感。

　　(A) 左右横向振动　　　　　　　(B) 前后纵向振动

　　(C) 铅垂方向的振动　　　　　　(D) 都一样

解析：人体立位时对垂直振动敏感；卧位时对水平振动敏感。

59. 我国旅客列车的列车管规定压为（B）。

　　(A) 550 kPa　　(B) 600 kPa　　(C) 650 kPa　　(D) 500 kPa

解析：《技规》201 条规定，旅客列车、行邮行包列车自动制动机主管压力为 600 kPa，其他列车为 500 kPa。长大下坡道区段及重载列车自动制动机主管压力由铁路局规定，报原铁道部批准。

60. 我国货物列车的列车管规定压为（B）。

　　(A) 550 kPa　　　　　　　　　(B) 500 kPa 或 600 kPa

　　(C) 450 kPa　　　　　　　　　(D) 600 kPa

解析：见 59 题。

61. 从设备本身和人身安全考虑，运行中的电压互感器二次侧（C）。

　　(A) 不允许开路　　(B) 允许开路　　(C) 不允许短路　　(D) 允许短路

解析：变压器二次侧发生短路，会导致线圈铜耗几百倍增加，导致发热。

62. 当总风缸达到（C）时，高压安全阀应喷气。

(A) 800 kPa   (B) 850 kPa   (C) 950 kPa   (D) 900 kPa

解析：正确答案应为 C，当达到 950 kPa 时，为保护总风缸，安全阀喷气。

63. 同步主发电机组轴向中心线与车架纵向中心线水平方向位置允差为 (D)。

     (A) 5 mm   (B) 6 mm   (C) 8 mm   (D) 4 mm

64. 产品设计属于 (D)。

     (A) 基本生产   (B) 辅助生产

     (C) 生产服务   (D) 生产技术准备

解析：生产过程分为基本生产过程、生产技术准备过程、辅助生产过程、附属生产过程、副业生产过程、生产服务过程。生产技术准备过程包括产品设计、工艺设计、工艺装备设计和制造、材料消耗定额和工时消耗定额的制定与修订、新产品的试制和试验等。

65. 畸形工件需多次划线时，为保证加工质量必须做到 (C)。

     (A) 安装方法一致   (B) 划线方法一致

     (C) 划线基准统一   (D) 借料方法相同

解析：划线是加工的基础，对畸形工件多次划线没有统一的划线基准，会造成加工的工件形状和位置的超差。

66. 箱体加工时，是用箱体的 (D) 来找正的。

     (A) 面   (B) 孔   (C) 安装基准   (D) 划线

解析：如图 9，虚线为划线进行找正的划线位置，划线 A 作为加工的工艺基准。

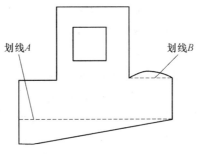

图 9　划线

67. 当麻花钻顶角小于 118°时，两主切削刃呈 (C) 形。

     (A) 直线   (B) 曲线   (C) 外凸   (D) 内凸

解析：标准麻花钻顶角，$2K_r=118°\pm2°$

$2K_r=118°$时，两主切削刃为直线。

$2K_r>118°$时，两主切削刃为曲线，内凹。

$2K_r<118°$时，两主切削刃为曲线，外凸。

实用意义：顶角减小、切削刃长度增加、负荷减小、轴向抗力减小、易定心，散热好，刀具耐用度提高，但排屑困难，118°是比较合理的角度。

68. 当麻花钻顶角大于 118°时，两主切削刃呈 (D) 形。

     (A) 直线   (B) 曲线   (C) 外凸   (D) 内凸

解析：见 67 题的解析。

69. 目测麻花钻（A），可以判断出麻花钻后角的大小。

（A）横刃斜角　　（B）顶角　　　　（C）前角　　　　　（D）钻心角

解析：麻花钻的主要几何角度。

1）螺旋角 β：螺旋角是钻头螺旋槽上最外圆的螺旋线展开成直线后与钻头轴线的夹角。由于螺旋槽上各点的导程相同，因而钻头不同直径处的螺旋角是不同的，外径处螺旋角最大，越接近中心螺旋角越小。增大螺旋角则前角增大，有利于排屑，但钻头刚度下降。标准麻花钻的螺旋角为 $18°\sim38°$。对于直径较小的钻头，螺旋角应取较小值，以保证钻头的刚度。

2）前角 γ：由于麻花钻的前刀面是螺旋面，主切削刃上各点的前角是不同的。从外圆到中心，前角逐渐减小。刀尖处前角约为 $30°$，靠近横刃处则为 $-30°$ 左右。横刃上的前角为 $-50°\sim-60°$。

3）后角 α：麻花钻主切削刃上选定点的后角，是通过该点柱剖面中的进给后角 α 来表示的。柱剖面是过主切削刃选定点 m，作与钻头轴线平行的直线，该直线绕钻头轴心旋转所形成的圆柱面。α 沿主切削刃也是变化的，越接近中心 α 越大。麻花钻外圆处的后角通常取 $8°\sim10°$，横刃处后角取 $20°\sim25°$。这样能弥补由于钻头轴向进给运动而使主切削刃上各点实际工作后角减小所产生的影响，并能与前角变化相适应。

4）主偏角 κ：主偏角是主切削刃选定点 m 的切线在基面投影与进给方向的夹角。麻花钻的基面是过主切削刃选定点包含钻头轴线的平面。由于钻头主切削刃不通过轴心线，故主切削刃上各点基面不同，各点的主偏角也不同。当顶角磨出后，各点主偏角也随之确定。主偏角和顶角是两个不同的概念。

5）锋角 2φ：锋角是两主切削刃在与其平行的平面上投影的夹角。较小的锋角容易切入工件，轴向抗力较小，且使切削刃工作长度增加，切削层公称厚度减小，有利于散热和提高刀具耐用度。若锋角过小，则钻头强度减弱，变形增加，扭矩增大，钻头易折断。因此，应根据工件材料的强度和硬度来刃磨合理的锋角，标准麻花钻的锋角 2φ 为 $118°$。

6）横刃斜角 ψ：横刃斜角是主切削刃与横刃在垂直于钻头轴线的平面上投影的夹角。当麻花钻后刀面磨出后，ψ 自然形成。横刃斜角 ψ 增大，则横刃长度和轴向抗力减小。标准麻花钻的横刃斜角为 $50°\sim55°$。目测麻花钻横刃斜角，可以判断麻花钻后角的大小。

麻花钻的结构特点及其对切削加工的影响。

麻花钻的直径受孔径的限制，螺旋槽使钻芯更细，钻头刚度低，仅有两条棱带导向，孔的轴线容易偏斜，横刃使定心困难，轴向抗力增大，钻头容易摆动。因此，钻出孔的形位误差较大。

70. 麻花钻主切削刃上各点的前角和后角是不等的，就外缘处来说（A）。

（A）前角最大，后角最小　　　　　（B）前角最小，后角最大

（C）前角最大，后角最大　　　　　（D）前角最小，后角最小

解析：见上题的解析。主切削刃在圆周最大半径处。

71. 修磨钻铸铁的群钻，主要是磨出（D）。

  （A）三尖   （B）七刃   （C）分屑槽   （D）双重顶角

解析：铸铁硬度低（一般为175-250HB），强度低，脆性大，塑性变形小，导热率较低，组织较松，切屑成粉碎状，钻头的磨损几乎全在后面上，外圆转角处磨损最大，阻碍了刀具寿命和生产效率的提高。

  对于以上问题可采取下列办法。

  1）钻头采用双重顶角外缘转角处易磨损，那么就干脆先磨去而形成双顶角（见图10），这样可将钻头寿命提高1～2倍。

  2）适当加大后角。外刃后角采用13°～16°以减少摩擦，提高钻头寿命。

  3）钻削时要加大进给量，并适当降低切削速度，而不宜采用高转速，小进给量。

  4）如果采用冷却液，切不可断续使用，同时流量要适当，否则，量少和断续将造成孔的局部硬化，而且粉末状切屑研磨刃口也会加快钻头磨损。

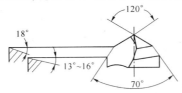

图10 钻头磨削角度

72. 普通麻花钻扩孔切削时容易产生（B）。

  （A）进给困难 （B）扎刀   （C）加工效率低 （D）加工质量差

解析：扎刀即卡刀，卡住钻头。

73. 在 ϕ20 mm 的底孔上扩 ϕ40 mm 的孔，则切削深度为（B）。

  （A）15 mm （B）10 mm   （C）15 mm   （D）20 mm

解析：（40－20）/2＝10 mm。

74. 在 ϕ20 mm 的底孔上扩 ϕ45 mm 的孔，则切削深度为（C）。

  （A）5 mm   （B）7.5 mm （C）12.5 mm （D）15 mm

解析：（45－20）/2＝12.5 mm。

75. 锪孔的轴线应与原孔的轴线（D）。

  （A）平行   （B）相交   （C）垂直   （D）同轴

解析：锪孔是一种金属加工方法，指在已加工的孔上加工圆柱形沉头孔、锥形沉头孔和凸台断面等（图11）。

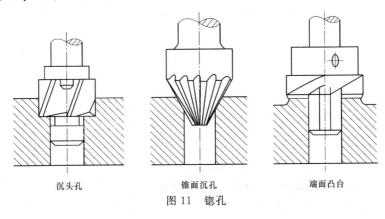

    沉头孔   锥面沉孔   端面凸台

图11 锪孔

76. 旋转零件的重心不在旋转轴线上，当其旋转时只产生垂直旋转中心的离心力，此种现象称为（B）。

(A) 静平衡　　　(B) 静不平衡　　　(C) 动平衡　　　(D) 动不平衡

解析：在转子一个校正面上进行校正平衡，校正后的剩余不平衡量，以保证转子在静态时是在许用不平衡量的规定范围内，为静平衡，又称单面平衡。如 DF_{4B} 机车冷却风扇不平衡度不大于 $200\ g \cdot cm$。

77. 旋转零件的重心在旋转轴线上，当其旋转时有不平衡力矩产生，此种现象称为（C）。

(A) 静平衡　　　(B) 静不平衡　　　(C) 动不平衡　　　(D) 动平衡

解析：常用机械中包含着大量的做旋转运动的零部件，例如各种传动轴、主轴、电动机和汽轮机的转子等，统称为回转体。在理想的情况下回转体旋转时与不旋转时，对轴承产生的压力是一样的，这样的回转体是平衡的回转体。

10 kW 以下电机只做静平衡试验。410 电机转子动平衡不平衡度 $\leqslant 344\ g \cdot cm$；增压器 $1\ 000 \pm 50\ r/min$ 转子不平衡度 $\leqslant 2\ g \cdot cm$；万向轴不平衡度 $\leqslant 120\ g \cdot cm$；曲轴不平衡度 $\leqslant 750\ g \cdot cm$。

78. 用来限制车体与转向架之间横向移动量的装置是（C）。

(A) 牵引杆　　　(B) 旁承　　　(C) 侧挡　　　(D) 牵引销

解析：DF_{4B} 机车车体与转向架有侧挡 2 个，车体上有 4 个挡座。侧挡间隙：自由间隙 $\pm 15\ mm$，弹性间隙 $\pm 5\ mm$。

79. 内燃机车检修主要是指（A）。

(A) 计划性预防修理　　　　　(B) 临时性修理
(C) 零部件的修复工作　　　　(D) 整台机车的修复工作

解析：我国内燃机车检修的分类如下。

1) 计划预防修：按照一定周期，不管机车是否故障，都按照一定的范围对机车进行检修。检修周期的确定：过早浪费机车的运用能力，经济性不好；过晚引起零部件损伤加剧，以致零部件损坏，不能修复。

2) 弹性周期计划预防修：各铁路局根据本局机车实际运用情况，制定本局的检修周期。

3) 状态修：根据机车实际情况确定检修时机，以检测技术为基础。状态修是检修的发展方向。

80. 使用风钻或台钻时，（A）戴手套。

(A) 严禁　　　　　　　　　(B) 必须
(C) 可以　　　　　　　　　(D) 特殊情况允许

解析：防止手套绞入设备，造成人身伤害。

81. 用锉刀从工件上锉去多余的部分，这种操作称为（A）

(A) 锉削　　　(B) 磨削　　　(C) 加工　　　(D) 拆卸

解析：用锉刀对工件表面进行切削加工，使工件达到所要求的尺寸、形状和表面粗糙度的操作叫锉削。

82. 拆卸时，连接件稍有损伤，这种连接是（B）。

    （A）可拆卸连接   （B）不可拆卸连接

    （C）两者均有可能   （D）固定连接

解析：如铆钉，拆除时将造成连接件和铆钉的损伤。

83. 可同时承受较大径向力和轴向力，应选（C）。

    （A）向心轴承   （B）推力轴承   （C）向心推力轴承   （D）一般轴承

解析：滚动轴承如果仅按轴用于承受的外载荷不同来分类时，滚动轴承可以分为向心轴承（主要承受径向载荷）、推力轴承（只能承受轴向载荷）、向心推力轴承（可以同时承受径向和轴向载荷）。向心推力球轴承，这种结构的轴承，可以承受径向负荷和一个方向的轴向负荷。滚动体与内圈、外圈有 $15°$、$25°$、$30°$ 或 $40°$ 的接触角。其接触角越大，轴向负荷的承受能力越大。接触角越小，则越有利于高速旋转。通常，将二个轴承对置，调整内部游隙后使用。

84. 曲轴装配清洁度应不大于（C）。

    （A）200 mg/根   （B）400 mg/根   （C）84 mg/根   （D）180 mg/根

解析：见 85 题。

85. 凸轮轴清洁度应不大于（A）。

    （A）200 mg/根   （B）400 mg/根   （C）84 mg/根   （D）180 mg/根

解析：重量法是工业生产和试验中最常用的清洁度测定方法。

其测定原理是将一定数量的试样在一定的条件下进行清洗，然后将清洗的液体通过滤膜充分过滤，污物被收集在经过干燥的滤膜表面，将滤膜再次充分干燥，根据分析天平称出过滤清洗前后干燥的滤膜质量，计算其增加值即为试样品上的固体颗粒污染物的质量。

重量法典型限值：对特定规格的零件，规定一定样品数量、检查频率、清洗介质、清洗和过滤方法的情况下准许的最大残留污物的重量，单位为 mg 或 ug。一般要求凸轮轴清洁度不大于 200 mg/根。

哈尔滨铁路局清洁度标准工艺规定如下。

Ⅰ级——一级清洁度，部件经过清洗后，用不脱纤维的绸布或白布擦拭检查，无明显油污和尘埃。

Ⅱ级——二级清洁度，部件经过清洗后，用 3～5 倍放大镜观察，无明显油污和尘埃。

Ⅲ级——三级清洁度，部件经过清洗后或清扫后，其表面用目检，无明显油污和尘埃。

86. 当空间平面平行投影面时，其投影与原平面形状大小（A）。

    （A）相等   （B）不相等   （C）相对不确定   （D）相对确定

87. 工艺系统没有调整到正确的位置而产生的误差称为（A）。

　　（A）误差调整　　（B）装配误差　　（C）加工误差　　（D）视觉误差

解析：误差调整也可称为调整误差。

88. 液压泵的输入功率与输出功率（B）。

　　（A）相同　　　　（B）不同　　　　（C）相等　　　　（D）不确定

解析：因为有中间损耗，所以输入功率与输出功率不同。另外作为泵和马达时的技术参数有差别，ZB732 流量为 285 L/min、转速为 1 220 r/min；ZM732 为 269 L/min、转速为 1 150 r/min。

89. 液体单位体积具有的（A）称为液体的密度。

　　（A）质量　　　　（B）重量　　　　（C）流量　　　　（D）容量

90. 在要求不高的液压系统可使用（A）。

　　（A）普通润滑油　　　　　　　　（B）乳化液

　　（C）柴油　　　　　　　　　　　（D）水、润滑油、柴油均可

解析：DF$_{4B}$机车静液压系统采用与柴油机相同的润滑油。

91. 表示装配单元先后顺序的图称为（C）。

　　（A）总装图　　　　　　　　　　（B）工艺流程卡

　　（C）装配单元系统图　　　　　　（D）流程图

解析：表示装配单元先后顺序的图是装配单元系统图，如图 12 所示。

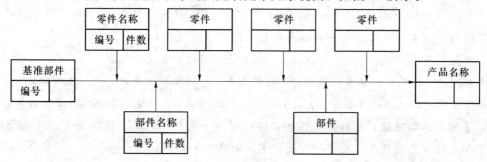

(a)产品的装配系统图

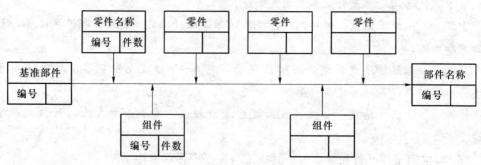

(b)部件的装配系统图

图 12　系统装配图

92. 一个物体在空间如果不加任何约束，有（C）自由度。

(A) 4 个   (B) 5 个

(C) 6 个   (D) 7 个

解析：6 个自由度中，有平动自由度 3 个，转动自由度 3 个。

93. 内径千分尺是通过（A）把回转运动变为直线运动而进行直线测量的。

(A) 精密螺杆   (B) 多头螺杆   (C) 梯形螺杆   (D) 平头螺杆

解析：螺旋测微器又称千分尺（micrometer）、螺旋测微仪、分厘卡，是比游标卡尺更精密的测量长度的工具，用它测长度可以准确到 0.01 mm，测量范围为几个厘米。它的一部分加工成螺距为 0.5 mm 的螺纹，当它在固定套管 B 的螺套中转动时，将前进或后退，活动套管 C 和螺杆连成一体，其周边等分成 50 个分格。螺杆转动的整圈数由固定套管上间隔 0.5 mm 的刻线去测量，不足一圈的部分由活动套管周边的刻线去测量。

螺旋测微器是依据螺旋放大的原理制成的，即螺杆在螺母中旋转一周，螺杆便沿着旋转轴线方向前进或后退一个螺距的距离。因此，沿轴线方向移动的微小距离，就能用圆周上的读数表示出来。螺旋测微器的精密螺纹的螺距是 0.5 mm，可动刻度有 50 个等分刻度，可动刻度旋转一周，测微螺杆可前进或后退 0.5 mm，因此旋转每个小分度，相当于测微螺杆前进或推后 0.5/50＝0.01 mm。可见，可动刻度每一小分度表示 0.01 mm，所以以螺旋测微器可准确到 0.01 mm。由于还能再估读一位，可读到毫米的千分位，故又名千分尺。

94. 在尺寸链中被间接控制的，在其他尺寸确定后自然形成的尺寸，称为（C）。

(A) 增环   (B) 减环   (C) 封闭环   (D) 开环

解析：见 39 题解析。

95. 用水平仪测量大型设备中表面较长零件的直线度误差的方法，属于（C）测量法。

(A) 直接   (B) 比较   (C) 角差   (D) 目视

解析：水平仪是一种测量小角度的常用量具，属于角差测量法。在机械行业和仪表制造中，用于测量相对于水平位置的倾斜角、机床类设备导轨的平面度和直线度、设备安装的水平位置和垂直位置等。

96. 凸轮等速运动曲线采用（B）划线比较精确。

(A) 圆弧划线法   (B) 逐点划线法   (C) 分段划线法   (D) 箱体画线法

解析：等速运动，即其转角 δ 与时间 t 成正比，在凸轮运动动轨迹上按一定间隔画点，然后逐点用划线连接起来，得到轮廓线。

97. （A）是用来控制液压系统中各元件动作的先后顺序的。

(A) 顺序阀   (B) 节流阀   (C) 换向阀   (D) 调节阀

解析：液压传动中用来控制液体压力、流量和方向的元件。其中控制压力的称为压力控制阀，控制流量的称为流量控制阀，控制通、断和流向的称为方向控制阀。顺序阀是以控制压力来使阀口启闭，从而控制执行元件实现预定顺序动作的阀。节流阀在调定节流口面积后，能使载荷压力变化不大和运动均匀性要求不高的执行元件的运动速度上基本保持稳定。

98. （C）密封圈通常由几个叠在一起使用。

(A) O 形   (B) Y 形   (C) V 形   (D) 方形

解析：V 形密封圈截面为 V 形，也是一种唇形密封圈。

99. Y 形密封圈唇口应面对（A）的一方。

  （A）有压力 （B）无压力 （C）任意 （D）上方

解析：广泛应用于往复动密封装置中，其使用寿命高于 O 形密封圈。Y 形密封圈依靠其张开的唇边贴于密封副耦合面。无内压时，仅仅因唇尖的变形而产生很小的接触压力。在密封的情况下，与密封介质接触的每一点上均有与介质压力相等的法向压力，所以唇形圈底部将受到轴向压缩，唇部受到周向压缩，与密封面接触变宽，同时接触应力增加。当内压再升高时，接触压力的分布形式和大小进一步改变，唇部与密封面配合更紧密，所以密封性更好，这就是 Y 形圈的"自封作用"。由于这种自封作用，一个 Y 形圈能有效的封住 32 MPa 的高压。

  压力赋能型密封的有效密封压力等于预压力与流体压力之和。Y 形密封圈通过唇边的作用将流体压力有效作用于密封，其预压力可以降到很小值，并且流体压力越高，预压力的效用越小，在高压场合，预压力的作用可以忽略不计。这时降低密封摩擦力是有利的，因为密封摩擦力与密封接触压力成正比。所以 Y 形密封圈在保证密封的同时，摩擦力小于挤压型密封。

  Y 形密封圈主要用于往复密封，由其工作原理可知，Y 形圈安装时，唇口要对着压力高的一侧，才能发挥作用，所以 Y 形密封圈只能单向起作用。

100. 开关、接触器、按钮属于（B）。

  （A）控制电器 （B）保护电器 （C）主令电器 （D）高压电器

注：主令电器是一种专门用来发送命令或信号的电器。

解析：主令电器是用来接通和分断控制电路以发布命令或对生产过程作程序控制的开关电器。它包括控制按钮（简称按钮）、行程开关、接近开关、万能转换开关和主令控制器等。所以答案 C 比较接近准确，接触器应为一种控制电器。

101. 熔断器属于（B）。

  （A）控制电器 （B）保护电器 （C）主令电器 （D）高压电器

解析：熔断器为保护电器，当两端电流过大超过熔断器熔断值时，熔断器熔断，断开电路，保护电路电流不超过熔断值。

102. （A）是一种手动主令电器。

  （A）按钮 （B）开关 （C）接触器 （D）继电器

解析：见 100 题解析。

103. 柴油机弹性支承的橡胶元件表面不许有裂损，但允许存在不大于（B）圆周面积的发纹。

  （A）50% （B）70% （C）80% （D）60%

解析：内燃机车段规和检修工艺中均有此规定。

104. 原柴油机装车时，各弹性支座下面的调整垫片（A）。

  （A）必须对号入座   （B）需加高

  （C）需减少   （D）可随意放置

解析：进行拆解和装配时必须调整垫片，必须对号入座，否则会造成调整值不准确，影响部件性能。例如气缸盖和气缸套火力面铜垫的厚度是用来调整压缩间隙，喷油泵垫片调整供油提前角。

105. 在任何力的作用下，保持大小和形状不变的物体称为（A）。

(A) 刚体 　　(B) 固体 　　(C) 钢件 　　(D) 流体

解析：力学定义。刚体是力学中的一个科学抽象概念，即理想模型。

106. （A）仅用来支承转动零件，只承受弯矩而不传递动力。

(A) 心轴 　　(B) 转轴 　　(C) 传动轴 　　(D) 垂直轴

解析：根据轴的承载情况，可分为以下几种。

1) 转轴，工作时既承受弯矩又承受扭矩，是机械中最常见的轴，如各种减速器中的轴等。变速箱输入轴、凸轮轴、牵引电机轴、主发电机轴。

2) 心轴，用来支承转动零件只承受弯矩而不传递扭矩，有些心轴转动，如铁路车辆的轴等，有些心轴则不转动，如支承滑轮的轴等。

3) 传动轴，主要用来传递扭矩而不承受弯矩，如起重机移动机构中的长光轴、汽车的驱动轴等。

107. （B）在转动时既承受弯矩又传递转矩。

(A) 心轴 　　(B) 转轴 　　(C) 传动轴 　　(D) 垂直轴

解析：见 106 题析。

108. （C）的主要作用是传递转矩。

(A) 心轴 　　(B) 转轴 　　(C) 传动轴 　　(D) 垂直轴

解析：见 106 题析。

109. 键连接主要用于连接轴与轴上的零件，实现周向固定并（B）。

(A) 定位 　　(B) 传递转矩 　　(C) 连为一体 　　(D) 改变形状

解析：键连接装配中，键（一般用 45 号钢制成）是用来连接轴上零件并对它们起周向固定作用，以达到传递扭矩的一种机械零件。其连接类别有松键连接、紧键连接和花键连接。

110. 在圆柱形轴承、椭圆形轴承、可倾瓦轴承中（C）抗振性最好。

(A) 圆柱形轴承 　　(B) 椭圆形轴承
(C) 可倾瓦轴承 　　(D) 高速轴承

解析：可倾瓦轴承实际是指滑动轴承的一种，如柴油机主轴瓦、连杆轴瓦、凸轮轴轴瓦都是滑动轴承。可倾瓦轴承是由三块以上带支持点支撑的能自动调整油楔的可倾弧形瓦块组成的滑动轴承，与题中其他几种轴承相比，其抗振性最好。

111. 高速旋转机构中轴承间隙过大，则有可能（B）。

(A) 烧坏轴承 　　(B) 引起振动 　　(C) 温升过高 　　(D) 温升过低

解析：轴承游隙又称为轴承间隙。所谓轴承游隙，即指轴承在未安装于轴或轴承箱时，将其内圈或外圈的一方固定，然后使轴承游隙未被固定的一方做径向或轴向移动时的移动量。根据移动方向，可分为径向游隙和轴向游隙。运转时的游隙（称作工作游隙）的大小对轴承的滚动疲劳寿命、温升、噪声、振动等性能有影响。如轴承游隙（间隙）过大会引起振动是肯定的。对温升也会有影响，但不会过高或过低。

112. 高速旋转机构中，轴承表面粗糙度太差将可能（A）。

　　(A) 烧坏轴承　　(B) 引起振动　　(C) 产生噪声　　(D) 降低振动

解析：滑动轴承表面粗糙度越低，轴承承载能力越高；反之，有可能烧坏轴承。

113. （A）的用途是用来减低液压系统中某一部分的压力。

　　(A) 减压阀　　(B) 溢流阀　　(C) 节流阀　　(D) 温控阀

解析：减压阀是通过调节，将进口压力减至某一需要的出口压力，并依靠介质本身的能量，使出口压力自动保持稳定的阀门。从流体力学的观点看，减压阀是一个局部阻力可以变化的节流元件，即通过改变节流面积，使流速及流体的动能改变，造成不同的压力损失，从而达到减压的目的。然后依靠控制与调节系统的调节，使阀后压力的波动与弹簧力相平衡，使阀后压力在一定的误差范围内保持恒定。

114. 由凸轮带动的从动杆作等速运动，其所绘的位移曲线是一段（A）。

　　(A) 斜直线　　(B) 曲线　　(C) 圆弧线　　(D) 渐开线

解析：如图13，从动杆上升或下降为一常数，为等速运动。其位移线图为一过原点的倾斜直线。速度线图为一条水平直线，v_0 的大小为位移线图中倾斜直线的斜率。从动杆运动开始与终止时速度有突变，所以升降点为加速度 $+\infty$ 和 $-\infty$。

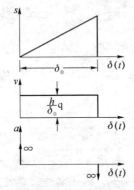

图 13　凸轮带动从动杆速度线图

115. 液压油缸中如果有空气，在运动时将可能（A）

　　(A) 爬行　　(B) 渗漏　　(C) 发热　　(D) 振动

注：如液压油缸中有空气，在滑动摩擦副中从动件在匀速驱动和一定摩擦条件下产生的周期性时停时走或时慢时快的运动现象就是爬行。

116. 互换柴油机时，各弹性支座下面的调整垫片（C）。

　　(A) 须对号入座　　(B) 任意放置　　(C) 须重新调整　　(D) 不需要调整

解析：注意区分，互换柴油机后要重新调整。

117. 安装活塞环时，开口最大尺寸对于油环不得大于（A）。

　　(A) 50 mm　　(B) 60 mm　　(C) 70 mm　　(D) 80 mm

解析：答案为A。开口尺寸过小，则装入活塞后弹力小，不起密封作用，不能紧靠在缸套上，开口过大，弹力过大，增加与缸套摩擦力，使环过早磨损，对缸套也增大磨耗。

118. 安装活塞环时，开口最大尺寸对于气环不得大于（C）

(A) 50 mm　　　(B) 60 mm　　　(C) 70 mm　　　(D) 80 mm

解析：《段修规程》中规定安装活塞环时，开口最大尺寸对于气环不得大于 70 mm。

119. 为了保证增压器良好的油润状态，在柴油机停机后，应立即开动 (D) 向增压器供油 2 min。

(A) 燃油泵　　　(B) 主机油泵　　　(C) 水泵　　　(D) 启动机油泵

解析：增压器转速很高，一般在 25 000 r/min 左右，当柴油机停机后主机油泵不工作，但增压器转子不能立即停止转动，此时转子轴承没有了压力润滑，所以要开启启动机油泵。

120. 静液压泵主轴线与油缸体中心线间夹角为 (C) 的倾斜角。

(A) 15°　　　(B) 20°　　　(C) 25°　　　(D) 30°

解析：静液压泵（如图 14 所示）的工作原理是静液压变速箱通过主轴轴端的花键带动主轴旋转，与主轴另一端相连的压板也随之转动，同时经压板压靠在主轴球窝内的可自由转动但无轴向窜动的 7 个柱塞连杆组的大端球头带动柱塞连杆组转动，再经柱塞的外壁推动油缸体旋转，由于主轴轴线与油缸体轴线成 25°倾斜，造成柱塞在油缸体孔中随着圆周位置的变化，沿孔中心线同时作往复运动，因此，柱塞底面与油缸体所形成的空腔容积也随主轴旋转位置的不同而产生周期性的变化，这样就产生了吸油和排油的作用。

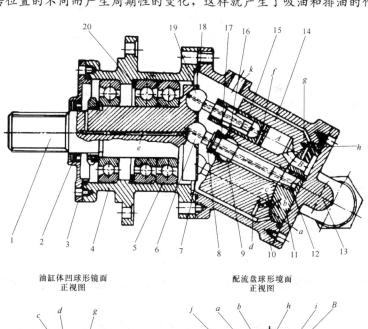

油缸体凹球形镜面
正视图

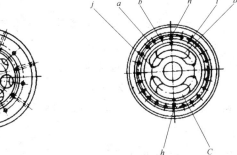

配流盘球形境面
正视图

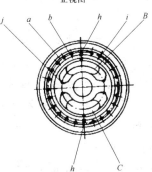

图 14　静液压泵原理图

121. 当司机手柄位置提高时，联合调节器调速弹簧则被（C）。

(A) 伸长 　　(B) 不变化 　　(C) 压缩 　　(D) 有变化

解析：如图 15 所示，司机操纵手柄从保持位提到升速位，步进电机得到升速脉冲，配速活塞下移，与此同时水平杠杆下行，联合杠杆摆动，功调滑阀离开中立位下移，油马达回转板转动，变阻器电阻减小，牵引发电机励磁电流增大，发电机加给柴油机的载荷增加，曲轴转速下降，飞锤内收，柱塞下降，调速弹簧预紧力增大，飞锤内收，柱塞下降。与前述柱塞下降的两个因素加在一起，动力活塞上行，又引起三方面联合动作：①动力活塞顶杆上移，联合杠杆以功率调整轮为支点摆动，功调滑阀逐渐上行关闭通油孔，油马达回转板逐渐停住；②动力活塞杆上行，气缸内喷油量增加，曲轴转速上升，飞锤逐渐回张，柱塞复升；③补偿活塞上行，活塞上腔加压。最终结果使柴油机转速、柴油机输出功率及喷油泵供油量相应增加。

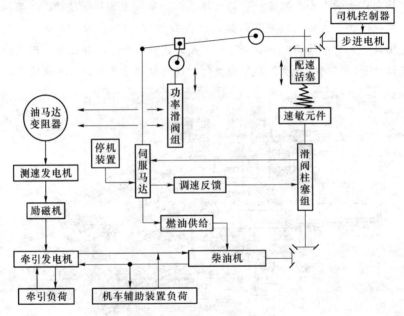

图 15　联合调节器工作原理

122. 改变联合调节器联合杠杆悬挂点的左右位置，可改变功率特性曲线的（D）。

(A) 功率 　　(B) 效率 　　(C) 电压 　　(D) 斜率

解析：联合杠杆连接伺服马达、配速活塞及功调滑阀组三部分，它由连接板、螺杆、十字销、连板、间隔套、间隔管及螺栓销等组成。联合杠杆的一端与动力活塞顶杆的功调螺栓铰接，另一端与水平杠杆的功率调整轮连接，螺杆横卧在联合杠杆的中央部，由两个螺栓销支承。螺杆中部套装十字销，十字销通过连板、偏心轮等与功调滑阀联系，拧转螺杆可变更十字销的位置，而十字销的位置与功调滑阀的位置有密切关系，故前者又称为悬挂点（或连挂点）。

改变悬挂点的位置可改变功调滑阀相对于功调滑阀套的初始位置，从而起到对功率的微调作用。悬挂点的位置对柴油机输出功率及输出特性也有相当影响。如使悬挂点朝配速活塞方向移动，可使柴油机功率输出特性曲线变陡；如使悬挂点朝伺服马达方向移动，可使柴油机功率输出特性曲线变化平缓。为得到合适的柴油机功率输出特性曲线，悬挂点与功调螺栓高度的调节必须相互协调，联合调节。由于偏心轮圆周位置对功调的影响较小，如无特殊情况，一般不另修整。

123. 改变联合调节器联台杠杆悬挂点的上下位置，可使功率特性曲线（A）。

(A) 上下平移　　(B) 左右平移　　(C) 左移　　(D) 下移

解析：柴油机功率曲线的斜率符合要求，但各转速的功率与要求的功率偏高或偏低。这时只要将伺服马达杆的功调螺栓降低或升高，即可保证原有曲线斜率不变而使曲线上下平行移动。如果各转速位功率都偏高，可松开锁紧螺母，转动伺服马达顶杆，使功率螺栓升高。这时联合杠杆带动功率滑阀上移，油马达向减载方向转向，使功率下降。反之，可降低功率螺栓位置。实践表明，DF$_{4B}$机车在最高转速位时，伺服马达杆旋转一圈，牵引发电机功率变化约为 80 kW。

124. DF$_{4B}$型内燃机车转向架中间轴单侧自由横动量为（B）。

(A) 6 mm　　　(B) 7 mm　　　(C) 8 mm　　　(D) 9 mm

解析：中间轴是指 2、5 轴，中间轴单侧横动量是两侧横动量的 1/2。DF$_{4B}$机车原设计 1、3、4、6 轴横动量为 0，中间轴为 ±7，即单侧横动量为 7 mm，后将轴承进行了改进，单侧 2、5 轴自由横动量为 10。中间轮对给予较大的自由横动量，可使它在通过曲线时贴靠外轨，减轻第一轮对的轮缘力，减少轮缘磨耗。横动量也不能过大，否则在进行直线运动时，转向架会产生较大的蛇行运动。

125. 轮箍是否松弛，可以通过检查预划在轮箍和轮心结合处的（C）是否错动来判断。

(A) 位置　　　(B) 油漆　　　(C) 弛缓线　　　(D) 圆弧线

解析：弛缓线为黄色，在轮箍圆周上成 120°均匀分布，宽 25 mm，长 40 mm，轮箍涂白色油漆，轮心涂红色油漆。弛缓线是否错动可判断轮箍是否松弛。整体轮不涉及弛缓，所以也不设弛缓线。

126. DF$_{4B}$型内燃机车车体与转向架每侧总横动量为（B）。

(A) 10 mm　　(B) 20 mm　　(C) 30 mm　　(D) 50 mm

解析：在转向架上设有球形侧挡，作用是限制转向架对于车体的横动量和传递横向力。侧挡每侧自由横动量为 15 mm，调整时，左右自由横动量相加为 30 mm。为缓和机车的横向冲击，在转向架侧挡内还装有橡胶垫。橡胶垫具有 5 mm 的弹性压缩量，这样车体和转向架间每侧总横动量为 20 mm。

127. DF$_{4B}$型内燃机车两台通风机均采用（B）风机。

(A) 轴流式　　(B) 离心式　　(C) 冷却　　(D) 加热

解析：DF$_{4B}$机车两台通风机均为前弯叶片离心式通风机，以适应机车要求体积小，能满足牵引电机冷却的特点。

128. 由于静液压油热交换器的作用，使静液压工作油温度始终保持在（B）范围内。

(A) 35 ℃～40 ℃　(B) 15 ℃～65 ℃　(C) 20 ℃～60 ℃　(D) 30 ℃～45 ℃

解析：热交换器用以冷却机油，冬季预热机油，使油温保持在 15 ℃～65 ℃。热交换器由铜管和外罩组成，管内流水，管外流油。机油热交换器和静液压油热交换器均由两组交换器组成，两组中水系统为串联，油系统为并联。

129. 机车轮对两车箍内侧距离允许差度不得超过（C）。

    （A）±1 mm   （B）±2 mm   （C）±3 mm   （D）±4 mm

解析：《段修规程》规定，轮对组成后，轮箍内侧距新轮箍为 $1\,353^{+1}_{-2}$，旧轮箍为 $1\,353\pm2$ mm，机车运用中为 $1\,353\pm3$ mm。轮箍内距过大，轮对与钢轨之间不能保持应有的游移间隙，影响轮对运动；轮箍内距过小，减少轮缘在钢轨上的搭载量，影响行车安全。

130. 磁场削弱后能提高机车的（D）。

    （A）电压   （B）电流   （C）功率   （D）速度

解析：直流电机的转速计算公式如下。$n=(U-IR)/K\varphi$，其中 U 为电枢端电压，I 为电枢电流，R 为电枢电路总电阻，φ 为每极磁通量，K 为电动机结构参数。可以看出，转速和 U、I 有关，并且可控量只有这两个，我们可以通过调节这两个量来改变转速。但调节电压和电流调节范围受到允许值的限制，此时可使用磁场削弱的方式增加调节范围，即通过接入电阻以减少每极磁通量 φ。DF$_{4B}$ 机车采用二级磁场削弱。

131. 柴油机增压器轴承采用（C）润滑。

    （A）飞溅式   （B）人工   （C）压力   （D）油浴

解析：润滑有多种方式，要根据部件的工作要求选择润滑方式。

1）手工润滑

给油方法简单，主要用于低速、轻载环境，主要用于开式齿轮、链条，钢丝绳及不经常使用的粗糙机械。通过油枪和油杯加油，结构最简单。可以分别控制各个润滑点的油量。对于相距很远的各个润滑点，它可以省去集中润滑系统所需要的很长的管路，从而可减轻重量。其缺点是如加油不及时，就容易造成磨损。机车车钩、手制动机钢丝绳润滑采用这种方式。

2）滴油润滑

依靠油的自重通过装在润滑点上的油杯中的针阀或油绳滴油进行润滑。均匀滴油杯如图 16 所示，结构简单，使用方便，一般只需每 8 小时往油杯中加一次油，而且可以装在油壶够不着的地方。但给油量不容易控制，振动、温度的变化及油面的高低，都会影响给油量。不宜使用高黏度的油，否则针阀被堵塞。主要用于滑动及滚动轴承、齿轮、链条及滑动导轨上。

3）飞溅润滑

靠浸泡在油池中的零件本身或附装在轴上的甩油环将油搅动，使之飞溅在摩擦表面上。这是闭式箱体中的滚动轴承、齿轮传动、蜗杆传动、链传动、凸轮等的轮为广泛应用的一种循环润滑方式。为考虑搅拌功率损失和润滑的有效性，零件的浸泡深度有一定限制。浸在油池中的机件的圆周速度 v 一般控制在小于 12 m/s，速度过高，则搅拌功率损失过大，油的氧化严重；但速度也不易过低，否则影响润滑效果。机车柴油机曲轴箱内部件及空气压缩机均采用飞溅润滑。

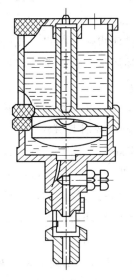

图 16　均匀滴油杯

4）油环与油链润滑

依靠套在轴上的油环或油链将油从油池中带到润滑部位。如图 17 所示，套在轴径 1 上的油环 2 下部在油池中，当轴旋转时，靠摩擦力带动油环转动，从而把油带入轴承中，进行润滑。

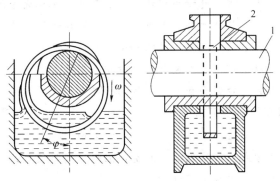

图 17　油环润滑

5）油绳与油垫润滑

一般是与摩擦表面接触的毛毡垫或油绳从油中吸油，然后将油涂在工作表面上。有时没有油池，仅在开始时吸满油，以后定期用油壶补充一点油。主要应用于小型或轻载滑动轴承。这种方式的主要优点是简单、便宜，毡垫与油绳能起过滤的作用，因此比较适合多尘的场合。但由于油量少，不适用于大型或高速轴承。供油量不易调整。

6）油雾润滑

系统由油雾润滑装置、管道和凝缩嘴组成。油雾润滑装置主要由分水滤气器、调压阀及油雾发生器等组成。油雾润滑主要用于高速滚动轴承和高温工作条件下的链条等。此方法不仅达到润滑目的，还起冷却和排污作用，耗油量小。

7）压力循环润滑

利用油泵以一定的压力将润滑油由油箱抽出，通过管道送到润滑部位进行润滑，之后润滑油回到油箱，如此进行循环润滑。供油量可以调节，能保证连续供油，工作安全可靠，是机车中最主要的润滑方式。

DF$_{4B}$机车柴油机各部件采用强制循环压力润滑方式。

132. 当废气通过增压器涡轮喷嘴环时其（A）。

    （A）压力降低，速度增高　　　　（B）压力增高，速度增高

    （C）压力降低，速度降低　　　　（D）压力增高，速度降低

解析：喷嘴环处于燃气入口一侧的涡轮之前，紧固于涡轮进气壳的内侧。喷嘴环组件由喷嘴环镶套、喷嘴环叶片、喷嘴环外圈、外圈镶套、喷嘴环内圈、内圈镶套及喷嘴环气封圈等组成。

喷嘴环与涡轮共同组成涡轮的一个级，组成单级轴流式涡轮。喷嘴环是静止的，径向排列 28 个叶片，所组成的流道是收敛型的曲线，当气流通过喷嘴环时，气压下降，温度下降，速度增高，因此气体部分压力能在喷嘴环中转换为动能，并大部分传给工作轮。

133. 当空气通过增压器、扩压器叶片时，其（B）。

    （A）流速升高，压力升高　　　　（B）流速降低，压力升高

    （C）流速降低，压力降低　　　　（D）流速升高，压力降低

解析：扩压器位于压气机工作轮出口处，夹装在压气机蜗壳与涡轮出气壳之间。扩压器由体和盖板紧固而成。扩压器体上铣出 19 个三角形叶片，叶片间构成截面渐扩的流道。从压气机工作轮出来的气流进入叶轮外围与扩压器叶片之间的环形空间，气流速度降低，压力上升，所以该环形空间也称为无叶扩压部。气流从无叶扩压部进入有叶扩压部，其叶片的入口角和入口截面积对压气机的性能有很大的影响。

134. 运用中抱轴瓦的温度不超过（D）。

    （A）40 ℃　　　　（B）50 ℃　　　　（C）60 ℃　　　　（D）70 ℃

解析：抱轴瓦润滑方式为油线刷刷油润滑，温度过高将使毛线刷焦化、炭化，降低吸油和刷油效果，一般要求温度不超过 70 ℃。

135. DF$_{7C}$型机车抱轴瓦油面要低于车轴圆柱下表面（B）。

    （A）5～7 mm　　（B）10～20 mm　　（C）20～30 mm　　（D）30～40 mm

解析：油位过高易造成抱轴瓦漏油。

136. DF$_{7C}$型机车抱轴瓦油位过低，则润滑不良，容易导致轴瓦（B）。

    （A）剥离　　　　（B）辗片或烧损　　　　（C）擦伤　　　　（D）松脱

解析：润滑不良，导致增加磨损、散热不良，抱轴瓦温度过高，造成辗片或烧损。

137. 抱轴瓦更换新毛线垫时需先在 40 ℃～50 ℃的润滑油箱内浸泡（D）再装车。

    （A）2 h　　　　（B）10 h　　　　（C）12 h　　　　（D）24 h

解析：抱轴瓦油盒中的抱轴瓦油是通过毛线垫供给到抱轴颈的。毛线垫使抱轴颈形成油膜，从而达到润滑的目的。质量良好的毛线垫是抱轴瓦能够得到充分润滑的重要保证。抱轴瓦发热与毛线垫的吸油能力、毛线架弹簧拉力的大小、毛线垫的浸泡时间有很大关系，例如毛线垫不是纯毛的导致毛线垫吸油能力不足，毛线架弹簧拉力过大和过小，弹簧拉力过小，毛线垫的贴轴力就小，毛线垫与抱轴颈的接触面积小，甚至会产生不贴轴的现象，抱轴瓦得不到充分润滑。毛线垫吸油能力不足、毛线垫的浸泡时间不够24h等，也是导致抱轴瓦发热、碾片、熔化的重要原因。

138. 柴油机连杆瓦中的受力瓦安装在连杆大端（B）部位。

  （A）上方 （B）下方 （C）左侧 （D）右侧

解析：连杆工作时，上瓦承受活塞传递来的爆发压力。燃气通过活塞、连杆小头、连杆身、连杆上瓦传递给曲轴曲柄销，带动曲轴旋转，该题答案应选（A）。

139. MT-3 型缓冲器额定行程为（C）。

  （A）60 mm （B）70 mm （C）83 mm （D）65 mm

解析：MT-摩擦弹簧减振器。MT-3 型缓冲器为 DF_{8B} 型机车使用，MT-2 型缓冲器为 DF_{4B}、DF_{4D} 型机车使用。MX-1 型减振器为摩擦橡胶减振器，DF_{11} 型机车使用。

缓冲器的作用：一方面借助弹性元件缓和冲击作用力，另一方面在弹性元件变形过程中吸收冲击能量，在摩擦过程中吸收能量，转变为热量消耗掉。

缓冲器有三个重要参数。

行程：缓冲器受力产生的最大变形量。

最大阻抗力：缓冲器达到行程时的作用外力。

容量：缓冲器受冲击时，全压缩过程中所做的功，称为缓冲器容量。

具体参数见表1。

表1　缓冲器参数表

	容量（kJ）	行程（mm）	最大阻抗力（kN）
MT-3 缓冲器	≥45	83	≤2 000
MT-2 缓冲器	50	80	2 270
MX-1 缓冲器	34	65	1 568

140. MT-3 型缓冲器额定阻抗力为（A）。

  （A）2 000 kN （B）1 000 kN （C）1 500 kN （D）1 700 kN

解析：见139题的解析。

141. MT-3 型缓冲器额定容量为（B）。

  （A）30 kJ （B）45 kJ （C）50 kJ （D）55 kJ

解析：见139题的解析。

142. 钩舌与钩腕内侧距离在闭锁位时为（A）。

  （A）112～122 mm   （B）220～235 mm

  （C）25～45 mm   （D）100～150 mm

解析：车钩检查时的尺寸限度如下。

1）车钩目视不低头，车钩中心线距轨面高度 815～890 mm，（中修为 835～885 mm，运用机车为 815～890 mm）两车钩连挂后，其中心线高度差不大于 75 mm。

2）车钩左右摆动灵活，摆角不小于 40°。

3）钩耳与钩舌销径向间隙 1～4 mm，上下钩耳与钩舌间隙 3～10 mm。

4）钩锁铁上下浮动量 5～15 mm，锁铁与钩舌侧面间隙 1～3 mm。

5）车钩三态检查。一态开锁位：轻提车钩提杆无抗劲，恢复提杆锁铁自然落座、钩舌不转动。二态全开位：继续提开车钩，钩舌转动灵活不卡滞并能转至全开位，运用机车其开度为 220～250 mm。三态闭锁位：手推钩舌至锁闭位，钩锁铁自然落座并无卡滞及假锁闭现象，其开度为 112～130 mm，因此本题选 A。

143. 钩舌与钩腕内侧距离在全开位时为（B）。

    （A）112～122 mm   （B）220～235 mm

    （C）25～45 mm   （D）100～150 mm

解析：见 142 题的解析

144. 启动变速箱齿轮面硬伤面积不超过该齿轮的（B）。

    （A）1%   （B）5%   （C）15%   （D）20%

解析：答案 B 为《大修规程》规定值，《段修规程》为 10%。

145. 启动变速箱主动齿轮与轴的配合过盈量为（A）。

    （A）0.124～0.168 mm   （B）0.083～0.121 mm

    （C）0.083～0.25 mm   （D）0.124～0.70 mm

解析：启动变速箱齿轮均为模数 7 的齿轮，传动的转矩较大，因此采用过盈量较大的过盈配合。答案为 0.124～0.168 mm。

146. 启动变速箱组装时，各齿轮热装温度为（B）。

    （A）100 ℃～140 ℃   （B）180 ℃～200 ℃

    （C）110 ℃～140 ℃   （D）80 ℃～100 ℃

解析：油浴加热，不允许超过 200 ℃，安装轴承时加热温度不允许超过 120 ℃。

147. 启动变速箱组装时，启动电机法兰压入行程为（C）。

    （A）6～8.5 mm   （B）0.01～0.4 mm

    （C）5～6.5 mm   （D）2.5～4 mm

解析：启动变速箱的中间主传动轴、启动发电机、励磁机、前通风机传动法兰均为锥形内孔，所对应的轴是锥形轴，两者配合压入行程越大，其过盈量也越大。此题答案不够准确。

148. 在柴油机自由端，由柴油机曲轴经传动轴直接带动（B）。

   （A）启动变速箱 （B）静液压变速箱   （C）静液压泵   （D）通风机

解析：如图 18 所示，柴油机曲轴经传动轴直接带动静液压变速箱。

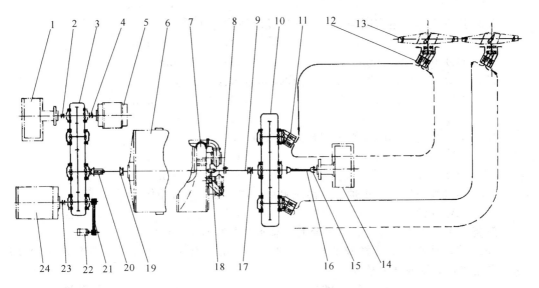

图 18　东风 4B 型内燃机车机械传动装置

1—前通风机；2、16—尼龙绳联轴节；3—起动变速箱；4、23—弹性套柱销联轴节；5—励磁机
6—牵引发电机；7—柴油机；8—刚性联轴节；9—传动轴；10—静液压变速箱；11—静液压油泵
12—静液压马达；13—冷却风扇；14—后通风机；15—U 形螺栓；17—弹性柱销万向联轴节
18—花键　19—万向轴　20—花键副　21—三角皮带　22—测速发电机　24—起动发电机

149. 启动变速箱的输入轴轴线是以（C）中心线为定位基准的。

（A）柴油机凸轮轴　　　　　　　　（B）静液压变速箱输入轴

（C）柴油机曲轴　　　　　　　　　（D）万向轴

解析：1）曲轴的定位基准：车底架纵向中心线，车底架横向柴油机安装中心线为动力室两侧门中点连线。

2）柴油机曲轴中心线与车架中心线偏移量＜2 mm，柴油机横向中心线与车架横向偏移量＜5 mm。

3）变速箱安装要求：变速箱输入轴比曲轴轴线低 10 mm，静液压变速箱输入轴比曲轴轴线高 23±2 mm。

4）轴线位置高度差的作用：使万向轴、传动轴安装后形成一个倾角，可使两个轴上十字轴与轴承间在工作中产生微量转动，有利于润滑的需要。

5）两个变速箱与曲轴中心线水平位置差：前变速箱输入轴中心线与曲轴中心线差＜20 mm，静液压变速箱输入轴与曲轴中心线偏差＜8 mm。

150. 启动变速箱主要有上、下箱体、主动轴、两根输出轴及各轴齿轮、（D）、法兰等组成。

（A）端盖　　　　（B）挡圈　　　　（C）吊钩　　　　（D）轴承

151. 启动变速箱各轴伸出处与箱体之间的油封，均采用（A）密封。

（A）迷宫式油封（B）副密封　　　　（C）垫片密封　　　　（D）橡胶密封

解析：迷宫式油封是由轴外围的多个迷宫槽和轴上多个与迷宫槽相对应的凸起组成，在运行时，这些迷宫装置使油的流动阻力加大。使油流不出迷宫槽。另一方面，在迷宫槽中存有空气，这些空气对油的流动也起着阻滞作用。由于这两种作用，使润滑油不能流出而达到密封的目的。

152. 启动变速箱迷宫圈与端盖之间的径向间隙为（B）。

    （A）0.1～0.5 mm   （B）0.3～0.6 mm

    （C）0.4～0.6 mm   （D）2～4 mm

153. 启动变速箱迷宫圈与端盖之间的轴向间隙为（D）。

    （A）0.1～0.5 mm   （B）0.3～0.6 mm

    （C）0.4～0.6 mm   （D）2～4 mm

154. 启动变速箱挡圈与端盖间径向间隙为（C）。

    （A）0.1～0.5 mm   （B）0.3～0.6 mm

    （C）0.4～0.6 mm   （D）2～4 mm

155. 启动变速箱为防止轴承处油流阻滞，在各轴承下方箱体上设有（D）。

    （A）储油槽   （B）挡油板   （C）螺纹槽   （D）回油沟

解析：回油沟使密封圈、迷宫油封、轴承处滞留的油流回箱体下面。

156. 当静液压骨架式橡胶油封严重磨损漏油时，会造成静液压变速箱内（B）增多，产生箱体高温或冒油故障。

    （A）油气   （B）油量   （C）杂物   （D）铁屑

解析：静液压主轴与泵体的密封采用骨架式橡胶油封，如果油封严重磨损时，静液压系统油进入变速箱，导致故障发生。

157. （C）用以传递柴油机发电机组与启动变速箱之间的动力。

    （A）传动轴   （B）联轴节   （C）万向轴   （D）花键轴

解析：见148题。

158. 万向轴滑动叉与花键轴叉组装时，必须保证两端叉头安装十字轴孔中心线处在同一平面内，否则将产生（A）导致零部件过早损坏。

    （A）冲击载荷   （B）振动   （C）松脱   （D）扭矩

解析：万向轴叉头轴与插头为花键配合，即安装时要在圆周上调整安装方向，保证两端叉头在同一平面。

159. 滑动叉与花键轴叉组装后必须把防脱螺母紧固，否则既影响花键副密封，更会在起动时（C）脱开，发生事故。

    （A）十字销   （B）轴套   （C）花键   （D）密封

解析：防脱螺母如果松动，花键轴会发生轴线窜动，启动时造成花键松脱，发生事故。

160. （A）用以传递柴油机与静液压变速箱之间的动力。

    （A）传动轴   （B）联轴节   （C）万向轴   （D）花键轴

解析：见148题的解析。

161. 启动变速箱与启动电机的连接采用（B）。

    （A）尼龙绳联轴器   （B）弹性套柱销联轴器

    （C）花键连接   （D）钢丝绳结头连接

解析：启动电机，空气压缩机联轴器均采用弹性套柱销联轴器。尼龙绳是通风机连接；花键是传动轴连接用；钢丝绳是手制动机用。

162. 弹性套柱联轴器具有一定的减损性能，工作温度不应超过（C）。

    （A）55 ℃   （B）82 ℃   （C）70 ℃   （D）80 ℃

解析：题目中的"减损"应为"减振"。如图20所示，弹性套柱为柱销外套橡胶套（见图19所示），工作温度如果过高，超过70 ℃，易使橡胶圈发生老化，弹性降低，影响减振效果。

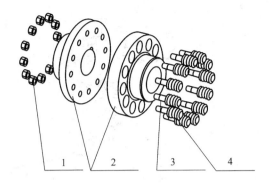

图 19　弹性套柱销联轴器

1—锁紧螺母　2—法兰　3—带螺纹柱销　4—橡胶套

163. 静液压泵从油箱把油吸入后，通过压力管路将油送至（D）。

（A）静液压变速箱　　　　　　　（B）冷却风扇

（C）温控阀　　　　　　　　　　（D）液压马达

解析：静液压系统的工作原理如下。当柴油机运转时，柴油机曲轴自由端通过静液压变速箱驱动静液压油泵工作。静液压油泵从静液压油箱中吸入低压油，将机械能转变为液压能，具有液压能的高压油一部分经温度控制阀节流口分流直接回静液压油箱，另一部分经高压管路进入静液压马达，在其中将液压能转变为机械能，驱动冷却风扇转动，经静液压马达出来的液压油进入静液压油热交换器，经过冷却后与从温度控制阀出来的液压油汇合进入静液压油箱，经油箱上部的磁性滤清器过滤后，重新进入静液压油泵，至此完成一个工作循环，具体见图20和图21。

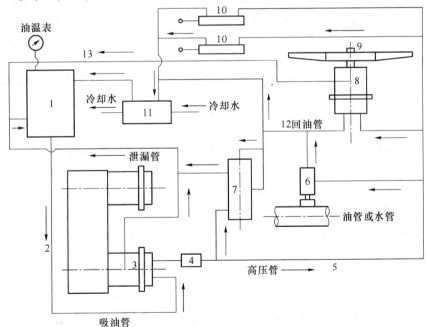

图 20　静液压传动系统

1—油箱；2—吸油管；3—静液压泵；4—高压软管；5—高压管；6—温度控制阀；
7—安全阀；8—静液压马达；9—冷却风扇；10—百叶窗控制油缸；
11—静液压油热交换器；12—回油管；13—泄油管

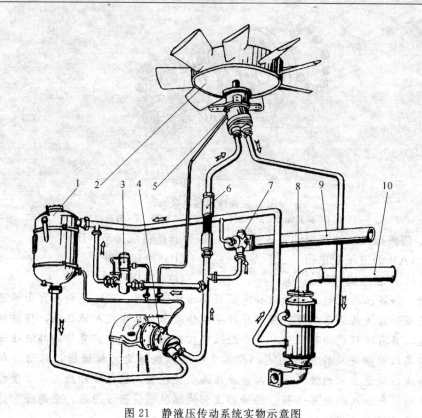

图 21　静液压传动系统实物示意图

1—静液压油箱；2—冷却风扇；3—安全阀；4—静液压油泵；5—静液压马达；6—高压软管

7—温度控制阀；8—静液压油热交换器；9—机油或冷却水管；10—冷却水管

164. 为了确保静液压传动系统安全可靠地工作，并缓和在柴油机升降速时所造成的液压系统的短暂高压冲击，在静液压系统中装有（A）。

　　（A）安全阀　　　　（B）低温控制阀　　　（C）高温控制阀　　　（D）液压马达

解析：为了确保静液压传动系统安全可靠地工作，在高压管路和低压管路之间并联安装了一个安全阀，其作用主要有三点。

1）缓和机车柴油机在热机起动或突然升速时静液压系统中的高压冲击。这种冲击压力高出正常工作压力数倍，易对系统中的液压元件造成损坏。

2）在柴油机各挡位下，静液压马达卡滞或运动阻力过大时，能由安全阀保证静液压系统中高压管路的工作压力不会超高。

3）设置安全阀可以适当避免静液压系统中工作油压力波动而引起的振动和噪声。

165. DF$_{4B}$液压系统中安全阀的最高开启压力调定为（B）。

　　（A）10 MPa　　　（B）17 MPa　　　　（C）20 MPa　　　（D）15 MPa

解析：安全阀的工作原理如下。

由静液压油泵打出的高压油经滑阀中阻尼塞的节流孔与滑阀内腔相通，而低压油腔与锥阀内腔相通，当静液压系统中油压超过一定值时，高、低压油油压差超过锥阀弹簧力，锥阀被打开，滑阀内腔与锥阀内腔相通，滑阀内腔油压迅速降低，因滑阀阻尼塞节流孔的作用，高压油路中油压降低缓慢，因而在滑阀两侧形成的油压差克服滑阀弹簧作用力，滑阀上移，导致高、低压油腔直接相通，高压油路中油压下降，锥阀在弹簧作用下回移，关闭通口，滑阀也在弹簧力作用下回移，切断高、低压油腔的通道，形成一次泄压过程，完成保护。

安全阀的开启压力在静液压油泵的转速范围内都比进入静液压马达而驱动冷却风扇转动所需的工作油压高 $10\% \sim 15\%$，而且随静液压油泵转速的改变而自动调节。DF_{4B} 型内燃机车上安全阀组装时，最高开启压力一般调定为 (16.17 ± 0.49) MPa，装配后的安全阀须进行调压试验。

166. （C）的作用是利用冷却水冷却液压油。

    （A）温控阀　　　（B）静液压泵　　　（C）热交换器　　　（D）安全阀

解析：见 128 题的解析。

167. 冷却室两侧百叶窗的开和关，由（D）控制。

    （A）弹簧　　　　（B）安全阀　　　　（C）温控阀　　　　（D）百叶窗油缸

解析：静液压系统通过百叶窗油缸控制自动百叶窗的开度，当水温高时开度大，进风量大。

168. DF_4 型机车上采用的液压泵型号是（A）。

    （A）ZB732　　　（B）ZM732　　　（C）B732　　　（D）Z732

解析：ZM732：静液压马达；ZB732：静液压泵，Z 代表轴向，B 代表泵，M 代表马达，732 表示内部共有 7 个直径均为 32 mm 的柱塞。静液压传动系统中，静液压油泵的主要作用是将柴油机的部分输出功率通过工作油由机械能转换成液压能（压力能），作为静液压系统的动力源。而静液压马达则是把工作油的液压能转换成机械能，驱动冷却风扇转动。东风 4B 型内燃机车上，两只静液压油泵分别安装于静液压变速箱的同侧两个输出轴上（经花键连接），两只静液压马达分别安装在冷却水 V 形散热器上方的两只静液压马达安装座上，静液压油泵和静液压马达内部结构完全一样。

169. ZB732 静液压泵将柴油机的机械能转化成工作油的（B）。

    （A）动能　　　　（B）压力能　　　　（C）势能　　　　（D）热能

解析：见 168 题的解析。

170. 为了达到冷却系统风扇的无级变速，在静液压泵和马达的油路中并联着（C）。

    （A）安全阀　　　（B）液压马达　　　（C）温控阀　　　（D）液压泵

解析：温度控制阀直接安装在机油及高温水管的出口上，感温元件的温包蜡室插入机油或高温水管中，以感应油、水最高温度。当油、水温度达到石蜡融化温度时，石蜡由固态逐渐变为液态，体积增大，压迫橡胶膜片和柱塞，克服弹簧预紧力，使推杆向外推动滑阀，逐渐减小直至关闭油道，此时，由静液压油泵打出的工作油，经温度控制阀直接流回油箱的油量逐渐减少，而流向静液压马达的流量相应逐步增大，使冷却风扇的转速逐步增加，当温度控制阀油道完全关闭时，冷却风扇达最高转速。当机油或冷却水温度降低时，石蜡凝固，体积减小，弹簧推动滑阀复位，油道逐渐打开，冷却风扇转速降低，当油道完全打开时，冷却风扇停止转动。这样，静液压系统就可以根据柴油机油、水温度的变化，自动控制和调节冷却风扇的转速，保证柴油机在规定的油、水温度下工作。

171. 温度控制阀中的感温元件安装在内燃机车的（C）管路中。

　　（A）燃油系统　　（B）机油系统　　　（C）冷却水系统　　（D）静液压

解析：DF$_{4B}$机车，高温温控阀感温元件安装在高温水管路中，低温的安装在机油管路中，DF$_{4D}$机车均安装在冷却水管路中。

172. 百叶窗油缸活塞的行程为（D）。

　　（A）20 mm　　（B）15 mm　　（C）70 mm　　　（D）90 mm

解析：百叶窗油缸行程最小为 90 mm，最大为 115 mm，可以通过螺母、球窝螺母和螺杆调节。

173. 万向轴十字节应使用（D）润滑。

　　（A）1号机车增压柴油机机油　　　　（B）SY1216-66HZ-13 压缩机油
　　（C）GB440-77HH-20 航空机油　　　（D）SY1403-77 钙钠基润滑油

解析：万向节使用钙钠基润滑脂、锂基脂等，习惯上称为黄油；柴油机压力润滑使用柴油机机油；空气压缩机使用压缩机油；联合调节器使用航空机油。

174. DF$_{7C}$机车辅助齿轮箱采用（B）润滑。

　　（A）侵入式飞溅　　（B）压力　　　（C）自由　　　　（D）油流

解析：辅助齿轮箱用于驱动风扇耦合器。油润滑大体分为：①油浴润滑，②滴油润滑，③飞溅润滑，④循环（压力）润滑，⑤喷射润滑，⑥油雾润滑，⑦油气润滑。

　　本题所述润滑方式大体类似柴油机正时齿轮润滑，是循环（压力）润滑。

175. DF$_{7C}$型机车辅助传动装置共有（D）万向轴。

　　（A）1根　　（B）2根　　　（C）3根　　　　（D）4根

解析：如图 22 所示，DF$_{7C}$型机车辅助传动装置有 4 根万向轴。

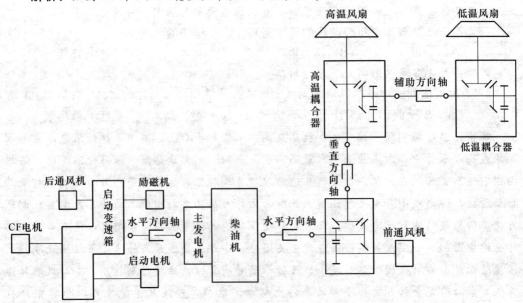

图 22　DF$_{7C}$型机车万向轴传动系统示意图

176. （C）装于辅助齿轮箱和高温风扇耦合器之间。

    （A）电机万向轴   （B）辅助万向轴   （C）垂直万向轴   （D）水平万向轴

解析：如图22所示，垂直万向轴装于辅助齿轮箱和高温风扇耦合器之间。

177. （B）装于两风扇耦合器之间，用于带动风扇耦合器工作。

    （A）电机万向轴   （B）辅助万向轴   （C）垂直万向轴   （D）水平万向轴

解析：如图22所示，辅助万向轴装于两风扇耦合器之间，用于带动风扇耦合器工作。

178. 万向轴在组装时，必须保证两端叉头安装十字轴孔中心线在同一平面内，否则将产生冲击载荷导致（C）过早损坏。

    （A）法兰盘   （B）油杯   （C）花键副   （D）万向节

解析：见158题的解析。

179. 万向轴主要是依靠相连两个法兰盘之间的（D）来传递扭矩。

    （A）滑动力   （B）滚动力   （C）碰撞力   （D）摩擦力

解析：万向轴主要依靠相连两个法兰盘之间的摩擦力来传递扭矩。以上几题是阐述了DF$_{7C}$内燃机车辅助齿轮箱的结构，4根万向轴，通过液力耦合器带动风扇工作，相当于静液压系统。

180. 尼龙绳联轴器是靠（C）来保证联轴器的扭矩传递的。

    （A）法兰   （B）柱销   （C）尼龙绳   （D）镀锌钢丝

解析：尼龙绳联轴器以缠绕方式，连接两个传动法兰，具有缓冲扭力，消除不同心和减轻振动作用。

181. 弹性圈柱销联轴器以（D）与两法兰相连。

    （A）橡胶圈   （B）螺母   （C）尼龙绳   （D）柱销

解析：见162题的解析。

182. DF$_{4B}$型机车上，冷却风扇的驱动采用（A）传动。

    （A）静液压马达   （B）辅助万向轴   （C）液力耦合器   （D）弹性联轴节

解析：DF$_{7C}$型机车冷却风扇驱动采用液力耦合器。

183. DF$_{7C}$型机车装有（B）冷却风扇，每个风扇各具有一套独立的耦合器传动系统。

    （A）1个   （B）2个   （C）3个   （D）4个

解析：见图22，DF$_{7C}$型机车装有2个冷却风扇。

184. 高温风扇耦合器的泵轮轴用（A）配合与垂直轴连在一起。

    （A）圆锥面过盈   （B）花键   （C）螺钉   （D）加热套装

解析：锥形内孔所对应的轴是锥形轴，两者配合压入行程越大，其过盈量也越大。

185. 耦合器的工作油和润滑油由装在箱体内的（C）供给。

    （A）涡轮   （B）油室体   （C）齿轮油泵   （D）滤清器

解析：如图23所示，耦合器的工作油和润滑油由装在箱体内的齿轮油泵供给。

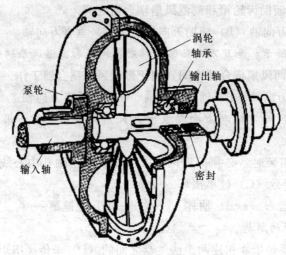

液力耦合器简图

图 23   液力耦合器

186. 耦合器的排油，一路是由排油勺管排油，另一路是由（B）处排油。

(A) 底盘   (B) 油封   (C) 油室体   (D) 齿轮油泵

解析：DF$_7$ 型机车的风扇耦合器，装有排油勺管和引压勺管，引压力勺管通充油调节阀。排油勺管使工作油从耦合器中排出，"勺"管形状弯似"勺"的油路通道。

187. 高温温度控制阀装在（A）系统的管路中。

(A) 高温水   (B) 低温水   (C) 燃油   (D) 滑油

188. 低温温度控制阀装在（B）系统的管路中。

(A) 高温水   (B) 低温水   (C) 燃油   (D) 滑油

189. DF$_{7C}$ 型机车高温热动元件的控温范围为（A）。

(A) 74 ℃～82 ℃ (B) 44 ℃～55 ℃   (C) 55 ℃～74 ℃   (D) 45 ℃～60 ℃

解析：DF$_{7C}$ 型与 DF$_{4B}$ 型机车一样，高温热动元件的控温范围为 74 ℃～82 ℃。

190. DF$_{7C}$ 型机车的低温热动元件的控温范围为（B）。

(A) 74 ℃～82 ℃ (B) 44 ℃～55 ℃   (C) 55 ℃～74 ℃   (D) 45 ℃～60 ℃

解析：DF$_{7C}$ 与 DF$_{4B}$ 机车的低温热动元件的控温范围不一样，DF$_{7C}$ 机车为 44 ℃～55 ℃，DF$_{4B}$ 机车为 55～65 ℃。

191. DF$_{11}$ 型机车选用了（A）型缓冲器。

(A) MT-3   (B) ST-1   (C) MX-1   (D) ST-2

解析：见 139 题。

192. 穴蚀分为空泡腐蚀及（B）的两个方面。

(A) 化学腐蚀   (B) 电化腐蚀   (C) 空气腐蚀   (D) 严重磨损

解析：穴蚀包括空泡腐蚀和电化学腐蚀两种引起，电化学腐蚀是基于微电池原理的腐蚀形式。

193.两个相对运动的物体直接接触的摩擦叫（C）。

（A）静摩擦 （B）湿摩擦 （C）干摩擦 （D）磨损

解析：摩擦的分类如下。

1）干摩擦

两工作表面间无任何润滑剂，直接接触的摩擦称为干摩擦，如图24（a）所示。此时，必有大量的摩擦功耗和严重的磨损。在滑动轴承中则表现为强烈的升温，甚至把轴瓦烧毁，所以在滑动轴承中不允许出现干摩擦。

2）边界摩擦

两摩擦表面间有润滑剂存在，由于润滑油与金属表面的良好吸附作用，因而在金属表面上形成极薄的边界油膜，如图24（b）所示。边界油膜的厚度小于1微米，不足以将两金属表面分隔开，所以相互运动时，两金属表面微观的高峰部分仍将互相搓削，这种状态称为边界摩擦。一般而言，金属表层覆盖一层边界油膜后，虽不能绝对消除表面的磨损，却可以起着减轻磨损的作用。

3）液体摩擦

若两摩擦表面间有充足的润滑油，而且能满足一定的条件，则在两摩擦表面间可形成厚度达几十微米的压力油膜。它能将相对运动着的两金属表面分隔开，如图24（c）所示。只有液体之间的摩擦，称为液体摩擦，又称为液体润滑。换言之，形成的压力油膜可以将重物托起，使其浮在油膜之上，由于两摩擦表面被油隔开而不直接接触，摩擦系数很小，所以显著地减少了摩擦和磨损。

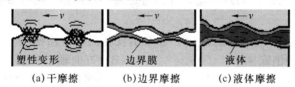

(a)干摩擦 (b)边界摩擦 (c)液体摩擦

图24 摩擦的分类

194.为了保证增压器良好的油润状态，在柴油机停机后，应立即开动（D）向增压器供油2 min。

（A）燃油泵 （B）主机油泵 （C）水泵 （D）启动机油泵

解析：增压器转速是非常高的，能达到20 000～30 000 r/min，所以在停机后在惯性的作用下，要持续一定时间的高速旋转，所以要开启启动机油泵，持续的提供润滑油。

195.16V240ZJB型柴油机活塞采用（A）和喷射联合冷却方式。

（A）内油路 （B）水路 （C）外油路 （D）油环

解析：活塞组采用机油强制冷却有以下几种方式。

1）喷射冷却

从连杆中引来的机油通过设置在连杆小头处的喷嘴向活塞顶背喷射散热，热油溅落人曲轴箱。例如16V240ZJB、16V280型等柴油机活塞用此作辅助冷却手段。

2）蛇形管式或其他内油道冷却

在活塞体内设有螺旋形或环形内油道，冷却油从销座孔处引入，从另一销孔座附近的回油道活塞顶背部油孔掉入油底壳。活塞体内最上部的油道通常布置在接近并稍高于第一气环槽的位置处。油道的截面较小，全部充满机油并以一定流速通过。例如 16V2402JB、16V2802J 及 16V280ZJA 型柴油机的铝合金活塞用此作为主要冷却手段。

3）振荡式油冷

在活塞体内具有较大截面的储油空腔，冷却油不断地输入和回出，腔内反复振荡以及油流的高速冲击，形成紊流，使振荡冷却具有比蛇形管冷却更高的传热系数，从而使活塞顶部及环槽区得到良好的冷却。16V240ZJB 型柴油机球铁活塞、16V280ZJ 及 16V280ZIA 型柴油机等活塞皆采用振荡式冷却。

196. 静液压泵主轴线与油缸体中心线间夹角为（A）的倾斜角。

　　（A）25° 　　　　（B）30° 　　　　（C）15° 　　　　（D）20°

解析：见 120 题的解析。

197. DF$_{4B}$ 型内燃机车两台通风机均采用（B）风机。

　　（A）轴流式 　　　（B）离心式 　　　（C）冷却 　　　　（D）加热

解析：见 127 题的解析。

198. 由于静液压油热交换器的作用，使静液压工作油温度始终保持在（B）范围内。

　　（A）35 ℃～40 ℃　（B）15 ℃～65 ℃　（C）20 ℃～60 ℃　（D）30 ℃～45 ℃

解析：见 128 题。

199. DF$_{4B}$ 型内燃机车流经燃油预热器的冷却水靠（B）输送。

　　（A）预热水泵 　（B）高温水泵 　　（C）低温水泵 　　　（D）自然水压差

解析：高温水泵的水温相对较高，可以通过燃油预热器对燃油进行预热，经过预热的燃油流回油箱。

200. 启动变速箱的中间轴通过（B）和牵引发电机电枢轴相连。

　　（A）弹性柱销联轴节 　　　　　　　（B）万向轴

　　（C）传动轴 　　　　　　　　　　　（D）弹性柱销万向联轴节

解析：见 148 题的解析。

201. DF$_{4B}$ 型内燃机车冷却器共有（C）冷却单节。

　　（A）58 个 　　　　（B）60 个 　　　　（C）56 个 　　　　（D）52 个

解析：柴油机冷却水系统分为高温和低温，高、低温冷却水系统共有冷却单节 56 节，正确答案应为 C。

高温水系统（柴油机水系统，24 组散热器）：柴油机高温水泵→柴油机、增压器冷却水腔→散热器→柴油机高温水泵。

低温水系统（中冷器、机油热交换水系统，32 组散热器）：柴油机低温水泵→中冷器→机油热交换器→散热器→静液压油热交换器→柴油机低温水泵。

202. 为使柴油机各气缸内有相近的热力区作指标及动力均衡性，喷油泵组装后应具有同一（A）。

　　（A）几何供油提前角 　　　　　　　（B）垫片厚度

　　（C）供油时间 　　　　　　　　　　（D）压力

解析："区作"应为工作，供油提前角指柴油机压缩行程活塞到达上死点之前喷油嘴喷油时高压油泵提前供油的角度。之所以提前供油是为了更好地雾化燃油。

203. 紧固喷油泵压紧螺套时，若拧紧力矩过大，会（B）。

(A) 损坏泵体 (B) 使柱塞偶件卡滞

(C) 使出油阀卡滞 (D) 使出油阀弹簧压力过大

解析：压紧螺套紧固力矩为 $450\sim500\,\mathrm{N\cdot m}$，压紧螺套从泵体上方拧入，压力传递→出油阀接头→出油阀座→柱塞套→泵体。柱塞偶件由柱塞与柱塞套配合而成，其间隙很小为 $0.003\sim0.005\,\mathrm{mm}$，所以拧紧力过大，会导致柱塞套发生弹性变形，将柱塞卡滞。

204. 喷油泵的 B 尺寸是指柱塞顶面与上进油孔下边缘平齐时，（D）间的距离。

(A) 柱塞顶面与柱塞套底面 (B) 柱塞顶面与泵体支承面

(C) 柱塞尾部端面与柱塞套底面 (D) 柱塞尾部端面与泵体支承面

解析：为保证供油正时，要在上下体之间加垫片，垫片厚度 $\delta=B-K-6$。K 尺寸的概念指当凸轮升程 $6\,\mathrm{mm}$ 时，油泵下体镶块顶平面至下体上端平面之间距离。K 尺寸需要盘车进行测量。

205. 所谓柴油机的冷机状态，是指其机内的油、水温度不高于（B）。

(A) $20\,℃$ (B) $40\,℃$ (C) $50\,℃$ (D) $60\,℃$

解析：机车在冷机状态（$40\,℃$ 以下）不准加载，因为油温过低，机械阻力大、各部件间隙大导致工作冲击和噪声严重、增加部件的热应力。

206. 气门密封环带轻微损伤一般采用（B）修复。

(A) 抛光法 (B) 研磨法 (C) 铰削法 (D) 磨削法

解析：对轻微损伤一般使用精加工，以下是几种精加工方法。

1) 铰孔：用铰刀进行精密孔加工和修整性加工的方法。如铰孔螺丝定位。

2) 珩磨：用 $4\sim6$ 根细磨料的砂条组成可涨缩的珩磨头，被加工的孔即旋转又沿轴线上下直线运动，磨去一层金属加工孔内表面，提高精度。如气缸内表面。

3) 研磨：用研磨剂和研具进行微量磨削工件表面。气门密封环带轻微损伤采用此法。

4) 刮削：用刮刀刮去工件表面一层薄金属。

207. 气门驱动机构中的摇臂，从原理上说它实际是个（C）。

(A) 挺杆 (B) 摇杆 (C) 杠杆 (D) 摆杆

解析：摇臂实际上就是一个杠杆，如图 25 所示，摇臂穿装在摇臂轴上，以摇臂轴为支点，一端通过横臂压住气门，一端通过推杆受凸轮指挥。

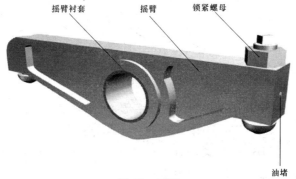

图 25　摇臂

208. 气门座圈与气缸盖座孔通常采用 (D) 装配。

(A) 压入法　　　(B) 位移法　　　(C) 热胀法　　　(D) 冷缩法

解析：气门座圈与气缸盖座孔为过盈配合，过盈配合安装时多采用热胀法，但气缸盖体积相对气门座圈大很多，所以要采用冷缩法。将气门座圈置于液氮中，待液氮不再沸腾，迅速取出放入气缸盖座孔，用重物压住，防止有间隙。

209. 机车柴油机喷油泵大都为 (C)。

(A) 齿轮式　　　(B) 蜗轮式　　　(C) 柱塞式　　　(D) 叶片式

解析：柴油机燃油系统由低压油路和高压油路组成，喷油泵也称高压泵，负责将低压油路提供的燃油进行二次加压，供给喷油器，燃油压力能够达到 25.5 MPa 以上。只有采用柱塞式油泵才能保证足够的燃油压力。

210. 选配柴油机主轴瓦是根据计算出 (C) 来进行的。

(A) 主轴孔直径　(B) 主轴颈直径　(C) 主轴瓦的厚度　(D) 润滑间隙

解析：本题考察主轴瓦的选配。

当需要更换主轴瓦的时候，就要进行选配，主要是选配主轴瓦的厚度，因为要影响轴瓦润滑间隙，这和建立油膜有很大关系。

润滑间隙大了，会造成轴承两端机油大量泄漏，主机油道油压降低，油膜变薄，不利于高负荷下工作。同时进入连杆小头和活塞的机油减少，活塞冷却不良。

润滑间隙小了，使机油流动阻力增大，流量减少，引起轴承散热不良，轴瓦表面温度升高，使机油黏度下降，油膜减薄，甚至造成局部直接接触，导致烧死。另外，间隙不好不能补偿圆度和圆柱度的误差。

轴瓦厚度公式 $S = (D - d - e)/2$ (mm)

D——主轴承孔内径；d——曲轴主轴颈直径；e——润滑间隙，取 $0.2 \sim 0.25$ mm。如图 26 所示。

主轴瓦厚度为 $7.38 \sim 7.42$ mm，分为 5 个等级，每个等级差 0.01 mm，可选配。选配时要求上下瓦厚度差不大于 0.03 mm。

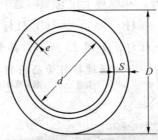

图 26　主轴瓦选配

211. 铁路机车用的柴油机，在编号中用字母 (B) 表示。

(A) T　　　　　(B) J　　　　　(C) Q　　　　　(D) C

解析：如 16V240ZJB 的意义，16——16 缸；V 形夹角 (50°)；240——缸径；Z——增压；J——铁路机车用；B——B 型。

212. 一般情况下，连杆瓦的上瓦（A）。

(A) 为受力瓦　　(B) 不是受力瓦　　(C) 开有油槽　　(D) 具有过盈量

解析：见138题的解析。

213.16V24OZJB 型柴油机连杆瓦厚度为（B）。

(A) 7.38～7.42 mm　　　　　　(B) 4.91～4.94 mm

(C) 5.28～5.42 mm　　　　　　(D) 6.91～6.94 mm

解析：连杆轴瓦的选配与主轴瓦选配方法一致，连杆轴瓦厚度为 4.91～4.94 mm，0.01 mm 为一个等级。

214.16V240ZB 型柴油机小时功率的供油提前角为（D）。

(A) 21°　　(B) 23°　　(C) 24°　　(D) 25°

解析：为保证油气充分混合，喷油始点并不是在上止点，而是在上止点前一定的曲轴角度，16V240ZJA 型机供油提前角为 25°。

215.16V240ZJB 型柴油机小时功率的几何供油提前角为（A）。

(A) 21°　　(B) 23°　　(C) 24°　　(D) 25°

解析：B 型机采用单螺柱塞喷油泵，故与 A 型机供油提前角不同，各机型参数，见表2。

表2　各机型配气相位表

相位机型	进气		排气		气门重叠角	换气总时间	供油提前角
	Θi	Θ'i	Θe	Θ'e	Θ'i+Θ'e	360.+Θ'i+Θe	Θ
16V240ZJB	42°20′	42°20′	42°20′	42°20′	84°40′	444°40′	21°
12V124ZJ	60°	50°	50°	60°	120°	460°	22～24°
12V180ZJ	63°	42°	60°	43°	106°	462°	28±0.5°
7FDL-16	65°	45°	55°	61°	126°	460°	26°
12LDA28	76.2°	36.2°	67.6°	37.6°	113.8°	463.8°	13°30′

216.16V240ZJB 型柴油机喷油泵齿条刻线上的 0 刻线表示喷油泵在（B）。

(A) 供油位　　(B) 停油位　　(C) 减油位　　(D) 增油位

解析：供油齿条刻度表示了柱塞与柱塞套相对位置，0 刻线表示没有开始进行供油。

217. 配气机构的调整包括（C）的调整和配气相位的调整两个方面。

(A) 凸轮位置　　(B) 曲轴转角　　(C) 冷态气门间隙　　(D) 发火顺序

解析：冷态气门间隙是指在冷机下在摇臂和横臂间预留一定间隙。柴油机运转时工作条件有较大的变化，气门和气门驱动机构都会因受热膨胀而伸长，气门机构会出现下陷现象，配气机构各机件会因振动而脱离原定位置。如果不留气门间隙或气门间隙留得太小，必将导致气门关闭不严而漏气，影响气缸中工质的做功能量，造成柴油机动力性和经济性下降，还可能由于高温燃气的泄漏而出现气门杆卡住及气门烧损等事故。如果气门间隙留的太大，虽然不会出现上述弊端，但配气机构各个零件之间的冲击和噪声加大，加速机件间的磨损，并将造成气门的晚开和早关，使实际开启时间缩短，影响充量系数。另外，预留一定的气门间隙还可使气门落座时产生的冲击力不会直接传给气门驱动机构。所以，柴油机预留一定的气门间隙，保证了工作循环的正常进行，对柴油机是十分必要的。

218.16V2AOZJB 型柴油机主轴瓦厚度共有 5 个尺寸等级，每（A）为 1 挡。

  (A) 0.01 mm (B) 0.02 mm (C) 0.03 mm (D) 0.04 mm

解析：见 210 题的解析。

219. 当司机控制器手柄位置固定后，柴油机转速起伏不定，供油拉杆来回移动，此种现象称为（A）。

  (A) 游车   (B) 失控   (C) 冲击   (D) 振动

解析：游车是指联合调节器调节稳定性差，过渡时间长的一种不稳定运转现象，发生时柴油机转速高低起伏，带有明显的"呜呜"声。

220. 将某一发生故障的气缸喷油泵停止供油，使该气缸不发火的操作过程，称为（B）。

  (A) 手动配速 (B) 甩缸   (C) 停车   (D) 关机

解析：要使某一气缸单缸停止工作，进行甩缸作业。甩缸时，首先将喷油泵弹性夹头销拔出，旋转 90°，将夹头销锁住，然后将供油齿条推回到 0 刻线，并用绳索或其他工具将齿条固定在 0 刻线上，此时被甩缸的气缸由于没有燃油供给，处于不工作状态。甩缸时一定要按作业标准进行，并进行严格防护，防止卡住供油拉杆，造成飞车。

  手动配速是指当步进电机或相关部件出现故障时，手动调节步进电机旋钮，以调整柴油机转速的作业方式。

221. 人工扳动供油拉杆，使柴油机运转的操作过程称为（C）。

  (A) 手动调速 (B) 盘车   (C) 撬车   (D) 手动供油

解析：撬车指当需要强行启动柴油机时，用扳手等工具强行拉动供油齿条，使喷油泵开始供油。盘车指在停机状态下，利用柴油机盘车机构转动曲轴。

222. 对于四冲程 16 缸柴油机来说，均匀发火的间隔角度应为（D）。

  (A) 60°   (B) 55°   (C) 50°   (D) 45°

解析：曲轴转 2 圈即 720°，完成所有发火，所以间隔 720°/16＝45°。

223.12V240Z 型柴油机，其均匀发火的间隔角应为（A）。

  (A) 60°   (B) 55°   (C) 50°   (D) 45°

解析：曲轴转 2 圈即 720°，完成所有发火，所以间隔 720°/12＝60°。

224. 从喷油器开始喷油到喷油泵停止供油，这一阶段称为（B）。

  (A) 喷射滞后期 (B) 主喷射期 (C) 自由喷射期 (D) 正常喷射期

解析：燃油在喷油泵柱塞偶件顶油腔升压，经出油阀后在高压系统内流动，从开始向气缸喷射直到停喷，这个过程历时甚短，大致可分为三个时期。

1) 喷射滞后期：从高压系统实际升压开始到燃油喷射时为止的这一时期为喷射滞后期（喷射落后期或延迟期）。

2）主喷射期：从实际喷射开始到喷油泵供油结束为止，这一阶段为主喷射期。

3）自由喷射期：从喷油泵停止供油到针阀落座为止，这一时间为自由喷射期。

225．缓冲式出油阀减压环带的作用是（C）。

（A）缓和冲击　　（B）降低喷油压力　　（C）降低剩余油压　　（D）减少供油量

解析：缓冲卸载式出油阀。包括出油阀偶件、出油阀弹簧及出油阀止挡等部件。出油阀偶件由出油阀及出油阀座组成，是一对精密偶件，两者成对研配，不能单件更换。

缓冲卸载式出油阀在高度位置上分5个区段：上部兼作出油阀弹簧座；与出油阀座口相配的圆柱面，起高压通路的开关及卸载等作用；中部四方圆棱面对出油阀运动导向并起到流通作用；下部锥面是阀与阀座接触密封面；底部为缓冲式圆柱体。上部的圆柱面称为卸载（减载）凸缘（减压环带），当它下落到阀座口时，即可认为燃油通路关闭。阀与阀座的密封锥面需共同研配，要求密封带圆周均匀连续不断，带的宽度在 0.4～0.6 mm 之间。

226．一般情况下，机油系统油温超过（D）以上，柴油机不得停机。

（A）20 ℃　　　　（B）30 ℃　　　　（C）40 ℃　　　　（D）60 ℃

解析：柴油机是强制循环水冷却，当在油温较高时停机，水系统和机油系统均停止循环流动，此时气缸等部件还处在高温状态，造成局部温度升高，易使过水胶圈等橡胶件发生老化。

227．若机油热交换器漏油，则膨胀水箱（A）。

（A）有油花　　　（B）涨水　　　　（C）温度升高　　　（D）需焊修

解析：油压高于水压，机油进入冷却水系统中，水中显示油花。

228．柴油机的配气系统在进行组装和调整时，都要选一个适当的（C）作为调整的标准始点。

（A）气门位置　　（B）凸轮位置　　（C）曲轴位置　　（D）活塞位置

解析：柴油机的配气相位和喷油提前角检查和调整之前，必须选择一个适当的曲轴位置作为调整的基准位置，各个气缸活塞的位置都可以由曲轴的这个位置推算出来。例如 DF$_{4B}$ 机车 16V240ZJB 型柴油机以第 1 缸活塞上止点的曲轴位置作为基准位置。

229．若供油提前角小于规定值，会造成（B）。

（A）喷油提前　　（B）后燃现象　　（C）供油减少　　（D）雾化不良

解析：若供油提前角小于规定值，则供油晚，喷入气缸内的燃油不能充分得到与空气的混合燃烧，使燃烧滞后（后燃），当排气门打开时，燃烧没有结束，燃气进入排气道，使排温升高，造成排气总管发红故障。

230．在冷机状态下，活塞处于上止点时，其顶面与气缸盖火力面之间的间隙称为（C）。

（A）压缩比　　　　　　　　（B）垫片厚度

（C）气缸压缩间隙　　　　　（D）有效压缩比

解析：16V240ZJB 型柴油机压缩间隙为 3.8～4.0 mm，压缩间隙决定了压缩比，压缩比直接影响到气缸的工作性能及整台柴油机的工作性能。气缸盖与气缸套间有调整垫片，通过调整垫片厚度可以调整压缩间隙。

231. 柴油机气缸中新鲜空气取代废气的过程叫（D）。

（A）循环过程　　（B）配气过程　　（C）混合过程　　（D）换气过程

解析：排气过程与进气过程通常合称为换气过程。换气可提供充足的新鲜空气，并降低部件的热应力，提供柴油机工作可靠性。

232. 进气门从开启到关闭所经历的曲轴转角，称为（A）。

（A）进气持续角　　　　　　　　（B）进气提前角

（C）进气延迟角　　　　　　　　（D）进气时间角

解析：当排气冲程活塞到达上止点前一定的曲轴转角时，进气门就打开，称为进气提前角；当进气冲程结束后一定曲轴转角时，进气门关闭，称为进气延迟角；进气门打开的经历的整个曲轴转角称为进气持续角。进气门早开晚关，是为了能够由足够的新鲜空气进入气缸，进气提前时配气没有结束，但进气经过增压具有一定压力，可帮助排气，起到扫气作用。

233. 通常将活塞行至下止点到气门关闭的曲轴转角范围，称为（C）。

（A）进气持续角　　　　　　　　（B）进气提前角

（C）进气延迟角　　　　　　　　（D）进气时间角

解析：见 232 题的解析。

234. 内燃机车制动主要是指（D）。

（A）手制动　　（B）电阻制动　　（C）液力制动　　（D）空气制动

解析：空气制动是机车的主要制动方式，但受黏着力的制约，机车电阻制动是一种重要的制动方式补充，电阻制动是利用电机的电磁力进行制动，不受黏着力限制。

235. 当中冷器出现漏水，柴油机工作时会出现（B）现象。

（A）水锈　　　　　　　　　　　（B）冒白色烟雾

（C）冒蓝色烟雾　　　　　　　　（D）功率下降

解析：气缸内有水，排气冒白烟；气缸内有机油，排气冒蓝烟；燃烧不完全，排气冒黑烟。

236. 国产柴油机编号中，中部的字母 E 表示（C）。

（A）直立式　　（B）平卧式　　（C）二冲型　　（D）四冲型

解析：柴油机的型号由 4 个部分组成。

1）首部。系列符号、换代标志符号。

2）中部。缸数符号，气缸排列形式：V—V 型、P—平卧型、无—直立式或单缸卧式；冲程符号：E—二冲程、无—四冲程；缸径符号。

3）后部。结构特征符号：无—水冷式、F—风冷式、N—凝气冷却、S—十字头式、D—可逆转（直接换向）、Z—增压式。

用途特征符号：无—通用型、T—拖拉机用、M—摩托车用、G—工程机械用、Q—车用、J—铁路机车用、D—发电机组用。

4) 尾部。区分符号，如 16V240ZJB、10E207J。

237. 国产柴油机编号中，缸径符号后面的字母 Z 表示该柴油机为（D）柴油机。

　（A）直喷式　　　（B）中冷式　　　（C）直接换向　　　（D）增压

解析：见 236 题的解析。

238. 直-直式电力传动内燃机车的最大缺陷是（A）。

　（A）限制了单机功率的提高　　　（B）不便维护保养

　（C）限制了机车运行速度的提高　　　（D）制造成本高

解析：直-直传动采用直流发电机，直流发电机的功率越大，其体积就会越大，机车车体的尺寸限制了直流发电机的体积，所以限制了单机功率的提高。

239. 东风 4 型内燃机车传动形式是（B）流。

　（A）直-直　　　（B）交-直　　　（C）交-直-交　　　（D）交-交

解析：东风 4 型机车采用同步交流发电机，同样功率的电机，交流电机要较直流电机体积小很多。牵引电动机采用直流电机，为交-直传动，此题正确答案应选 B。

240. 压缩比大些，（A）。

　（A）柴油机启动容易　　　（B）柴油机启动困难

　（C）燃油消耗量大　　　（D）柴油机工作粗暴

解析：压缩比大，则压缩时气体压力大，温度高，启动时燃油能够迅速着火，提高热效率。

241. 当进、排气门处于同时开启时，这一现象叫（C）。

　（A）扫气过程　　　（B）自由排气

　（C）气门重叠　　　（D）进、排气融合期

解析：为使排气过程在活塞开始上行时就有较大的排气门开度，必须使排气门在膨胀过程进行到下止点前的某一曲轴转角时开始开启，这个角度就称为排气提前角。

进气门不是在上止点时才开始开启，而是在排气过程后期活塞到达上止点前某一曲轴转角开始开启，有个进气提前角。进气提前角可保证活塞在上止点时有足够的气门开度，以减小活塞下行的阻力及进气阻力。

由于进气门提前开启和排气门滞后关闭，造成进气过程与排气过程一定时期中的相互重叠，即在上止点前后进、排气门存在同时开启的情况。进气提前角与排气滞后角之和称为气门重叠角。

242. 同一气缸的进、排气门同时开启的曲轴转角，称为（C）。

　（A）曲轴重叠角　　　（B）扫气过程

　（C）气门重叠角　　　（D）自由换气过程

243. （B）型机车使用的是 16V240ZJD 型柴油机。

　（A）东风 4　　　（B）东风 6　　　（C）东方 8　　　（D）东风 11

解析：东风 6 型内燃机车 6 型机车是新一代大功率、高性能的新产品。机车动力装置 16V240ZJD 型柴油机是与英国里卡多咨询工程公司合作改进的。而它的传动装置是

与美国 G. E. 公司合作改进的。机车上采用了微机控制等多项世界先进技术。机车的牵引性能、经济性和耐久可靠性均进入世界先进列。机车装有电阻制动系统。

1）东风 6 型内燃机车具有五大特点。

功率大，柴油机运用功率 UIC2940 kW，机车标称功率 2 425 W。

经济性能好，柴油机全负荷油耗 204 g/kW·h，机车额定平均轮周油耗 245 g/kW·h。

牵引性能好，持续牵引力 360 kN，在 22.2～118 km/h 速度范围内具有恒功率调节特性。

黏着牵引力大，机车装有防轮对空转微机控制装置。

耐久可靠，机车实现了微机控制并配备有故障诊断显示装置，提高了机车运行可靠性，机车厂修间走行里程 800 000 km。

2）东风 6 型内燃机车的微机屏硬件的配置。

东风 6 型机车微机屏采用插件板式结构。屏柜设计有 20 个插槽，目前屏柜中共插有 17 块线路板。其中的 5 块数字输出板，各有 8 个通道，分别用来接通各种转换开关、接触器、继电器和电空阀的线圈供电回路，使相应的电器动作；5 块数字输入板，各有 16 个通道分别用来接受各种开关量信号，用来判断被控电器的动作状态并通过微机对机车、柴油机进行工况和转速控制；1 块励磁控制板是微机系统的执行环节，它由大功率场效应管及相应的控制电路组成，在微机控制下调节励磁机励磁电流以满足不同的控制要求；1 块模拟扩展板，共有 14 个通道，用来分别接受各种模拟信号；1 块传感器输入板，用来接收温度、压力等各种传感器的信号，并将模拟量信号转换为数字量；2 块频率输入板，各有 8 个通道，分别用来接收各牵引电动机、柴油机及其他旋转机械转速传感器的频率信号；1 块存储器及串行接口板，用来存储各种信息；1 块中央处理器板，采用 Intel8OC186CPU，主时钟频率为 8 MHz，该板是微机系统的核心。

3）东风 6 型内燃机车微机控制的主要功能有以下几个方面。

①机车控制与柴油机控制，其中包括机车工况、运行方向的转换、主电路的切换及柴油机转速和功率的控制。

②机车牵引时柴油机恒功与经济特性的控制。

③机车电阻制动恒流控制及范围扩展。

④机车动轮空转/滑行保护（黏着控制）。

⑤对柴油机和电气系统实施完善的保护。

⑥各种监控参数的显示与故障项目的诊断、显示和存储。

⑦机车的自试验和检查功能。

4）东风 6 型内燃机车主要技术参数如下。

型号：东风 6

用途：干线货运

轨距：1 435 mm

限界：GB 146.1—1983（车限 1A、1B）

传动方式：交-直流电传动

轴式：C0-C0

轮径：1 050 mm

轴重：(23±3%)t

整备重量：(138±3%)t

通过最小曲线半径：145 m

最大运用速度：118 km/h

持续速度：22.2 km/h

起动牵引力：435 kN

持续牵引力：360 kN

柴油机型号：16V240ZJB

柴油机装车功率：2 940 kW

主发电机型号：JF202

硅整流装置型号：GTF7080/1250

牵引电动机型号：ZD108

车钩形式：13 号上作用式

转向架轴距：1 800×2 mm

机车外形尺寸：21 100 mm×3 308 mm×4 755 mm

244. 16V240ZJB 型柴油机的活塞行程是（C）。

    （A）240 mm   （B）260 mm   （C）275 mm   （D）280 mm

解析：活塞行程是下止点到上止点的距离。16V240ZJB 型柴油机的活塞行程是 275 mm。

245. 活塞完成一个冲程的运动，曲轴转（C）。

    （A）45°   （B）90°   （C）180°   （D）360°

解析：每个冲程活塞都是从一个止点到另一个止点，曲轴旋转 180°。四个冲程，曲轴旋转两圈 720°。

246. 车钩组装后，钩舌销与钩舌套孔径向间隙应在（B）范围内。

    （A）1.2～3.0 mm   （B）1.0～3.0 mm

    （C）1.0～4.0 mm   （D）3.0～4.0 mm

解析：《段修规程》规定，原型：1.0～1.8 mm；中修：1.0～3.0 mm；禁用：4.0 mm。

247. 北京型内燃机车的轴列式为（A）。

    （A）B-B   （B）B0-B0   （C）C0-C0   （D）C-C

注："0"表示每一动轴为单独驱动，无 0 表示成组驱动，"-"表示转向架之间无直接的机械联系。

解析：机车轴列式用数字或字母表示车轴排列方式，用以表征机车走行部结构的特点的一种表达方式。

1）字母（或数字）个数表示机车转向架数。

2）字母（或数字）本身表示转向架轴数。

3) "-"表示两转向架之间相互独立；"+"表示两转向架之间有活节相连。

4) "0"表示每根轴由一台电机单独驱动。

例如：SS$_4$改型电力机车的轴列式为B（B0-B0），表示为两节机车，每节为两台、两轴转向架，动轴为单独驱动。

北京型为液力传动，轴列式为B-B，答案应为A。

248. ND$_5$型内燃机车是我国从（B）进口的内燃机车。

(A) 英国   (B) 美国   (C) 法国   (D) 德国

解析：全称：内电5（ND$_5$）型干线客货两用内燃机车。ND$_5$型机车是美国通用电器公司（GE）运输系统商业分公司制造的交-直流电力传动干线客、货运内燃机车。柴油机装车功率为2 942 kW，机车整备重量为138 t，构造速度为118 km/h，通过最小曲线半径为85 m，能够多机重联牵引。

249. NY$_6$型内燃机车是我国从（B）进口的内燃机车。

(A) 前苏联   (B) 联邦德国   (C) 美国   (D) 法国

解析：NY$_6$型内燃机车制造年代为1972年，制造厂名为联邦德国汉寿尔，轨距为1435，车轴排列为C-C，传动方式为液力，最大速度（km/h）为108.2，持续速度（km/h）为21，机车标称功率为2 380 kW。

250. 牵引电动机抱轴瓦应使用（A）。

(A) 18号双曲线齿轮油   (B) SY1316-66HZ-13压缩机油
(C) GB440-77HH-20航空机油   (D) SY1403-77钙钠基润滑油

解析：18号双曲线齿轮油抱轴瓦用油，目前大多使用专用抱轴瓦油；SY1316-66HZ-13压缩机油空气压缩机用油；GB440-77HH-20航空机油联合调节器用油；SY1403-77钙钠基润滑油为黄油，轴承用油。

251. ND$_4$型内燃机车是（A）。

(A) 干线货运机车   (B) 干线客运机车
(C) 调车机车   (D) 客、货运机车

解析：ND$_4$型内燃机车是法国阿尔斯通工厂制造的干线货运机车。构造速度100 km/h，轴列式为C0-C0。

252. 最先在广深线准高速铁路担负客运任务的内燃机车是（D）。

(A) 东风4C型   (B) 东风6型   (C) 东风8型   (D) 东风11型

解析：东风11型内燃机车是交-直流电传机快速客运内燃机车。它采用一台16V280ZJA型柴油机、一台JF204C型同步主发电机和6台ZD106A型牵引电动机。东风11型内燃机车，是为广深线开行时速160公里旅客列车而研制的准高速客运内燃机车。机车标称功率3 040 kW，最高运行速度为170 km/h。1991年底完成试制后，先后通过了型式试验、研究性试验和150 000 km线路运用考核试验，最高试验速度为186 km/h，牵引13辆客车，最高速度达162 km/h。

253. 两啮合齿轮（C），会产生同向偏接触。

    (A) 中心距太大　　　　　　　(B) 中心距太小

    (C) 安装轴线不平行　　　　　(D) 径向跳动

解析：如图 27，同向应为轴向，两齿轮轴向不平行，会产生轴向偏接触。

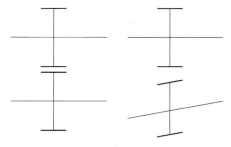

图 27　安装轴线不平行

254. 用煮洗法清洗零件通常使用（B）。

    (A) 矿化水　　　(B) 碱溶液　　　(C) 有机溶剂　　　(D) 金属清洗剂

解析：碱溶液煮洗，用碱性溶液高温煮洗，一般煮洗温度在 80 ℃～90 ℃，可去油、去积碳等，但对金属有腐蚀性，注意清洗。

255. 内燃机车柴油机使用的活塞销为（C）。

    (A) 优质碳素结构钢　　　　　(B) 优质碳素工具钢

    (C) 优质低碳合金钢　　　　　(D) 优质高碳合金钢

解析：材质为 12CrNi3A，表面渗碳淬火处理。

结构钢是指符合特定强度和可成形性等级的钢。可成形性以抗拉试验中断后伸长率表示。结构钢一般用于承载等用途工具钢，是用以制造切削刀具、量具、模具和耐磨工具的钢。工具钢具有较高的硬度和在高温下能保持高硬度的红硬性，以及高的耐磨性和适当的韧性。

256. 活塞销磨损后可用镀铬法修复，但镀层厚度不能大于（C）。

    (A) 0.05 mm　　　(B) 0.1 mm　　　(C) 0.2 mm　　　(D) 0.3 mm

解析：镀层不能过厚，否则强度和疲劳强度降低，厚度不能大于 0.2 mm。

257. 在活塞环表面镀铬、喷钼，主要目的在于（A）。

    (A) 提高耐磨性　　(B) 提高导热性　　(C) 防锈　　　(D) 恢复尺寸

解析：镀铬和喷钼环硬度较高，耐磨性好。

258. 柴油机机体通常是由（D）构成的整体。

    (A) 气缸和曲轴箱　　　　　　(B) 连接箱和机座

    (C) 机座和气缸体　　　　　　(D) 曲轴箱和气缸体

解析：气缸体是发动机的主体，它将各个气缸和曲轴箱连成一体，是安装活塞、曲轴，以及其他零件和附件的支撑骨架。

259. 内燃机车大修的基本目的是（A）。

    (A) 恢复机车的性能　　　　　(B) 进行技术改造

    （C）恢复机车的功率   （D）恢复机车的效率

解析：见 48 题的解析。

260. 东风 8B 型机车转向架采用的轴式为（A）。

    （A）C0-C0   （B）B0-B0   （C）B0-B0-B0   （D）C0-C0-C0

解析：与东风 4B 一致，都为 C0-C0 式。

261. 机车大修以（D）为基础进行配件互换修。

    （A）柴油机   （B）转向架   （C）车架   （D）车体

解析：大修以车体为基础，除车体外，其他部件都互换。

262. 东风 7C 型机车第 2 位轴箱轴承使用（D）轴承。

    （A）552732QT   （B）752732QT   （C）552732QT   （D）652732QT

解析：轴承应该是 652732QT，才能使第 2 位轴箱与轮对保持 10 mm 的横动量。

263. 机车用柴油机启动方式一般采用（B）。

    （A）机械式启动   （B）电动机启动   （C）压缩空气启动   （D）外力启动

解析：启动电机通过启动变速箱、万向轴、主发电机、弹性联轴节启动柴油机。

264. 柴油机支承螺栓的螺母与垫圈须有（B）的间隙。

    （A）（6±0.5）mm   （B）（5±0.5）mm

    （C）（7±0.5）mm   （D）（8±0.5）mm

解析：螺母与垫圈要留有间隙，即垫圈是活动的，因为主发-柴油机组工作时，垂向振动最大，振幅超过 3~4 mm，所以留（5±0.5）mm。

265. 柴油机支承与机体应接触良好，用（A）的塞尺检查不得贯通。

    （A）0.05 mm   （B）0.06 mm   （C）0.07 mm   （D）0.08 mm

266. （A）仅用来支承转动零件，只承受弯矩而不传递动力。

    （A）心轴   （B）转轴   （C）传动轴   （D）垂直轴

解析：根据轴的承载情况，可分为以下几种。

1）转轴，工作时既承受弯矩又承受扭矩，是机械中最常见的轴，如各种减速器中的轴等。前变速箱输入轴、凸轮轴、牵引电机轴、主发电机轴。

2）心轴，用来支承转动零件，只承受弯矩而不传递扭矩，有些心轴转动，如铁路车辆的轴等，有些心轴则不转动，如支承滑轮的轴等。

3）传动轴，主要用来传递扭矩而不承受弯矩，如起重机移动机构中的长光轴、汽车的驱动轴等。

267. 动点在通过轨迹上某一位置时的速度，称为动点在该位置时的（A）。

    （A）瞬时速度   （B）平均速度   （C）加速度   （D）变速度

解析：运动物体在某一时刻或某一位置时的速度，叫作瞬时速度（简称速度）。通常把瞬时速度的大小又称为速率。

268. 在临界状态下，最大静滑动摩擦力与物体的（C）成正比。

    （A）约束反力   （B）主动力   （C）正压力   （D）重力

解析：临界状态，物体处于要滑动，还未开始滑动时。

269.电动机轴的左端受电动机驱动力矩的作用，右端受工作机械传来的阻力偶矩的作用，两力偶矩均作用在电动机轴线的垂直平面内，使轴的一端相对另一端绕轴线产生转动，这种变形称为（C）。

(A) 拉伸变形　(B) 剪切变形　(C) 扭转变形　(D) 弯曲变形

解析：四种变形形式，即题中四个选项的变形形式都是实际存在的。依题意，为扭转变形。

270.单位面积上的内力称为（A）。

(A) 应力　(B) 集中力　(C) 重力　(D) 约束力

解析：当材料在外力作用下不能产生位移时，它的几何形状和尺寸将发生变化，这种形变就称为应变。材料发生形变时内部产生了大小相等但方向相反的反作用力抵抗外力。把分布内力在一点的集度称为应力，应力与微面积的乘积即微内力。或物体由于外因（受力、湿度变化等）而变形时，在物体内各部分之间产生相互作用的内力以抵抗这种外因的作用，并力图使物体从变形后的位置回复到变形前的位置。

271.圆轴扭转时，横截面圆心处的剪应力为（A）。

(A) 零　(B) 最大　(C) 负值　(D) 小数

解析：剪应力与到圆心的距离成正比。中心点应为零。

272.当一对相互啮合的渐开线齿轮的中心距做小量改变后，齿轮的瞬时传动比（D）。

(A) 发生变化　(B) 增大　(C) 减小　(D) 仍保持原值

解析：传动比与齿数有关，与中心距无关。

273.齿轮传动的瞬时传动比是（D）。

(A) 变化的　(B) 可调节的　(C) 常数　(D) 恒定的

解析：见272题的解析。

274.标准齿轮形成渐开线的圆称为（B）。

(A) 齿根圆　(B) 基圆　(C) 节圆　(D) 分度圆

解析：渐开线是一个数学概念，定义为将一个圆轴固定在一个平面上，轴上缠线，拉紧一个线头，让该线绕圆轴运动且始终与圆轴相切，那么线上一个定点在该平面上的轨迹就是渐开线。标准齿轮形成渐开线的圆称为基圆。

齿轮的齿形由渐开线和过渡线组成时，就是渐开线齿轮。

渐开线齿轮的特点：方向不变，若齿轮传递的力矩恒定，则轮齿之间、轴与轴承之间压力的大小和方向均不变。

275.有一标准直齿圆柱齿轮，模数为2，齿数为40，分度圆直径为（D）。

(A) 40　(B) 88　(C) 100　(D) 80

解析：模数 m 等于齿距除以圆周率 π 所得到的商，以毫米计。分度圆直径 $d=$ 模数 $m\times$ 齿数 z。

276. 圆锥齿轮几何尺寸的计算应以（D）为准。

(A) 小端   (B) 大端和小端的中间

(C) 大端或小端   (D) 大端

解析： 锥形齿轮，大端至小端模数不同，所以都以大端为依据。

277. 机械效率值永远（C）。

(A) 大于 1   (B) 等于零   (C) 小于 1   (D) 大于零

解析： 任何机械本身都受到重力的作用，相对运动的零件间又存在摩擦，所以使用任何机械，除了做有用功外，都不可避免地要做额外功。这时动力所做的总功等于有用功加额外功。有用功跟总功的比值叫机械效率。因为有额外功，所以机械效率值永远小于 1。

278. 圆轴在扭转变形时，其截面上只受（D）。

(A) 正压力   (B) 扭曲应力   (C) 弯矩   (D) 剪应力

解析： 剪应力的分布方向与半径垂直，大小与该点到圆心的距离成正比，圆心处剪应力为零，圆轴表面的剪应力最大。

279. 既支撑传动件又传递动力又同时承受弯曲和扭转作用的轴，称为（C）。

(A) 心轴   (B) 传动轴   (C) 转轴   (D) 水平轴

解析： 见 266 题的解析。

280. 作连接用的普通平键的破坏形式是（B）。

(A) 点触   (B) 挤压   (C) 胶合   (D) 卡死

解析： 平键受力主要有主动力和阻力，在两种力下受挤压。

281. 用于两交叉轴传动的联轴节是（D）。

(A) 凸缘联轴节   (B) 齿轮联轴节   (C) 套筒联轴节   (D) 万向联轴节

解析： 凸缘联轴器：如图 28（a）所示。属于刚性联轴器，是把两个带有凸缘的半联轴器用普通平键分别与两轴连接，然后用螺栓把两个半联轴器连成一体以传递运动和转矩。这种联轴器有两种主要的结构形式：①靠铰制孔用螺栓来实现两轴对中和靠螺栓杆承受挤压与剪切来传递转矩；②靠一个半联轴器上的凸肩与另一个半联轴器上的凹槽相配合而对中。

齿轮联轴器：如图 28（b）所示。齿轮型挠性联轴节。电机轴驱动主动齿轮，主动齿轮驱动齿套，齿套驱动被动齿轮，这样能够实现联轴传动，又能实现相对位移。

挠性连接：相对的连接件既有约束或传递动力的关系，又可以有一定程度的相对位移。

套筒联轴器：如图 28（c）所示。是利用公用套筒，并通过键、花键或锥销等刚性联接件，以实现两轴的联。套筒联轴器的结构简单，制造方便，成本较低，径向尺寸小，但装拆不方便，需使轴做轴向移动。

万向联轴器：如图 28（d）所示。一种特殊的球面铰链四杆机构，其中除机架外，每一个构件上两转动副轴线间的夹角均为 90°。万向联轴器利用其机构的特点，使两轴不在同一轴线，存在轴线夹角的情况下能实现所联接的两轴连续回转，并可靠地传递转矩和运动。万向联轴器最大的特点是具有较大的角向补偿能力，结构紧凑，传动效率高。

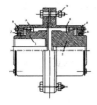   

万向联轴器示意图

(a) 凸缘联轴器   (b) 齿轮联轴器   (c) 套筒联轴器   (d) 万向联轴器

图 28   联轴器

282. 滑动轴套的润滑是利用油泵并通过油管送油到各润滑点，这种润滑方法称为 (D)。

     (A) 滴油润滑   (B) 油环润滑   (C) 溅油润滑   (D) 压力润滑

解析：见 131 题的解析。

283. 轴旋转时带动油环转动，把油箱中的油带到油颈上进行润滑的方法称为 (B)。

     (A) 滴油润滑   (B) 油环润滑   (C) 溅油润滑   (D) 压力润滑

解析：见 131 题的解析。

284. 压力断电器只能 (D) 系统的压力。

     (A) 减小   (B) 改变   (C) 增大   (D) 反映

解析：感受系统压力，压力达到某定值，断开电路。如油压继电器、YK（704 调压器）。

285. 在零件图上用来确定其点、线、面位置的基准，称为 (A) 基准。

     (A) 设计   (B) 划线   (C) 定位   (D) 加工

解析：在零件图上用以确定其他点、线、面位置的基准，称为设计基准。例如轴套零件，各外圆和内孔的设计基准是零件的轴心线，端面 A 是端面 B、C 的设计基准，内孔的轴线是外圆径向跳动的基准。

286. 看零件图的步骤可简单概括为：一看标题，二分析视图，三 (C)，四应付读尺寸，五了解技术要求，最后综合。

     (A) 看三视图   (B) 分析基准   (C) 分析形体   (D) 看尺寸公差

287. 柴油机转速波动次数不允许超过 (B)。

     (A) 1 次   (B) 3 次   (C) 2 次   (D) 5 次

解析：联调动力活塞上下动作，会引起齿条供油变化，动力活塞是由压力油调整，稳定下来需要波动几次，段规规定，波动次数不允许超过 3 次。

288. 对称零件，当轴线和轮廓线重合时，(A) 用半剖表示。

     (A) 可以   (B) 不可以   (C) 随绘图方便   (D) 视情况而定

解析：全剖：一般是左右不对称、外部结构简单、内部结构相对复杂些的零件采用的一种剖视图方式。剖切平面位置一般是沿零件的前后对称面的。剖切线应从要表达的所有要素上穿过，否则可采用阶梯剖。

半剖：一般是针对左右对称的零件或要表达的内部要素只在半边时采用的剖切方法。注意另一半要是对称结构，或要素已经表达清楚。

局部剖是对全剖或半剖没有剖到的，或不进行全剖或半剖，而又要表达内部某一要素的特征时采取的方法。

289. 在全负载及正常油、水温度下，主手柄由标定转速降至最低转速时，柴油机不许（B）。

  (A) 卸载   (B) 停机   (C) 降速   (D) 升速

  解析：从全负荷转速 1 000 r/min 到 430 r/min，柴油机卸载，由于联调的作用柴油机不应该停机。

290. 允许尺寸的变动量即为（A）。

  (A) 公差   (B) 偏差   (C) 误差   (D) 上偏差

  解析：对于机械制造来说，制定公差的目的就是为了确定产品的几何参数使其变动量在一定的范围之内，以便达到互换或配合的要求。公差＝上偏差－下偏差。

291. 形位公差的最大实体原则和包容原则都属于（B）。

  (A) 独立原则   (B) 相关原则

  (C) 独立和相关原则   (D) 都不对

  解析：形位公差包括形状公差和位置公差。任何零件都是由点、线、面构成的，这些点、线、面称为要素。机械加工后零件的实际要素相对于理想要素总有误差，包括形状误差和位置误差。这类误差影响机械产品的功能，设计时应规定相应的公差并按规定的标准符号标注在图样上。

  包容原则是尺寸公差与形位公差相互有关的一种相关要求，它只适用于单一尺寸要素（圆柱面，两反向的平行平面）的尺寸公差与形位公差之间的关系。采用包容原则要求的尺寸要素，应在其尺寸极限偏差或公差带代号之后加注符号。采用包容要求的尺寸要素，其实际轮廓应遵守最大实体边界，即其体外作用尺寸不超出其最大实体尺寸，且局部实际尺寸不超出其最小实体尺寸。

  最大实体原则。所谓最大实体要求，是指被测实际要素应遵守其最大实体实效边界。最大实体要求适用于中心要素（轴线或中心平面），它考虑尺寸公差和有关形位公差的相互关系。标注时，既可在加注在公差值后，也可加注在基准字母代号后。

  独立原则是指图样上给定的每一个尺寸和形状、位置公差均是独立的，应分别满足要求。如果对尺寸与形状、尺寸与位置之间的相互关系有特定要求应在图样上规定。

292. 在需要单向受力的传动机构中，常使用截面形状为（A）的螺纹。

  (A) 锯齿形   (B) 三角形   (C) 梯形   (D) 矩形

  解析：螺纹按其截面形状（牙型）分为三角形螺纹、矩形螺纹、梯形螺纹和锯齿形螺纹等。其中三角形螺纹主要用于连接（见螺纹连接），矩形、梯形和锯齿形螺纹主要用于传动。

  三角形螺纹：三角形螺纹截面为三角形，是用得最普遍的螺纹，所以有时又称普通螺纹，主要包括的类型有英制螺纹（管螺纹牙型角 55°）、米制锥螺纹、特种细牙螺纹、过渡配合螺纹、过盈配合螺纹、短牙螺纹、MJ 螺纹、小螺纹、60°圆锥管螺纹、牙型角为 60°螺纹。如图 29（a）和图 29（d）所示。

  矩形螺纹：矩形螺纹效率高，主要用于传动，其截面呈现为矩形，但因不易磨制，且内外螺纹旋合定心较难，故常为梯形螺纹所代替。

  锯齿形螺纹：锯齿形螺纹牙的工作边接近矩形直边，多用于承受单向轴向力，其牙型主要有 30°和 45°两种，如图 29（b）所示。

  梯形螺纹：梯形螺纹截面为等腰梯形，牙型角为 30，如图 29（c）所示。与矩形螺纹相比，传动效率略低，但工艺性好，牙根强度高，对中性好。圆弧螺纹：其截面为半圆形，主要用于传动，目前应用最广的是在滚动丝杠上，与矩形螺纹相比，工艺性好，螺纹效率更高，对中性好，目前很多地方都取代了矩形螺纹和梯形螺纹，但因其配件加工复杂，成本较高，所以对传动要求不高的地方应用很少。

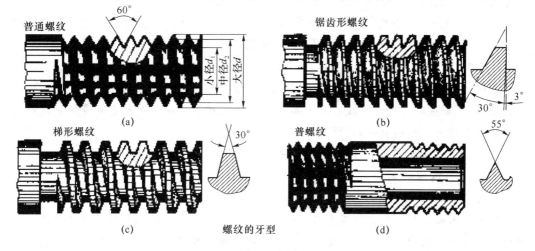

图 29 螺纹

293. 销在机器中，可起定位和连接作用。常用的销有圆柱销、圆锥销和（C）。

　　（A）方销　　　　（B）平衡销　　　　（C）半圆销　　　　（D）开口销

解析：半圆销应该指半圆键。答案应选 C 项比较准确。

294. 螺纹有紧固、防松及传动作用。紧固连接通常用（A）螺纹。

　　（A）三角形　　　　（B）梯形　　　　（C）矩形　　　　（D）锯齿形

解析：见 292 题的解析。

295. 我国法定计量单位中压力、压强、应力的单位符号是（B）。

　　（A）N　　　　　（B）Pa　　　　（C）N·m　　　　（D）kgf/cm^2

解析：压力应为牛（N），（不少学科常常把压强叫作压力，同时把压力叫作总压力。这时的压力是表示垂直作用于物体单位面积上的力。所以单位可以是 Pa。）压强为帕斯卡（Pa）单位面积上的压力，牛/平方米。应力单位为 Pa，单位面积上的内力。kgf/cm^2 表示公斤力每平方厘米。

296. 用来测量液压系统中液体压力的压力表所指示压力为（D）。

　　（A）绝对压力　　（B）相对压力　　　（C）真空度　　　（D）表压力

解析：包围在地球表面一层很厚的大气层对地球表面或表面物体所造成的压力称为"大气压"，符号为 B；直接作用于容器或物体表面的压力，称为"绝对压力"，绝对压力值以绝对真空作为起点，符号为 P_{abs}。

用压力表、真空表、U 形管等仪器测出来的压力叫"表压力"（又叫相对压力），"表压力"以大气压力为起点，符号为 P_g。

三者之间的关系是：$P_{abs} = B + P_g$

压力的法定单位是帕（Pa），大一些单位是兆帕（MPa）。

1 标准大气压＝0.1013 MPa

真空度，当被测量的系统的绝对压强小于当时当地的大气压时，当时当地的大气压与系统绝对压之差，称为真空度。此时所用的测压仪表称为真空表。

297. 测微量具有杠杆卡规、杠杆千分尺、公法线千分尺、三沟千分尺、五沟千分尺、三爪千分尺等，下列量具中不属于测微量具的是（C）。

　　（A）螺纹千分尺　（B）内径千分尺　　（C）千分表　　　　（D）外径千分尺

解析：除千分表外，都是螺旋测微器。千分表是通过齿轮或杠杆将一般的直线位移（直线运动）转换成指针的旋转运动，然后在刻度盘上进行读数的长度测量仪器，是指示量具，是指针直接指示出测量结果的量具。

298. 游标量具包括游标卡尺、深度游标卡尺、（C）和齿厚游标卡尺。

　　（A）齿深游标卡尺　　　　　　　（B）厚度游标卡尺

　　（C）高度游标卡尺　　　　　　　（D）以上均不对

解析：游标卡尺是机械加工中广泛使用的一种量具，具有结构简单、使用方便、测量精度较高和测量的尺寸范围大等特点，它可以直接量出工件的外径、内径、长度、宽度、厚度、深度和孔距等。

游标卡尺由主尺和副尺（又称游标）组成，主尺与固定卡脚制成一体，副尺与活动卡脚制成一体，并能在主尺上滑动。应用范围很广。根据使用需要，可选择不同量程（主尺总刻度）的游标卡尺，如 0～200 mm、0～300 mm、0～500 mm、0～1 000 mm 等。

299. 厚薄规（塞尺）是来检验两零件结合面之间（C）的。

　　（A）配合　　　　（B）过盈　　　　（C）间隙　　　　（D）公差

解析：在测量部件与部件的间隙时，使用钢直尺很难完成测量，此时需要使用塞尺。塞尺俗称为厚薄尺或间隙片，是测量间隙的薄片量尺。它由一组厚度不等的薄钢片组成，按照塞尺的组别制成一把一把的塞尺，每片上都刻有自身的厚度值，以供组合使用。使用时，根据被测间隙的大小，选择厚度接近的钢片（可用几片组合）插入被测间隙，如图 30 所示。

在机车检修中常用来检测固定件与转动件之间的间隙（如气封间隙、油挡间隙），检查配合面之间的接触程度（如气缸、轴承箱中分面）。

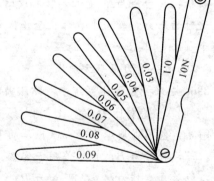

图 30　塞尺

300. 千分尺的分度值一般为（B）。

　　（A）0.005 mm　　（B）0.01 mm

　　（C）0.02 mm　　（D）0.05 mm

解析：千分尺又称为螺旋测微器，测量精度比游标卡尺高，并且测量比较灵敏，因此用于测量加工精度要求较高的工件。实际测量中常用的千分尺的分度值为 0.01 mm。

千分尺的种类很多，实训室常用的有外径千分尺、内径千分尺、深度千分尺等，用来测量或检验零件的外径、内径、深度、厚度以及螺纹的中径等。

外径千分尺的读数原理及读数方法介绍如下。

读数原理：测微计量器具是应用螺旋副传动原理，借助测微螺杆与螺纹轴套作为一对精密螺旋耦合件，将角位移变为直线位移进行测长度的尺寸。

当测微螺杆旋转时，由于螺旋线的作用，测量螺杆就有轴向移动，使两测砧面之间的距离发生变化。具体数值，可从与测微螺杆结成一体的微分筒的圆周刻度上读出。微分筒的圆周上刻有 50 个等分线，当微分筒旋转一圈时，由于测微螺杆的螺距一般为 0.5 mm，因此它就轴向移动 0.5 mm，微分筒旋转一小格时，测微螺杆轴向移动距离为：0.5÷50＝0.01（mm）。

由此可知千分尺上的螺旋读数机构可以正确的读出 0.01 mm，也就是千分尺的读数值为 0.01 mm。

读数方法：千分尺的读数机构是由固定套筒和微分筒组成，在固定套管上刻有作为微分筒读数基准线的纵刻线，微分筒锥面的端面作为固定套筒上毫米整数的指示线。在固定套筒中线的两侧，刻有两排刻线，刻线间距均为 1 mm，上下两排相互错开 0.5 mm。

千分尺具体读数方法可分为三步。

1）首先根据微分筒锥边指示位置，读出被测尺寸整数值。

2）根据微分筒周边刻线与固定套筒上的纵刻线对应位置，读出小数值。

3）将上面两个数相加，即为千分尺上测得尺寸。

外径千分尺的读数方法示例见图 31。

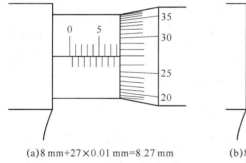 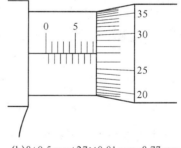

(a)8 mm+27×0.01 mm=8.27 mm   (b)8+0.5 mm+27×0.01 mm=8.77 mm

图 31　外径千分尺的读数方法

301. 互换装配法的实质就是控制零件的（A）。

　　（A）加工误差　　　（B）尺寸误差　　　（C）形状误差　　　（D）测量误差

解析：完全互换法指配合零件公差之和小于或等于装配允许偏差，零件完全互换。该法操作方便，易于掌握，生产率高，便于组织流水作业。但对零件的加工精度要求较高。适于配合零件数较少，批量较大，零件采用经济加工精度制造时采用。

302. 不属于直齿圆柱齿轮机构的是（B）。

　　（A）外啮合齿轮机构　　　　　　　（B）直齿锥齿轮机构

(C) 齿轮齿条机构　　　　　　　　(D) 内啮合齿轮机构

解析：齿轮传动是利用两齿轮的轮齿相互啮合传递动力和运动的机械传动。具有结构紧凑、功率范围大、传动效率高、传动比准确、使用寿命长、安全可靠等特点。因此它成为许多机械产品不可缺少的传动部件。

齿轮传动按两轴线位置分为平行和相交轴两类，见图 32 所示。

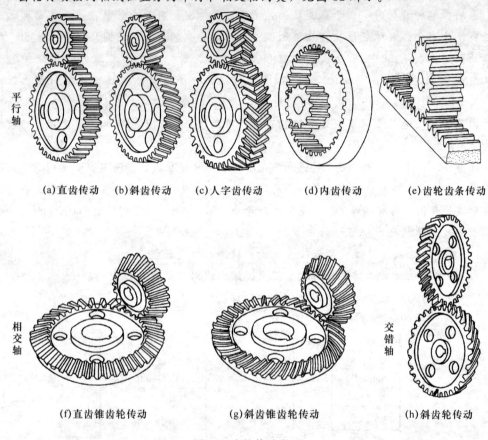

图 32　齿轮传动类型

303. 机车牵引电动机采用悬挂方式（刚性），机车最大运用速度不超过 (D)。

    (A) 140 km/h　　(B) 110 km/h　　　(C) 100 km/h　　　(D) 120 km/h

304. 机车牵引电动机采用架悬挂方式，机车最大运用速度不超过 (D)。

    (A) 130～150 km/h　　　　　　　(B) 110～160 km/h

    (C) 120～160 km/h　　　　　　　(D) 140～160 km/h

305. 机车牵引电动机采用体悬挂方式，机车最大运行速度不超过 (C)。

    (A) 180～260 km/h　　　　　　　(B) 200～280 km/h

    (C) 200～250 km/h　　　　　　　(D) 210～250 km/h

解析：以上 3 题中，刚性悬挂（轴悬式），牵引电机悬挂在车轴上；体悬式悬挂在车体上；架悬式悬挂在转向架上。几种方式簧下质量不同，对轮对铁轨产生的冲击也不同，所以运用速度也不同。刚性悬挂方式，最大速度不超过 120 km/h；

架悬挂方式，最大速度不超过 140～160 km/h；体悬挂方式机车最大运行速度不超过 200～250 km/h。

306. 在轴瓦的表面浇铸一层巴氏合金的目的是（B）。

　　（A）防锈　　　　　　　　　　（B）提高轴瓦的耐磨性

　　（C）润滑配合轴　　　　　　　（D）提高强度

解析：巴氏合金（Babbitt metal），具有减摩特性的锡基和铅基轴承合金。由美国人巴比特发明而得名。因其呈白色，又称白合金、乌金。

307. 电机电枢轴与小齿轮的配合是（A）。

　　（A）过盈配合　　（B）过渡配合　　（C）间隙配合　　（D）松配合

解析：电机电枢轴与小齿轮的配合是圆锥过盈配合。

308. 牵引电机产生的转矩经过小齿轮和轮对大齿轮带动轮对，作用于（C），产生牵引力，驱动轮对的滚动使机车前进。

　　（A）车轴　　　　（B）转向架　　　　（C）钢轨　　　　（D）车体

解析：如果把机车吊起来，转矩只能作为内力矩，只能使机车动轮转动，机车不能平行移动。机车在钢轨上，轮轨间有压力接触时，轮轨间产生力的作用，使机车发生平移的外力称为轮周牵引力、检车牵引力，这是使机车前进的唯一外力。

309. 机车齿轮传动装置的作用是（D）。

　　（A）增大转速，降低转矩　　　　（B）增大转速，增大转矩

　　（C）降低转速，降低转矩　　　　（D）降低转速，增大转矩

解析：齿轮的传动比决定是增加还是降低转速和转矩。DF_{4B} 货运机车，牵引电机小齿轮和轮对大齿轮传动比为 4.5。所以是降低转速，增大转矩。

310. 轮对电机组装中，使大、小齿轮充分润滑，齿轮箱中的油（C）。

　　（A）越多越好　　（B）越少越好　　（C）油位适当最好　　（D）任意

解析：油多了，阻力大，齿轮箱易泄漏，油位在油尺上下刻线之间。

311. 拐臂座与拐臂间隙为（B）。

　　（A）1～2 mm　　（B）1～2.5 mm　　（C）6～11 mm　　（D）2～5 mm

解析：《段修规程》规定拐臂座与拐臂间隙为 1～2.5 mm。

312. 机车（B）越大，每根轴所能发挥的黏着牵引力也越大。

　　（A）重量　　　　（B）轴重　　　　（C）功率　　　　（D）电流

解析：根据物理定律，正压力越大，摩擦力越大。

313. 制动力的传递和牵引力的传递（A）。

　　（A）传递过程一样，方向相反　　　　（B）过程一样，方向一样

　　（C）过程不一样，方向相反　　　　（D）都不对

解析：牵引力是钢轨给轮对的黏着力，传递过程为：钢轨→轮对→轴箱→轴箱拉杆→转向架构架→牵引杆装置→车体→车钩→车辆；制动力是轮对给钢轨的力，传递过程为：（车辆）车钩→车体→牵引杆装置→转向架构架→轴箱拉杆→轴箱→

轮对→钢轨。

314. 油压减振器是将机车振动冲击能量转变成（C）。

（A）机械能 （B）化学能 （C）热能 （D）流体能

解析：油压减振器是利用机油的阻尼作用进行减振的，机油在通过阻尼孔时，吸收了振动的机械能，并转变成热能散发掉。

315. 油压减振器的减振性能与（A）因素无关。

（A）机车的运行方向 （B）油压减振器内节流孔大小

（C）油压减振器内的活塞面积 （D）油压减振器的油液黏度

316. 在零件图上用来确定其点、线、面位置的基准，称为（A）基准。

（A）设计 （B）划线 （C）定位 （D）加工

解析：见285题的解析。

317. 在平面上反映机器零件的图形可采取两种形式：一种是（C），另一种是视图。

（A）平面图 （B）装配图 （C）立体图 （D）三视图

318. 零件的六个视图即：主视，俯视，左视，右视，仰视，（D）。

（A）辅视图 （B）斜视图 （C）旋转视图 （D）后视图

319. 东风8B静液压泵、马达体温度应不高于（C）。

（A）60 ℃ （B）70 ℃ （C）90 ℃ （D）80 ℃

解析：《段修规程》规定东风8B静液压泵，马达体温度应不高于90 ℃。

320. 机械制造中常用的长度单位为（B）。

（A）米 （B）毫米 （C）微米 （D）分米

321. 车钩前后从板与板座、缓冲器与前、后从板、后座不许有（B）以上贯通间隙。

（A）2 mm （B）1 mm （C）3 mm （D）4 mm

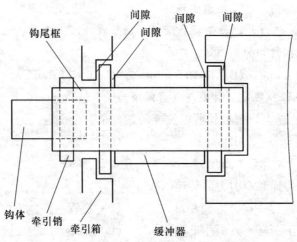

图33 缓冲器的间隙

解析：按规定，车钩前后从板与板座，缓冲器与前、后从板、后座不许有 1 mm 以上贯通间隙。缓冲器的间隙如图 33 所示。

322. 属于辅助视图的是（D）。

（A）主视图　　　（B）辅助视图　　　（C）左视图　　　（D）旋转视图

解析：辅助视图是有别于基本视图的视图表达方法。主要用于表达基本视图无法表达或不便于表达的形体结构。包括以下几种。

1）局部视图

将形体的某一部分向基本投影面投射所得到的视图称为局部视图，其目的是用于表达形体上局部结构的外形。

2）旋转视图（又称展开视图）

当形体的某一部分与基本投影面倾斜时，假想将形体的倾斜部分旋转到与某一选定的基本投影面平行，再向该基本投影面投影，所得的视图称为旋转视图（又称展开视图），其目的用于表达形体上倾斜部分的结构外形。

3）镜像视图

把镜面放在形体的下面，代替水平投影面，在镜面中反射得到的图像，称为镜像投影图。

所以，本题选项应该为 D。

323. 画在视图轮廓线之外的剖面称为（C）。

（A）重合剖面　　（B）旋转剖面　　（C）移出剖面　　（D）局部剖面

解析：假想用剖切面剖开物体后，仅画出该剖切面与物体接触部分的正投影，所得的图形称为断面图。根据断面图配置的位置，分为移出断面图和重合断面图两种，如图 34 所示。

重合断面图：画在视图之内的断面图称为重合断面图，画重合断面图时，轮廓线是细实线，当视图的轮廓线与重合断面的图形重叠时，视图中的轮廓线仍应连续画出，不可间断。

移出断面图：画在视图外面的断面图称为移出断面图，移出断面图的轮廓线用粗实线画出，并尽量画在剖切符号或剖切面迹线的延长线上，必要时也可将移出断面图配置在其他适当的位置。

移出断面图

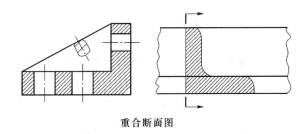

重合断面图

图 34　移出剖面与重合剖面

324. 用剖切平面完全地剖开机件所得的剖视图为（A）。

（A）全剖视图 　　（B）半剖视图 　　　（C）局部剖视图 　　（D）旋转剖视图

解析：见 288 题的解析。

325. 尺寸标注时，每个方向只能有（A）主要基准。

（A）1 个 　　　　（B）2 个 　　　　　（C）3 个 　　　　（D）3 个以上

解析：1）尺寸基准的概念

通常把标注尺寸的起点称为尺寸基准，因此只有 1 个基准，以它为起点，确定零件上其他面、线或点的位置。尺寸基准可以是面（对称面、底面、端面等）、线（回转轴线、中心线等）或点。图 35（a）所示的轴，其轴向尺寸是以右端面为基准，径向尺寸是以轴线为基准。图 35（b）所示的轴承架，其高度方向是以底面为基准。图 35（c）所示的凸轮，其轮廓曲线上各点的尺寸是以旋转中心为基准。因此在标注尺寸时，首先要在零件的长、宽、高三个方向至少各选一个基准，然后再合理地标注尺寸。

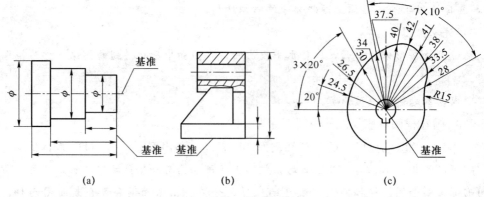

图 35　尺寸基准

2）尺寸基准的分类

根据基准的作用不同可分为两类，即设计基准和工艺基准。

设计基准：根据零件的结构特点及设计要求所选定的基准，如图 36（a）中箭头所指的轴线即为该零件的径向设计基准。

工艺基准：根据零件在加工、测量和检验等方面的要求所选定的基准。它又可分为定位基准和测量基准。

定位基准：在加工过程中，确定零件位置时所用的基准，如图 36（b）所示。

测量基准：在测量、检验零件的已加工表面时所用的基准，如图 36（c）所示。

326. 零件在加工、测量和装配过程中，用来作为依据的那些点、线、面叫作（A）

（A）工艺基准 　　（B）定位基准 　　　（C）装配基准 　　（D）测量基准

解析：见 325 题的解析。

327. 图纸中的尺寸线用（B）表示。

（A）粗实线 　　　（B）细实线 　　　　（C）虚线 　　　　（D）细点画线

解析：轴线、中心线用点画线；透视线用虚线；尺寸线用细实线。

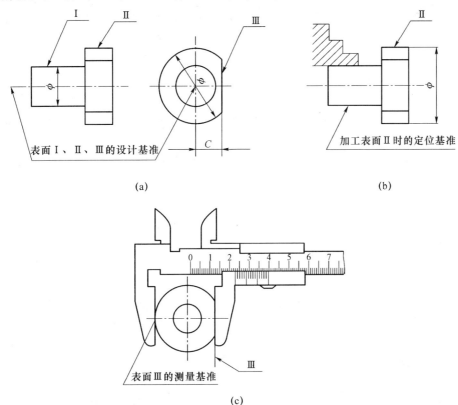

(a)

(b)

(c)

图 36　尺寸基准的分类

328. 表明组合体总体概念的全长，全宽和全高的尺寸叫（C）。

　　（A）定型尺寸　　　（B）定位尺寸　　　（C）总体尺寸　　　（D）其他尺寸

解析：总体尺寸指确定组合体外形大小的总长、总宽、总高的尺寸。

定位尺寸指确定组合体各组成部分之间的相对位置尺寸。

定型尺寸指确定组合体各组成部分大小的尺寸。

329. 钩体上距钩头（A）以内的砂眼和裂纹，禁止焊修。

　　（A）50 mm　　　（B）100 mm　　　（C）200 mm　　　（D）150 mm

解析：《段修规程》规定车钩各零件须探伤检查，下列情况禁止焊修。

1）车钩钩体上的横向裂纹，扁销孔向尾部发展的裂纹。

2）钩体上距钩头 50 mm 以内的砂眼和裂纹。

3）钩体上长度超过 50 mm 的纵向裂纹。

4）耳销孔处超过该处端面 40% 的裂纹。

5）上、下钩耳间（距钩耳 25 mm 以外）超过 30 mm 的纵、横裂纹。

6）钩腕上超过腕高 20% 的裂纹。

7）钩舌上的裂纹。

8）车钩尾框上的横裂纹及扁销孔向端部发展的裂纹。

330. 装配时，通过调整某一零件的（D）来保证装配精度要求的方法叫调整法。

    （A）精度   （B）配合公差   （C）形状   （D）尺寸或位置

解析：装配的方法有四种，完全互换法、修配法、分组法、调整法。

1）互换法：配合零件公差之和小于或等于规定的装配允差，零件可完全互换。例如滚动轴承。

2）调整法：通过尺寸调整件的选择，零件互换位置等进行调整。例如气缸盖调整垫、喷油泵调整垫等。

3）修配法：在修配件上预留修配量，装配时修去多余的部分，保证配合精度。例如滑动轴承、抱轴瓦。

331. 用分数形式表示公差配合时，分子为（A）的公差代号。

    （A）孔   （B）轴   （C）孔和轴   （D）轴和孔

解析：公差配合，采用两种基本配合制度。

基孔制：是基本偏差为一定的孔的公差带，与不同基本偏差的轴的公差带形成各种配合的一种制度。

基轴制：基本偏差为一定的轴的公差带，与不同基本偏差的孔的公差带形成各种配合的一种制度。

基本偏差：标准规定的用以确定公差带相对于零线位置的上偏差或下偏差。基本偏差用拉丁字母表示。大写字母代表孔，小写字母代表轴。当公差带在零线上方时，基本偏差为下偏差；当公差带在零线下方时，基本偏差为上偏差。

孔和轴分别规定 28 个基本偏差，代号取 1 或 2 个英文字母按顺序表示大写字母代表孔，小写字母代表轴。例如 $\phi40F8$，ϕ 表示直径符号；40 表示基本尺寸；F 孔的基本偏差代号 8 代表公差等级代号为 8，如果是 $\phi40f8$，代表轴。

用分数表示公差配合时，分子表示孔公差代号，分母表示轴的公差代号。如 $\phi40H8/f7$。

332. 孔的最大极限尺寸与轴的最小极限尺寸之代数差为正值，叫（B）。

    （A）间隙差   （B）最大间隙   （C）最小间隙   （D）过盈差

解析：最大间隙：对间隙配合或过渡配合，孔的最大极限尺寸减轴的最小极限尺寸所得的代数差。例如：孔 $\phi50^{+0.2}_{+0.1}$，轴 $\phi50^{-0.1}_{-0.2}$，最大间隙为 0.4。

333. 孔的最小极限尺寸与轴的最小极限尺寸之代数差为正值，叫（C）。

    （A）间隙差   （B）最大间隙   （C）最小间隙   （D）过盈差

解析：对间隙配合，孔的最小极限尺寸减轴的最大极限尺寸所得的代数差为最小间隙。例如：孔 $\phi50^{+0.2}_{+0.1}$，轴 $\phi50^{-0.1}_{-0.2}$，最小间隙为 0.2。

334. 钻头直径大于 13 mm 时，柄部一般做成（B）。

    （A）直柄、锥柄都有   （B）莫氏锥柄

    （C）直柄   （D）锥柄

解析：19 世纪美国机械师莫氏（Stephen A. Morse）为了解决麻花钻的夹持问题（莫氏同时也是世界最早商业化麻花钻头的发明者）而发明。

莫氏锥度是一个锥度的国际标准，用于静配合以精确定位。由于锥度很小，利用摩擦

力的原理，可以传递一定的扭矩，又因为是锥度配合，所以可以方便的拆卸。在同一锥度的一定范围内，工件可以自由的拆装，同时在工作时又不会影响到使用效果，例如钻孔的锥柄钻，如果使用中需要拆卸钻头磨削，拆卸后重新装上不会影响钻头的中心位置。

335. 孔的尺寸减去轴的尺寸所得代数差为正时的配合为（A）。

  （A）间隙配合 （B）过盈配合 （C）过渡配合 （D）紧配合

  解析：代数差为正时为间隙配合，代数差为负时是过盈配合。过渡配合指可能具有间隙或过盈的配合。此时，孔的公差带与轴的公差带相互交叠。

336. 一般情况下优先使用的配合基准制为（B）。

  （A）基轴制 （B）基孔制 （C）任意 （D）基准制

  解析：公差配合一般优先选用基孔制。

337. 一般情况下，螺纹连接选用（B）螺纹。

  （A）梯形 （B）三角形 （C）矩形 （D）锯齿形

  解析：见 292 题的解析。

338. 平键连接是靠键的（A）来传递扭矩的。

  （A）侧面 （B）顶面 （C）顶面和侧面 （D）顶面和低面

  解析：如图 37 所示，平键连接是靠键的侧面来传递扭矩。

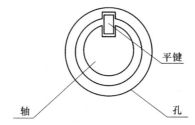

图 37　平键连接

339. 花键连接能保证轴与轴上零件有较高的（A）要求。

  （A）同轴度 （B）垂直度 （C）平行度 （D）平面度

  解析：如图 38 所示，花键轴，是根据其外观来命名的，在轴的外表有纵向的键槽，套在轴上的旋转件也有对应的键槽，可保持跟轴同步旋转。在旋转的同时，有的还可以在轴上作纵向滑动。

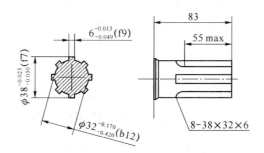

图 38　花键轴

340. 如要求轴与轴上零件的对中性和沿轴向相对移动的导向性都好，且能传递大的载荷时，应选用（C）连接。

    （A）平键   （B）半圆键   （C）花键   （D）锲键

解析：见 339 题的解析。

341. 车轴和轮心热装后，要用（D）检查其装配质量。

    （A）台架试验   （B）扭转试验   （C）拉伸试验   （D）反压试验

解析：热装时，放入油浴炉中，180 ℃～200 ℃。反压试验：试验压力为 1 764～1 960 kN，反压三次，每次保压 10s，不得发生松动。

342. 机车更换主轴瓦时，需重新（C）。

    （A）启机试验   （B）磨台试验   （C）水阻试验   （D）试运

解析：《段修规程》规定如下。

1）更换曲轴、凸轮轴、2 个以上的活塞、连杆、气缸套半数以上活塞环时，均须进行空载试验和负载磨合试验，并测量和调整相应参数。

2）更换 2 个及以上喷油泵或 1 台及以上增压器须进行负载试验，并测量和调整有关参数，中修磨合时间不少于 5 小时。

对更换主轴瓦没有做出明确要求。

343. 机车过渡装置不好，需要重新（D）。

    （A）启机试验   （B）磨合试验   （C）水阻试验   （D）单机试运

解析：过渡装置，是应用改变牵引电机每极磁通量进行调速的装置，串入电路磁场虚弱电阻来完成。过渡装置不良，需要进行单机试运调整，否则无法调整。

344. 车钩能左右移动，其左右移动量为（A）。

    （A）74～200 mm （B）220～235 mm （C）112～122 mm （D）47～76 mm

解析：车钩左右移动，以适应垄成通过曲线和坡道，其左右移动量为 74～200 mm。

345. 钩腕上超过腕高（C）的裂纹，禁止焊修。

    （A）60%   （B）50%   （C）20%   （D）70%

解析：见 329 题的解析。

346. 标准圆锥销的锥度为（D）。

    （A）1/10   （B）1/20   （C）1/30   （D）1/50

解析：国家标准规定标准圆锥销的锥度为 1/50。

347. 弹簧中径与钢丝直径的比值 C 称为弹簧系数，C 值越小，弹力越大，即弹簧越（A）。

    （A）硬   （B）软   （C）高   （D）好

解析：弹簧系数 $C = D/d$，D 为弹簧中径，d 为弹簧钢丝直径，C 值越小，弹簧越硬。

348. 液体在压力下，其体积基本保持不变，这种性质称为（B）。

    （A）非塑性   （B）不可压缩性   （C）弹性   （D）柔性

解析：液体具有不可压缩性。

349. 用来测量液压系统中液体压力的压力表所指示压力为（D）。

(A) 绝对压力　　　(B) 相对压力　　　(C) 真空度　　　(D) 表压力

解析：答案应为 D，见 296 题的解析。

350. 螺纹公称直径，指的是螺纹大径的基本尺寸，即（A）直径。

(A) 外螺纹牙顶和内螺纹牙底　　　(B) 外螺纹牙底和内螺纹牙顶

(C) 内，外螺纹牙顶　　　(D) 内，外螺纹牙底

解析：公称直径代表螺纹尺寸的直径，通常指螺纹大径的基本尺寸。

351. 管螺纹的公称直径，指的是（B）。

(A) 螺纹大径的基本尺寸　　　(B) 管子内径

(C) 螺纹小径的基本尺寸　　　(D) 螺纹中径的基本尺寸

解析：管子的公称直径是接近于内径，但是又不等于内径的一种管子直径的规格名称。可以认为是管子内径。

352. 决定螺纹旋合性的主要参数是螺纹的（A）。

(A) 中径　　　(B) 大径　　　(C) 螺距　　　(D) 牙型

解析：

1) 外径（大径），与外螺纹牙顶或内螺纹牙底相重合的假想圆柱体直径。螺纹的公称直径即大径。

2) 内径（小径），与外螺纹牙底或内螺纹牙顶相重合的假想圆柱体直径。

3) 中径，母线通过牙型上凸起和沟槽两者宽度相等的假想圆柱体直径。

4) 螺距，相邻牙在中径线上对应两点间的轴向距离。

5) 导程，同一螺旋线上相邻牙在中径线上对应两点间的轴向距离。

6) 牙型角，螺纹牙型上相邻两牙侧间的夹角。

7) 螺纹升角，中径圆柱上螺旋线的切线与垂直于螺纹轴线的平面之间的夹角。

8) 工作高度，两相配合螺纹牙型上相互重合部分在垂直于螺纹轴线方向上的距离等。

螺纹的公称直径除管螺纹以管子内径为公称直径外，其余都以外径为公称直径。螺纹已标准化，有米制（公制）和英制两种。国际标准采用米制，中国也采用米制。

353. 螺纹有紧固、防松及传动作用。紧固连接通常用（A）螺纹。

(A) 三角形　　　(B) 梯形　　　(C) 矩形　　　(D) 锯齿形

解析：见 292 题的解析。

354. 不注明螺距和旋向的是（D）螺纹。

(A) 细牙左旋　　　(B) 细牙右旋　　　(C) 粗牙左旋　　　(D) 粗牙右旋

解析：约定不注明即为粗牙右旋。

355. 画车钩中心线时，须按标准在钩头两侧上、下铸孔间 19 mm 等分处及钩舌底平面向上 104 mm 的外表面处，用白色油漆画出宽度不超过（C）的实线，以此作为测量车钩中心高度的依据。

(A) 15 mm　　　(B) 16 mm　　　(C) 7 mm　　　(D) 18 mm

解析：7 mm 为规定值。

356. 测量按其方法的不同，可分为直接测量和（B）；按量具不同的测量，读数方法可分为绝对测量和相对测量。

　　（A）非接触测量　（B）间接测量　　　　（C）等精度测量　　　（D）接触测量

解析：

1) 直接测量

在使用仪表进行测量时，对仪表读数不需要经过任何运算，就能直接表示测量所需要的结果，称为直接测量。

2) 间接测量

有的被测量无法或不使用直接测量去测量，这就要求在使用仪表进行测量时，首先对与被测物理量有确定函数关系的几个量进行测量，将测量值代入函数关系式，经过计算得到所需的结果，这种方法称为间接测量。

3) 联立测量（也称组合测量）

在应用仪表进行测量时，若被测物理量必须经过求解联立方程组才能得到最后结果，则称这样的测量为联立测量。

4) 绝对测量

被测量值直接由量具或量具刻度尺上示数表示。

5) 由量具或量仪上读出的是被测量值相对于标准量值的值。

357. 测量误差的主要来源方法（或理论）误差，量具误差，环境误差和（D）。

　　（A）疏忽误差　　（B）作业误差　　　（C）工具误差　　　（D）人员误差

358. 在测量过程中，以不可预知方式变化的测量误差称为（A）。

　　（A）随机误差　　（B）系统误差　　　（C）粗大误差　　　（D）偶然误差

解析：误差按其规律性分为三种，即系统误差、偶然误差和疏失误差。

1) 系统误差

系统误差包括仪器误差、环境误差、读数误差及由于调整不良、违反操作规程所引起的误差等。

2) 偶然误差

当对某一物理量进行多次重复测量时，偶然误差的特点是它的出现带有偶然性，即它的数值大小和符号都不固定，但是却服从统计规律性，呈正态分布。

3) 疏失误差

疏失误差的产生是由于测量者在测量时的疏忽大意而造成的。例如，仪表指示值被读错、记错、仪表操作错误，计算错误等。疏失误差的数值一般都比较大，没有规律性。

359. 任何一个仪表在测量时都有误差，根据引起误差的原因，可将仪表误差分为两种：（D）和附加误差。

(A) 系统误差　　(B) 测角误差　　(C) 疏失误差　　(D) 基本误差

解析：基本误差包括绝对误差和相对误差。附加误差是指仪表在非正常工作条件下引起的误差，如温度，外界磁场等。

360. 钩尾框磨损部位焊修后允许比原平面高 (C)。

(A) 5 mm　　(B) 8 mm　　(C) 2 mm　　(D) 10 mm

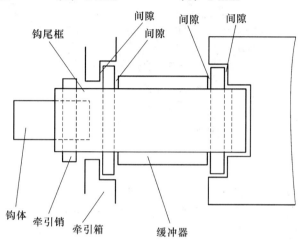

图 39　缓冲器连接示意图

解析：钩尾框磨损部位焊修后允许比原平面高 2 mm，钩尾框位置如图 39 所示。

361. 钩尾框扁销孔的长度应为 (C) 范围内。

(A) 18～28 mm　　(B) 19～25 mm　　(C) 106～115 mm　　(D) 39～41 mm

解析：如图 39 所示，钩尾扁销将钩体尾部与钩尾框连接起来。扁销孔为长圆形，钩尾框扁销孔的长度在 106～115 mm 之间。

362. 螺旋测微量具的活动量杆上的螺纹螺距为 0.5 mm，活动套管在圆周上分为 50 等分格，当套管转动 10 格时，所测量的值应是 (A)。

(A) 0.1 mm　　(B) 0.01 mm　　(C) 0.5 mm　　(D) 0.05 mm

解析：螺距为 0.5 mm，即活动量杆转 360°轴向移动 0.5 mm，即移动 50 个格，所以移动 10 格，活动量杆移动 0.1 mm。

363. 水泵装车后，运用中水封处允许泄漏，但每分钟不超过 (C)。

(A) 20 滴　　(B) 50 滴　　(C) 10 滴　　(D) 30 滴

解析：段规规定，运用机车每分钟不超过 15 滴，中修水泵不超过 8 滴。其他选项均与段规不符。

364. 中冷器每个流程堵管数不许超过 (B)。

(A) 1 根　　(B) 5 根　　(C) 10 根　　(D) 15 根

解析：当中冷器单节水管出现泄漏时，可将此水管两端用铜焊堵死，使冷却水不流经此水管。段规规定，每组中冷器堵管不允许超过 6 根（大修为 4 根），整个中冷器不允许超过 20 根（大修为 14 根），见图 40 所示。

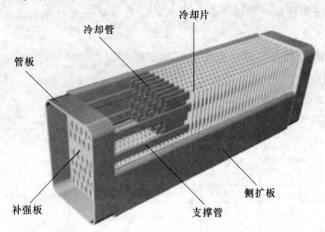

图 40 中冷器单节

365. 互换装配法的实质就是控制零件的（A）。

(A) 加工误差 　 (B) 尺寸误差 　　 (C) 形状误差 　　 (D) 测量误差

解析：见 301 题的解析。

366. 精度完全依赖于零件加工精度的方法，即为（A）要求。

(A) 完全互换法 　 (B) 修配法 　　 (C) 选配法 　　 (D) 调配法

解析：见 330 题的解析。

367.（B）不属于直齿圆柱齿轮机构。

(A) 外啮合齿轮机构 　　　　　 (B) 直齿锥齿轮机构

(C) 齿轮齿条机构 　　　　　　 (D) 内啮合齿轮机构

解析：见 302 题的解析。

368. 齿数，模数和压力角是决定齿轮几何尺寸的三个基本参数，并以（B）作为齿轮尺寸的计算基础。

(A) 齿数 　　　 (B) 模数 　　　 (C) 压力角 　　　 (D) 齿合线

解析：模数 m——齿距除以圆周率 π 所得到的商，以毫米计。

端面压力角 α_t——过端面齿廓与分度圆的交点的径向线与过该点的齿廓切线所夹的锐角。

分度圆——在端面内计算齿轮几何尺寸的基准圆，对于直齿轮，在分度圆上模数和压力角均为标准值。圆柱齿轮的分度圆柱面与端平面的交线。在齿轮计算中必须规定一个圆作为尺寸计算的基准圆，即直径为模数乘以齿数的乘积的圆。实际在齿轮中并不存在，只是一个定义上的圆。其直径和半径分别用 d 和 r 表示，值只和模数与齿数的乘积有关，模数为端面模数。而齿轮分度圆的周长 $=\pi d=zp$，于是得分度圆的直径，$d=zp/\pi$。

标准齿轮中为槽宽和齿厚相等的那个圆（不考虑齿侧间隙）就为分度圆。

分度圆直径＝齿数×模数。

369. 轴类零件最常用的毛坯是（D）。

  （A）铸铁件 （B）铸钢件 （C）焊接件 （D）棒料或锻件

解析：轴的材料种类很多，选择时应主要考虑如下因素。

1）轴的强度、刚度及耐磨性要求。

2）轴的热处理方法及机加工工艺性的要求。

3）轴的材料来源和经济性等。

轴的常用材料是碳钢和合金钢，因此选 D。

370. 只要能满足零件的经济精度要求，无论何种生产类型，都应首先考虑采用（C）装配法。

  （A）调整 （B）选配 （C）互换 （D）修配

解析：互换法在装配时，不需要修配和调整，提高生产效率，保证了配合精度。

371. 采用热胀冷缩方式装配，当孔和轴配合有一定过盈值时，采用（A）方式。

  （A）加热孔或冷却轴   （B）加热轴或冷却孔

  （C）加热孔或加热轴   （D）冷却孔或冷却轴

372. 在机械传动中，能够实现远距离传动的是（B）。

  （A）螺旋传动 （B）带传动 （C）齿轮传动 （D）蜗杆传动

解析：螺旋传动是利用螺杆和螺母的啮合来传递动力和运动的机械传动。主要用于将旋转运动转换成直线运动，将转矩转换成推力。

带传动是利用张紧在带轮上的柔性带进行运动或动力传递的一种机械传动。

齿轮传动是利用两齿轮的轮齿相互啮合传递动力和运动的机械传动。

蜗杆传动是由蜗杆与蜗轮互相啮合组成的交错轴间的齿轮传动。两轴线间的夹角可为任意值，常用的为 $90°$。通常蜗杆为主动。

链传动是利用链与链轮轮齿的啮合来传递动力和运动的机械传动。

带传动和链传动能够实现远距离传动。

373. 蜗杆、蜗轮传动的承载能力比齿轮传动（A）。

  （A）大 （B）小 （C）一样 （D）略小

解析：如图 41 所示，蜗杆传动有以下特点。

1）传动比大，结构紧凑。蜗杆头数用 z_1 表示（一般 $z_1=1\sim4$），蜗轮齿数用 z_2 表示。从传动比公式 $i=z_2/z_1$ 可以看出，当 $z_1=1$，即蜗杆为单头，蜗杆须转 z_2 转蜗轮才转一转，因而可得到很大传动比；在分度机构中，i 可达 $1\,000$。这样大的传动比如用齿轮传动，则需要采取多级传动才行，所以蜗杆传动结构紧凑，体积小、重量轻。

2）传动平稳，无噪声。因为蜗杆齿是连续不间断的螺旋齿，它与蜗轮齿啮合时是连续不断的，蜗杆齿没有进入和退出啮合的过程，因此工作平稳，冲击、震动、噪声小。

3）具有自锁性。蜗杆的螺旋升角很小时，蜗杆只能带动蜗轮转动，而蜗轮不能带动蜗杆转动。

4）蜗杆传动效率低，一般认为蜗杆传动效率比齿轮传动低。尤其是具有自锁性的蜗杆传动，其效率在 0.5 以下，一般效率只有 $0.7\sim0.9$。

5）发热量大，齿面容易磨损，成本高。

图 41　蜗杆传动

374．与齿轮传动比较，蜗杆传动的传动效率（C）。

(A) 一般　　　　(B) 高　　　　(C) 低　　　　(D) 高得多

解析：见 373 题的解析。

375．若将一根导线拉长，其电阻将（C）。

(A) 不变　　　　(B) 变小　　　　(C) 变大　　　　(D) 不确定

解析：根据电阻定律，$R = P \cdot L / S$。R——电阻；P——电阻系数或电阻率，与材料有关；L——导线长度；S——横截面积。拉长后横截面积变小，所以选 C。

376．金属材料抵抗冲击载荷的作用而不被破坏的能力称为金属材料的（B）。

(A) 塑性　　　(B) 冲击韧性　　　(C) 疲劳　　　(D) 强度

解析：塑性是一种在某种给定载荷下，材料产生永久变形的材料特性。冲击韧性表示材料在塑性变形和断裂过程中吸收能量的能力。冲击韧性越好，则发生脆性断裂的可能性越小。疲劳是材料或构件在长期交变载荷持续作用下产生裂纹，直至失效或断裂的现象。强度是指金属材料在外力作用下抵抗永久变形和断裂的能力。

377．应用最普遍的硬度为（B）。

(A) HB　　　(B) HRC　　　(C) HV　　　(D) HT

解析：硬度是材料局部抵抗硬物压入其表面的能力。金属硬度（Hardness）的代号为 H。按硬度试验方法的不同，常规表示有布氏（HB）、洛氏（HRC）、维氏（HV）、里氏（HL）硬度等，其中以 HB 及 HRC 较为常用。

378．液压系统中工作油的理想温度为（D），超过后油的工作寿命将下降。

(A) 10 ℃～20 ℃　(B) 20 ℃～60 ℃　(C) 80 ℃　　　(D) 30 ℃～50 ℃

解析：油温过高，液压油的黏度和润滑性降低，增加缝隙间泄漏，缩短元件工作寿命。油温过低，静液压泵启动时吸油困难。所以理想油温为 30 ℃～50 ℃。

379．在轴瓦内表面浇铸一层巴氏合金的目的是（B）。

(A) 防锈　　　　　　　　　(B) 提高轴瓦的耐磨性

(C) 润滑配合轴　　　　　　(D) 提高强度

解析：见 306 题的解析。

380.低温环境应选择（A）的润滑油。

（A）黏度小，凝点低 　　　　　　（B）黏度大，凝点高

（C）凝点低，黏度大 　　　　　　（D）凝点高，黏度小

解析：温度低，机油黏度变大，而且要防止机油凝固，所以选 A。

381.为保持油膜有足够的强度而不被挤破，从而保持良好的润滑状态，工作时负荷大的机器应选用（A）润滑油。

（A）黏度高 　　（B）黏度低 　　（C）一般性 　　（D）黏度较低

解析：机油黏度越高，承载能力越强，更容易建立起油膜。

382.耐热性较好，选用于高温重载荷而不太潮湿场合的润滑剂应用（B）。

（A）钙基润滑油 　（B）钠基润滑油 　（C）锂基润滑油 　（D）石墨润滑油

解析：钙基脂主要用于汽车、拖拉机、水泵、中小型电动机等各种工农业机械的滚动轴承和易与水或潮气接触部位的润滑。耐水性好。

钠基润滑脂遇到水时，稠度就下降，也就不能用于潮湿环境或与水及水蒸气接触的机械部件上。

锂基润滑脂具有优良的抗水性、机械安定性、耐极压抗磨性能、防水性和泵送性、防锈性和氧化安定性。锂基润滑脂在极端恶劣的操作条件下，还能发挥其超卓的润滑效能。

石墨润滑油集减磨、防腐、防锈、抗氧化性能于一体，延长换油周期。

383.滚动轴承最主要的失效形式是（B）。

（A）裂纹 　　　　　　　　　　　（B）疲劳点蚀和磨损

（C）锈蚀 　　　　　　　　　　　（D）磨损

解析：滚动轴承的工作性质是承受循环载荷，当循环次数超过 107 后，容易出现疲劳，大多数轴承都是因疲劳点蚀而失效。

384.机车的（B）越大，每根轴所能发挥的黏着牵引力也越大。

（A）重量 　　（B）轴重 　　（C）功率 　　（D）电流

解析：见 312 题的解析。

385.机车牵引缓冲装置安装在车体底架的（D）上。

（A）边架 　　（B）侧梁 　　（C）台架 　　（D）牵引梁

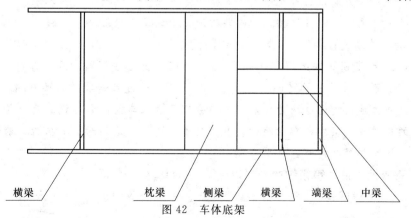

图 42　车体底架

解析：图 42 中的中梁即为牵引梁。

386. 制动力的传递和牵引力的传递（A）。
    （A）传递过程一样，方向相反   （B）传递过程一样，方向相同
    （C）传递过程不一样，方向相反   （D）传递过程不一样，方向相同
解析：见 313 题的解析。

387. 油压减振器的减振性能与（A）因素无关。
    （A）机车的运行时间   （B）油压减振器内节流孔大小
    （C）油压件振器内的活塞面积   （D）油压减振器的油液黏度
解析：阻尼作用与后三个选项有关系。

388. 油压减振器是将机车振动冲击能量转变成（C）。
    （A）机械能   （B）化学能   （C）热能   （D）流体能
解析：见 314 题的解析。

389. 人对（A）最敏感。
    （A）左右横向振动   （B）前后纵向振动
    （C）铅垂方向的振动   （D）上下振动
解析：人对左右横向振动最敏感，所以左右坐着易晕车。

390. 液力传动装置的主要部件是（C）。
    （A）耦合器   （B）齿轮箱   （C）变扭器   （D）控制系统
解析：耦合器只能传递功率，不能改变扭矩大小。变扭器能够改变涡轮轴输出转矩的大小和转速。液力变矩器结构与液力耦合器基本相似，只是在泵轮和涡轮内之间加入一个导轮。在自动变速器油 ATF 循环流动的过程中，固定不动的导轮给涡轮一个反作用力矩，使涡轮输出的扭矩不同于泵轮输入扭矩。

391. 变扭器之所以能变扭，根本原因是（C）的作用。
    （A）泵轮   （B）涡轮   （C）导向轮   （D）液流
解析：见 390 题的解析。

392. 变扭器之间的工作转换称为（D）。
    （A）调速   （B）换向   （C）变扭   （D）换挡
解析：一个液力变扭器有几个液力元件轮流充油，在高效工作区各承担机车运行速度范围内的一个区段，进行换挡，能够获得所需要的牵引经济特性曲线。

393. 液力传动装置中的换向机构的作用是（A）。
    （A）改变机车的运行方向   （B）改变变扭器的旋转方向
    （C）改变柴油机的转向   （D）改变离合器的旋转方向
解析：液力换向是通过液力传动装置中分别负责机车前进和后退的两条传动路线的液力元件的充排油，实现机车的换向。具有负责前进和后退的两个变扭器。前进变扭器充油时，后退变扭器就排空，反之亦然。

394. 检查液力传动箱箱体的渗漏情况需作（D）。
    （A）密封试验   （B）外观检查   （C）渗漏试验   （D）耐压试验

解析：耐压试验是在箱体内用油或水打压，在一定时间内保证压力不变的实验。

395. 对万向轴的不平衡量进行调整，用的是（C）。

　　（A）去重法　　　　　　　　　（B）配重法

　　（C）调整平衡块位置　　　　　（D）改变平衡块重量

解析：校正平衡块位置不允许超过2块，平衡块安装在专门的环槽位置。

396. 有（A）以上涡轮叶片的变扭器称为多级变扭器。

　　（A）2组　　　　（B）3组　　　　（C）4组　　　　（D）5组

解析：变扭器有单级、两级、三级等，四级以上少见。每增加一级涡轮，其后都要增加一个导轮，使液流在下一个涡轮入口有合适的方向，增加了结构的复杂性，增加了流动损失。

397. 内燃机车传动装置的功用是使柴油机获得需要的（C）。

　　（A）负荷特性　　（B）万有特性　　（C）牵引特性　　（D）理想特性

解析：从柴油机曲轴到机车动轮之间，需要一套速比可变的中间环节，为传动装置。机车牵引列车运行是由于它具有相当大的牵引力，用来克服列车起动时和运行中所受的阻力。无论哪一种机车，它的最大功率是一定的，叫"额定功率"。在各种不同运行阻力的情况下，一般要求机车都能充分发挥它的额定功率。

　　牵引力与机车速度成反比，牵引力合速度形成机车牵引特性曲线。把牵引力和速度这种反比变化关系表示在坐标图上，是一条双曲线，叫作机车理想牵引性能曲线。曲线两端不能无限长。左端牵引力不能超过轮轨之间的黏着力，否则，车轮会空转。右端速度不能超过机车构造允许的范围。任何一种机车的牵引性能都应满足理想牵引性能曲线的要求。

398. 机车的牵引力与机车速度之间的关系是（A）。

　　（A）机车速度提高，牵引力小　　（B）机车速度提高，牵引力大

　　（C）机车速度与牵引力大小恒定　　（D）无确定关系

解析：见397题的解析。

399. 客、货运内燃机车相比较，客运机车主要要具有（C）。

　　（A）较高的速度　　　　　　　（B）较大的功率

　　（C）高速运行平稳和稳定性　　（D）良好的黏着性能

400. 客、货运内燃机车相比较，货运机车主要要具有（D）。

　　（A）较高的速度　　　　　　　（B）较大的功率

　　（C）高速运行平稳和稳定性　　（D）良好的黏着性能

401. 使机车与转向架在纵向上以关节形式连接起来的是（A）。

　　（A）牵引杆装置　　　　　　　（B）四点弹性装置

　　（C）心盘　　　　　　　　　　（D）旁承

解析：如图43所示，转向架构架是转向架的骨架，用以联系转向架各组成部分和传递各方向的力，并用来保持车轴在转向架内的位置（如车轴相互平行并垂直于构架纵轴线）。它一般由左、右侧梁及一个或几个横梁组成。

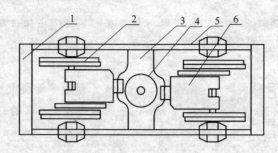

图 43　转向架构架示意图

1—端梁；2—轮对；3—横梁；4—心盘；5—侧梁；6—牵引电动机

　　侧梁不仅是向轮对传递垂向力、纵向力和横向力的主要构件，而且还用来限制轮对的位置。横梁用来保证构架在水平面内的刚度，保持各轴的平行及承托牵引电动机。两端的横梁又称为端梁。具有端梁的呈矩形的构架，称为封闭式构架。只有一个或两个相邻的中部横梁而没有端梁的构架，称为开口式或 H 形构架。中部横梁通常用来安装心盘、旁承，以传递机车上部结构的重量和吊挂一部分基础制动装置。有的还在两横梁之上焊接一纵向牵引梁，以便在其上安装心盘。

　　心盘的作用是传递纵向力和横向力，还有转向作用，在 DF₄ 型内燃机车上，牵引杆装置和侧挡相结合，就能起心盘的作用。

　　图 44 所示为 DF₄ 型内燃机车转向架构架。该构架系采用钢板组成的箱形焊接结构，因此强度大，刚性好，重量轻。构架由左、右侧梁，前、后端梁和前、后横梁组成。DF₄ 型内燃车转向架由于采用无心盘及无导框式轴箱结构，取消了牵引梁及轴箱导框，使构架重量得以减轻。

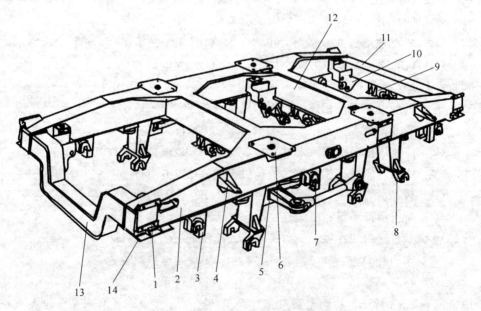

图 44　DF₄ 型内燃机车转向架构架

1—制动缸座；2—侧架；3—上拉杆座；4—减振器座；5—拐臂座；6—旁承座；7—轴箱止挡
8—下拉杆座；9—电动机挂座；10—制动座；11—后端梁；12—横梁；13—前端梁；14—砂箱座

如图 45 所示，牵引杆装置杆件系统由两个牵引杆、两个拐臂和一根连接杆组成。牵引杆一端 A 通过销子与车体连接，另一端与拐臂连接，拐臂用销固定在转向架构架上。连接杆连接两拐臂，使左右牵引杆传力保持均匀，即有了连接杆，两牵引杆中的传力由静不定变为静定。牵引杆两端的连接销孔内装有球形套，以适应转向架相对于车体的振动位移和各杆件的灵活转动。各销连接处均以干油润滑。

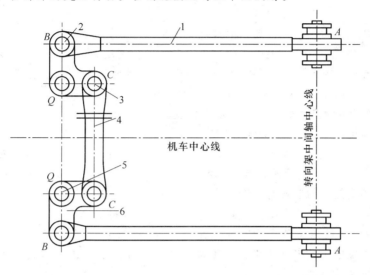

图 45　牵引杆装置

1—牵引杆；2—牵引销；3—连接杆销；4—连接杆；5—拐臂销；6—拐臂

车体与转向架的连接装置（例如心盘及旁承）的作用：保证机车的重量、纵向力（牵引力及制动力）和横向力的正常传递，轴重的均匀分配和车体在转向架上的安定；容许转向架进出曲线时相对于车体进行回转运动。因此，它既是承载装置，又是活动关节。

DF_4 型内燃机车采用四点弹性平面摩擦式旁承，共 8 个旁承。这种旁承的特点：采用了耐磨的尼龙板，由上下摩擦板构成，有较大的摩擦力矩以控制转向架在直线上的蛇形；结构简单；顶部的橡胶垫作为第二系弹簧，在铅垂方向起隔音、减振和缓和冲击的作用。此外，橡胶垫与球头销间有 3 mm 间隙，容许橡胶垫在侧向稍有变形，缓和曲线不圆整引起的动作用力。

402. 多轴转向架通过小半径曲线时会有困难，主要是因为（A）。

（A）轴距长　　（B）轮轴多　　　　（C）轮对多　　　　（D）轴箱紧凑

解析：DF_{4B} 内燃机车轴距 1 800 mm，转向架中心距 12 m，转向架总长 5 976 mm，可通过最小曲线半径为 145 m，轴距长通过曲线就困难些。

403. 机车运行时，转向架承受的垂向力是由（D）开始传到钢轨上的。

（A）构架侧梁　　（B）弹簧　　　　（C）轴箱　　　　（D）车体

解析：车体→旁承→转向架构架→轴箱圆弹簧和橡胶垫→轴箱→轮对→钢轨。

404. 机车运行时，转向架承受的纵向力是由（D）开始传到车钩上的。

（A）轮对　　　　（B）轴箱　　　　（C）侧梁　　　　（D）钢轨

解析：钢轨→轮对→轴箱→轴箱拉杆→转向架构架→牵引杆装置→车体→车钩。

405. 内燃机车上能够缓和线路不平或轮周不圆而产生的机车对钢轨的冲击的部件是（B）。

(A) 减压装置   (B) 弹簧减振装置   (C) 缓冲装置   (D) 稳定装置

解析：注意减振器是起到减振作用，和弹簧作用不同。轴箱弹簧在垂向起到缓冲作用。

406. 弹簧在外力作用下，产生的弹性变形的大小或弹性位移量，称为弹簧的（A）。

(A) 挠度   (B) 弹性   (C) 塑性   (D) 柔度

解析：挠度是弹簧自由高度减去弹簧压缩后的长度。DF_{4B} 机车总挠度为 139 mm，一系静挠度 123 mm，二系（旁承）静挠度 16 mm。

柔度：单位载荷产生的挠度。刚度：柔度的倒数。

407. 旁承检修时，须注入（C）检查其泄漏情况。

(A) 水   (B) 汽油   (C) 煤油   (D) 机油

解析：煤油试验。旁承球面座与球头，摩擦板均需要润滑，旁承体内盛有润滑油。

408. 电传动的传动形式有（C）。

(A) 2 种   (B) 3 种   (C) 4 种   (D) 5 种

解析：电传动的传动形式有直-直、交-直、交-直-交、交-交。

409. 由主发电机发出交流电，经整流后送给直流牵引电机，再由其驱动机车的传动形式是（B）电传动。

(A) 直-直流   (B) 交-直流   (C) 交-直-交   (D) 交-交流

410. 没有直流环节的直接变频的交流电力传动装置称为（D）。

(A) 直-直流   (B) 交-直流   (C) 交-直-交   (D) 交-交流

411. 交流牵引电机由于没有（A），故转子结构简单，外形尺寸小。

(A) 换向器   (B) 变频器   (C) 整流器   (D) 调节器

解析：简单解析直流电机和交流电机的原理。直流电机给转子输入电流，定子输入励磁电流，换向器和电刷将直流电在转子内部变成交流电，利用电磁感应定律，直流电机将电能转变成机械能。交流电机给定子输入相位相差 120° 交流电，由于交流电的性质，定子产生旋转磁场，在转子中感应出感应电动势，转子电动势和定子磁场作用，转子旋转，将电能转变成机械能。

412. 东风 4 型机车液压泵泵体温度应不大于（C）。

(A) 90 ℃   (B) 55 ℃   (C) 70 ℃   (D) 80 ℃

解析：DF_{8B} 为 90 ℃，DF_{4B} 为 70 ℃，此题选项应选 C。

413. 东风 4 型机车通风机轴承温度应不大于（D）。

(A) 90 ℃   (B) 55 ℃   (C) 70 ℃   (D) 80 ℃

解析：通常用温升来判断轴承是否过热，温升应不大于 40 ℃。

414. 东风 4 型机车变速箱各轴承温度应不大于（A）。

(A) 90 ℃   (B) 55 ℃   (C) 70 ℃   (D) 80 ℃

415. 东风 4 型机车各电机轴承温升不大于（B）。

(A) 90 ℃   (B) 55 ℃   (C) 70 ℃   (D) 80 ℃

解析：上两题，温度和温升都是规定值。

416. 充油调节阀装在耦台器箱体的（C）。

　　(A) 正面　　　　(B) 底面　　　　(C) 侧面　　　　(D) 上面

解析：前面解析过 DF_7 的冷却系统。

417. 辅助齿轮箱齿轮热装温度应不高于（B）。

　　(A) 120 ℃　　(B) 180 ℃　　　(C) 200 ℃　　　(D) 300 ℃

解析：辅助齿轮箱是前面解析过的。

418. 辅助齿轮箱轴承热装时加热温度应不高于（A）。

　　(A) 120 ℃　　(B) 180 ℃　　　(C) 200 ℃　　　(D) 300 ℃

解析：轴承热装温度一般为 100 ℃～120 ℃。

419. DF_{7c} 型机车温度自动调节器 LWD100 型的温度调节范围为（B）。

　　(A) 74 ℃～82 ℃　(B) 50 ℃～65 ℃　(C) 44 ℃～55 ℃　(D) 55 ℃～74 ℃

解析：温度自动调节器是自动调节活塞冷却机油回路温度。柴油机有两套机油系统，主机油道的润滑机油系统和活塞的冷却机油系统，温度自动调节器就安装在活塞冷却机油系统中，安装位置在冷却机油热交换器内，当冷却机油低于 50 ℃～65 ℃时，冷却机油不进入热交换器，当高于此温度时，机油同时进入热交换器和冷却油道。

420. （A）是用来缓和来自线路对机车簧上质量的冲击和振动。

　　(A) 一系弹簧　(B) 二系弹簧　　(C) 旁承　　　　(D) 油压减振器

解析：一系弹簧，安装于轮对与转向架间，二系弹簧安装于车体与转向架间，对 DF_{4B} 来说，是旁承上的橡胶弹簧。

421. 轴箱轴承配合过盈不足或轴颈拉伤时，允许（A）。

　　(A) 打磨处理　(B) 选配等级轴承　(C) 重新组装　(D) 焊修

解析：显然，过盈量不足，不能用打磨处理，轴颈拉伤时可以进行打磨处理，答案应选 A 比较准确。

422. 车轴材料为（C）车轴钢。

　　(A) 45　　　　(B) Q215　　　(C) JZ　　　　(D) 15F

解析：45 钢为优质碳素结构用钢，硬度不高易切削加工。

Q215 钢具有高的塑性、韧性和焊接性能，良好的压力加工性能，但强度低。用于制造地脚螺栓、犁铧、烟筒、屋面板、铆钉、低碳钢丝、薄板、焊管、拉杆、吊钩、支架、焊接结构等。

JZ 机车车轴钢，优质碳素钢。用专门的车轴钢坯加热锻压成型，经过热处理和机械加工制成。

15F 钢材强度、硬度、塑性与 10/10F 钢相近，为发送其切削性能需进行正火或水韧处理，以适当提高硬度，韧带性，焊接性好，淬透性和淬硬性均低。15F 钢材用作受力不大，开关简单，但韧性要求较高或焊接性能较好的中、小结构件，以及渗碳零件，机械紧软固件，冲模锻件和不需要热处理的低载荷零件，如螺栓、螺钉、法兰盘及化工机械用贮器、蒸汽锅炉等。

423. 为了确保行车安全，在轮对上增设了（D）。

    （A）轮箍   （B）轮心   （C）车轴   （D）扣环

解析：DF_{8B} 机车轮箍上设置了扣环（DF_{4B} 没有），为防止轮箍松缓窜出，安装在轮箍内侧，轮箍与轮心结合缝处扣环槽内。点焊在轮心上，不允许在焊在轮箍上。

424. 扣环材料为（D）。

    （A）Q215 钢   （B）JZ 钢   （C）15F 钢   （D）Q235-A 钢

解析：Q235-A 是屈服点为 235 MPa 的普通非合金碳素钢。

425. 扣环接头处用（A）焊接，但不能焊在轮箍上。

    （A）电焊   （B）气焊   （C）锡焊   （D）铜焊

426. 同一轮对轮缘内侧距之差不大于（B）。

    （A）0.1 mm   （B）1 mm   （C）18 mm   （D）0.7 mm

解析：包括内侧距之差，也不能超过运用机车轮箍内侧距的 1 353 mm±3 mm 的规定值。

427. 按弹簧悬挂方式分类，转向架可分为（B）。

    （A）1 种   （B）2 种   （C）3 种   （D）4 种

解析：分为一系弹簧悬挂（用于低速机车 100 km/h 以下），两系弹簧悬挂（用于高速机车）。

428. DF_{7C} 型机车轴箱轴承内外圈及滚子均采用（A）。

    （A）GCr15 钢   （B）45 钢   （C）Q235 钢   （D）15Mn 钢

解析：GCr15 是滚动轴承钢；15Mn 为高锰低碳渗透钢，性能与 15 号钢相似，焊接性能好，但淬透性、强度与塑性均比 15 号钢都高些，15Mn 碳素结构钢用于制造中心部分的机械性能要求较高且需渗碳的零件。适用于螺栓、螺母、螺钉、拉杆、小轴、刹车机齿轮。

429. DF_{7C} 型机车采用平行杆牵引装置，牵引杆中心至轨面高度为（C）。

    （A）205 mm   （B）800 mm   （C）725 mm   （D）532 mm

解析：DF_{7C} 与 DF_{4B} 相同，牵引杆中心至轨面高度为 725 mm。

430. 牵引杆左右拐臂之间用（B）连接。

    （A）牵引销   （B）连接杆   （C）转动关节   （D）拐臂销

解析：见 401 题的解析。

431. 机车（B）用于机车和列车的自动连接和分离。

    （A）油压减振器   （B）牵引缓冲装置

    （C）抗蛇行减振器   （D）旁承

解析：牵引缓冲装置是指车钩与缓冲器。由于踏面为锥形，机车在前进时有可能发生蛇行，采用抗蛇行减振器减少蛇行，安装在机车纵向，车体与转向架间。

432. 东风 7C 型机车选用了（C）缓冲器。

（A）MT-3 型　　　（B）ST-I 型　　　（C）MX-1 型　　　（D）ST-2 型，

解析：MT-3，摩擦弹簧缓冲器，用于 DF$_{8B}$机车；ST-I 型和 ST-2 型势能摩擦弹簧缓冲器，用于车辆；MX-1 型，摩擦橡胶缓冲器，DF$_{7C}$、DF$_{11}$、SS$_8$ 采用。

433. 16V240ZJB 型柴油机活塞采用（A）和喷射联合冷却方式。

（A）内油路　　　（B）水路　　　（C）外油路　　　（D）油环

解析：16V240ZJB 型柴油机活塞采用内油路和喷射联合冷却方式。

434. 16V240ZJB 型柴油机在 2 650 kW 时，排气总管温度不高于（B）。

（A）600 ℃　　　（B）520 ℃　　　（C）510 ℃　　　（D）620 ℃

解析：段规定，装车功率为 2 430±23 kW 时，总管温度不大于 600 ℃、支管温度不大于 510 ℃。2 650 kW 时，支管温度不大于 520 ℃，总管温度不大于 620 ℃。此题答案不准确，应选 D 比较准确。

435. 16V240ZJB 型柴油机压缩压力为（B）。

（A）3.0～3.5 MPa

（B）2.65～2.84 MPa

（C）2.5～3.5 MPa

（D）2.75～3.12 MPa

解析：DF$_{4B}$ 为 2.65～2.84 MPa；DF$_{8B}$ 为 2.84～3.12 MPa。

436. 16V240ZJB 型柴油机采用（A）连杆。

（A）并列式　　　（B）叉形式片　　　（C）主副式　　　（D）复合式

解析：DF$_4$、DF$_8$、DF$_{11}$ 都是并列式；北京型 12V240ZJ 采用主副式连杆。

1）并列式连杆——由在曲轴的同一曲柄销上并排安装且完全相同的两根连杆所组成，两根连杆所在气缸的中心线不处于柴油机同一横截平面内。

2）叉形片式连杆——由叉形连杆和片式连杆所组成，两根连杆所在气缸的中心线处于柴油机同一横截平面内。

3）主副连杆——由一个与曲轴的曲柄销相连接的主连杆和另一个与主连杆关节销座相连接的副连杆所组成，两根连杆所在气缸的中心线处于柴油机同一横截平面内。

437. 柴油机的燃烧从着火开始到气缸出现最高压力时止，这一时期称为（B）。

（A）滞燃期　　　（B）速燃期　　　（C）主燃期　　　（D）后燃期

解析：滞燃期：从燃油开始喷入气缸，到混合气着火前为止的阶段。

速燃期：从着火开始，到气缸内出现最高爆发压力为止。燃烧急剧，燃烧开始阶段。

缓燃期：从最高燃烧压力出现到最高燃烧温度出现为止，是主燃阶段。

后燃期：从最高燃烧温度到燃烧终点最后阶段，没有明显终点。

所以，此题答案应为 B。

438. 东风 4B 型内燃机车燃油精滤器前后压力差压力应为（B）。

（A）15～25 kPa　　（B）20～40 kPa　　（C）40～60 kPa　　（D）30～50 kPa

解析：压差过大，阻力就过大，损坏滤芯，造成没有滤清的燃油进入柴油机。压力过小，滤清效果不好，不能起到有效作用。东风4B型内燃机车燃油精滤器前后压力差压力为 20～40 kPa

439. 喷油泵柱塞的运动规律是由凸轮（C）决定的。

　　（A）升程　　　　　（B）转角　　　　　（C）型线　　　　　（D）转速

解析：型线决定升程运动规律，转速只能决定柱塞升程的次数，转角只能决定升程的大小。

440. 柴油机启动前，联合调节器的动力活塞处于（A）。

　　（A）最低位置　　　　　　　　　　（B）中间位置

　　（C）最高位置　　　　　　　　　　（D）随机的任意位置

解析：启机前，联调油泵没有工作，恒压室内没有油压，动力活塞在动力活塞弹簧作用下，通过弹簧座压在动力活塞上方，把动力活塞压到动力活塞缸体下方，从而把供油拉杆拉回，把供油齿条拉回零位。

441. 柴油机水阻试验中，不能发挥全功率的原因是（A）。

　　（A）气缸压缩压力不足　　　　　（B）主轴瓦磨耗过限

　　（C）油气分离器作用不良　　　　　（D）静液马达转速不够

解析：油气分离器不良，只会影响曲轴箱油气的排出。静液压马达只影响大风扇转速。主轴瓦磨损使润滑不良，虽然加大了摩擦阻力，但不会影响到功率。压缩压力低造成压燃温度低，燃油不容易燃烧，以及燃烧不完全，或者后燃到废气总管和支管中，必然造成柴油机功率低。

442. 柴油机运转中突然停机的原因是（C）。

　　（A）增压器故障　　　　　　　　　（B）水温过高

　　（C）极限调速器动作　　　　　　　（D）供油齿条卡死

解析：增压器故障可造成冒黑烟、功率低，不会引起停机。水温过高引起卸载。供油齿条卡死容易引起飞车。柴油机转速 1 120～1 150 r/min 时极限调速器动作，可迅速停机。

443. 柴油机运转中不能立即停机的原因是（A）。

　　（A）联合调节器停车阀卡死　　　　（B）机油压力过高

　　（C）水温太低　　　　　　　　　　（D）燃油集流管内残余燃油太多

解析：停车阀卡死，使柴油机齿条供油不能回到零位，不能立即停机。其他三项和停机没有关系。

444. 柴油机油、水温度降不下来的原因是（B）。

　　（A）机油热交换器漏　　　　　　　（B）水泵故障

　　（C）活塞油环损坏　　　　　　　　（D）活塞气环损坏

解析：水泵故障导致冷却水不能循环，冷却水不能流经散热器，冷却水不能得到散热。热交换器漏导致水里有油，活塞环损坏造成拉缸等故障，不会引起水温降不下来。

445. 司机正常回手柄卸载时，柴油机"飞车"的原因是（B）。
　　（A）联合调速器升速针阀开度太大　　（B）供油拉杆卡死在供油位
　　（C）柴油机欠载　　　　　　　　　　（D）增压器输入气缸的空气过多

解析：回手柄后，柴油机卸载，供油拉杆卡死后，柴油机供油量保持在高位，柴油机转速飞升，造成飞车。即便停车按钮动作，由于供油拉杆卡死，供油不能停止。

联调升速针阀开度太大，柴油机转速升速过大，柴油机欠载，柴油机输出功率大于负载功率，这时柴油机转速上升，但联调可以调整，不会飞车。

增压器进入气缸的空气多，燃烧良好，不会飞车。

446. 柴油机冒黑烟的原因是（C）。
　　（A）增压器压气机气封损坏　　　　（B）中冷器漏水
　　（C）空气滤清器堵塞　　　　　　　（D）燃油精滤器过脏

解析：空气滤清器堵塞，进入气缸的空气不足，造成燃烧不充分，燃料在高温缺氧的情况下分解聚合成墨结晶的碳烟，随废气排出，呈黑色。

增压器压气机气封损坏，漏气量很小，不会冒黑烟。燃油精滤器脏，燃油可能供应不足，但不会冒黑烟。

447. 喷油器回油管堵塞后，其喷射阻力（A）。
　　（A）变大　　　（B）不变　　　（C）变小　　　（D）消失

解析：喷油器体中间部位钻有横孔，喷油器工作时，从喷油器偶件的配合间隙和各密封面处泄漏处理的燃油，从该孔处流出后，经气缸盖进油管安装孔流回回油管中。当回油管堵塞后，使喷油器工作时泄漏燃油的通道堵塞，提高了密封压力，喷射阻力必将变大。

448. 司机提高主手柄位时，联合调节器补偿活塞移动方向是（B）。
　　（A）下降　　　　　　　　　　　（B）上升
　　（C）不动　　　　　　　　　　　（D）由柱塞位置确定

解析：如图 46 所示，司机操纵手柄从保持位提到升速位，步进电机得到升速脉冲，配速活塞下移，与此同时水平杠杆下行，联合杠杆摆动，功调滑阀离开中立位下移，油马达回转板转动，变阻器电阻减小，牵引发电机励磁电流增大，发电机加给柴油机的载荷增加，曲轴转速下降，飞锤内收，柱塞下降；调速弹簧预紧力增大，飞锤内收，柱塞下降。与前述柱塞下降的两个因素加在一起，动力活塞上行，又引起三方面联合动作：①动力活塞顶杆上移，联合杠杆以功率调整轮为支点摆动，功调滑阀逐渐上行关闭通油孔，油马达回转板逐渐停住；②动力活塞杆上行，气缸内喷油量增加，曲轴转速上升，飞锤逐渐回张，柱塞复升；③补偿活塞上行，活塞上腔加压。最终结果使柴油机转速、柴油机输出功率及喷油泵供油量相应增加。

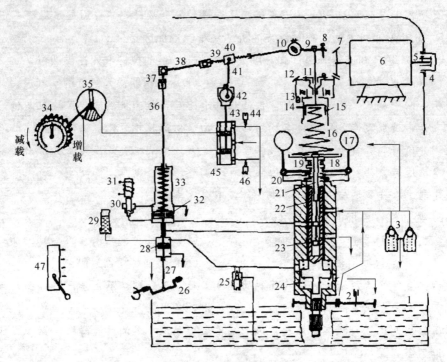

图 46　联合调节器系统示意图

1—油池；2—齿轮油；3—储油室；4—螺套；5—手把；6—步进电机；7—小锥齿轮；8—最高转速调整螺钉
9—水平杠杆；10—功率调整轮；11—导向套；12—大锥齿轮；13—止挡螺钉；14—止挡；15—配速活塞
16—调速强簧；17—飞锤；18—弹簧盘；19—推力轴承；20—匀速盘；21—柱塞；22—滑阀套座；23—调速滑阀
24—缓冲弹簧；25—补偿针阀；26—传动装置；27—动力活塞杆；28—补偿活塞；29—储气筒；30—停车滑阀
31—DLS电磁联锁；32—动力活塞；33—动力活塞弹簧；34—变阻器；35—油马达；36—动力活塞顶杆
37—功调螺栓；38—联合杠杆；39—螺杆；40—十字销；41—连板；42—偏心轮；43—功调滑阀；44—增载针阀
45—功调滑阀套；46—减载针阀；47—司机操纵手柄

449. 燃油燃烧变成指示功的热当量与所消耗的燃油应放出的全部热量的比值称为（B）。

(A) 有效燃油消耗率　　　　　　(B) 指示热效率

(C) 机械效率　　　　　　　　　(D) 有效热效率

解析：指示热效率为指示功的热当量与相应消耗的燃料热量的比值。

指示指标是以工质对活塞做功为计算基础，并不计入摩擦等机械损失，仅表示柴油机气缸内工作循环进行的情况。用下脚注 i 表示，如 N_i、P_i 等。

有效指标表示柴油机克服内部各消耗后对外做功的情况。

机械效率指有效功率占指示功率的百分比。

指示油耗率以 1 kW 指示功率每小时消耗的燃油量表示。同理有效油耗率以 1 kW 有效功率每小时消耗的燃油量表示。

450. 柴油机在某一固定转速下，其主要性能指标及参数随负荷变化的关系，称为（A）。

(A) 负荷特性　　(B) 速度特性　　(C) 万有特性　　(D) 综合特性

解析：柴油机保持某一转速时，其工作参数及性能指标随负荷而变化的关系称为负荷特性。

当喷油泵的齿条位置不变（即供油量不变）时，柴油机的性能指标及工作参数随转速而变化的关系称为速度特性。

机车柴油机作为牵引动力，为得到优良的牵引性能，必须和传动装置相匹配，由传动装置改造柴油机的扭矩特性。传动装置吸收柴油机的输出动力，柴油机应传动装置的要求发出一定的功率，这种情况就是柴油机与传动装置的联合工作。联合工作特性就是牵引特性。

在柴油机所有的运转工况下表示出等油耗率运转点的曲线称为万有特性曲线。机车柴油机的牵引特性也包容在万有特性之内，因此可用来判断柴油机与从动机械的联合运转点是否经济，找出改进的方向。

451.16V240ZJB型柴油机喷油器开始向气缸喷油时，对应的曲轴转角为（C）左右。

(A) $5°$　　　　(B) $10°$　　　　(C) $13°$　　　　(D) $21°$

解析：供油提前角为 $21°$，但从喷油泵供油到喷油器喷出油需要一定时间（曲轴转角），称为喷射滞后角，为 $7.56°$，所以对应曲轴转角为 $13.44°$。

452.16V240ZJB型柴油机曲轴曲柄在同一平面内的是第（B）曲柄。

(A) 4、5、7、3　(B) 1、8、7、2　(C) 8、3、7、1　(D) 5、4、6、7

解析：发火顺序为 1、3、7、5、8、6、2、4，相隔的在一平面内，相邻不在一个平面。

453.16V240ZJB型柴油机锻铝活塞第一、二道活塞环的侧向间隙为（A）。

(A) 0.11～0.17 mm　　　　(B) 0.13～0.19 mm

(C) 0.09～0.15 mm　　　　(D) 0.12～0.18 mm

解析：工艺规定。

454.16V240ZJB型柴油机燃油从油箱到气缸，需要经过（B）滤清。

(A) 2次　　　　(B) 3次　　　　(C) 6次　　　　(D) 8次

解析：16V240ZJB型柴油机燃油从油箱到气缸的过程：油箱→粗滤器→燃油泵→精滤器→喷油泵→缝隙式滤清器→高压油管→喷油器经过 3 次滤清。

455.16V240ZJB型柴油机喷油器针阀体头部有8个直径为（D）的喷孔。

(A) 0.32 mm　　(B) 0.35 mm　　(C) 0.4 mm　　(D) 0.45 mm

解析：针阀直径为 7 mm，角度 $60°$，阀座锥面为 $59°±10'$，孔直径 0.45 mm。

456.16V240ZJB型柴油机喷油器针阀的升程为（A）。

(A) $(0.5±0.03)$ mm　　　　(B) $(0.3±0.03)$ mm

(C) $(0.4±0.06)$ mm　　　　(D) $(0.35±0.05)$ mm

解析：16V240ZJB型柴油机喷油器针阀的升程为 $(0.5±0.03)$ mm。升程过大，针阀落座时间长，剩余油压低，停止喷油前燃油雾化不良，同时撞击力大。升程过小，导致供油不足，高压系统最高瞬时油压值增大，喷油持续期长，后燃严重。

457. 当活塞处于压缩上止点前 21°时，推杆头上端面到推杆体法兰上端面间的距离就是（B）。

    （A）B 尺寸   （B）K 尺寸

    （C）0.38 尺寸   （D）泵调整垫片厚度

解析：见 204 题的解析。

458. 16V240ZJB 型柴油机曲轴第（D）是止推主轴承。

    （A）1 位   （B）6 位   （C）7 位   （D）9 位

解析：止推轴承是用来专门承受轴向力的专用轴承。曲轴第九主轴颈处加工有止推轴肩，轴向推力通过第 16 曲柄臂或止推肩传给止推环。

459. 16V240ZJB 型柴油机共用（C）螺栓，将主轴承盖固定在主轴承座上。

    （A）2 根   （B）3 根   （C）4 根   （D）6 根

解析：2 根紧固螺栓，为 M48×2−1，长度为 567 mm；还有 2 根横拉螺栓为 M30×2−1，总长度为 358 mm。

460. 16V240ZJB 型柴油机规定各缸压缩间隙为（A）。

    （A）3.8～4.0 mm   （B）3.2～3.5 mm

    （C）2.8～3.2 mm   （D）4.0～4.3 mm

解析：压缩间隙的测量可以采用压铅法，调整间隙可增、减气缸与缸盖之间的垫片。

461. 为保证盘车时不会启动柴油机，必须把行程开关连锁（C）。

    （A）电路关闭   （B）电路开通   （C）触头松开   （D）触头压紧

解析：盘车机构处设有转轴联锁 ZLS，ZLS 触头松开后断开了启动接触器 QC 线圈电路。

462. 16V240ZJB 型柴油机簧片式弹性联轴节中的机油起（D）作用。

    （A）润滑   （B）导热   （C）清洗   （D）缓冲

解析：润滑油的作用前面已经讲过，在这里起到缓冲作用，主要是润滑油对簧片起到阻尼和减振作用。

463. 同一台 16V240ZJB 型柴油机的连杆组，其质量允差为（C）。

    （A）0.2 kg   （B）0.25 kg   （C）0.3 kg   （D）0.35 kg

解析：连杆组包括连杆体、盖、瓦、小端套，连杆螺钉等。

464. 柴油机转速失控而急速上升超过规定的极限转速的现象叫（D）。

    （A）失控   （B）机破   （C）甩缸   （D）飞车

解析：所谓飞车，就是指转速失控急速上升而超过安全运转限度，使柴油机运动零部件在巨大惯性力作用下，出现裂损和飞离等机破事故。

465. 柴油机机体主轴孔是经过（A）加工来完成的。

    （A）镗削   （B）钻削   （C）铣削   （D）车削

解析：使用车床加工零部件，称为车削。车削加工是机械加工中最基本最常用的加工方法，是在车床上用车刀对零件进行切削加工的过程。

加工时，将零部件卡装在与主轴上的卡盘上，主轴带动零件所作的旋转运动（主运动），刀具相对主轴轴线进行轴向和径向移动（进给运动），完成对零部件的切削加工。车削既可以加工金属材料，也可以加工塑料、橡胶、木材等非金属材料。

使用铣床加工零部件，称为铣削。铣削加工是在铣床上利用铣刀的旋转（主运动）和零件的移动（进给运动）对零件进行切削加工的工艺过程，是一种生产率较高的平面、沟槽和成形面的加工方法。

钻削：用钻头或扩孔钻在工件上加工孔的方法。

如图 47 所示，镗削是一种用刀具扩大孔或其他圆形轮廓的内径车削工艺，其应用范围一般从半粗加工到精加工，所用刀具通常为单刃镗刀（称为镗杆）。

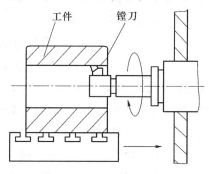

镗圆柱孔示意图

图 47　镗削

466. 柴油机喷油泵柱塞偶件是经过（D）制成的。

　　（A）抛光　　　　（B）精磨　　　　（C）光整加工　　　　（D）成对研磨

解析：凡是偶件必是成对研磨的，因为偶件的配合间隙非常小，而且部件是成对配合的，不能进行互换，所以必须进行成对研磨。

467. 机车柴油机喷油泵大都为（C）。

　　（A）齿轮式　　　　（B）蜗轮式　　　　（C）柱塞式　　　　（D）叶片式

解析：见 209 题。

468. 喷油泵柱塞偶件要使用优质材料，常用为（C）。

　　（A）35CrMo 钢　　（B）40CrMo 钢　　（C）GCr15 钢　　　（D）45Mn 钢

解析：以上都是合金钢，喷油泵柱塞偶件为 GCr15 滚动轴承钢。

469. 嘴油泵柱塞偶件的配合间隙为（B）。

　　（A）0.010～0.02 mm　　　　　　（B）0.003～0.005 mm

　　（C）0.03～0.05 mm　　　　　　 （D）0.001～0.002 mm

470. 喷油泵的柱塞表面加工出螺旋边或水平边，其作用是（B）。

　　（A）导向　　　　　　　　　　　（B）启、闭通油孔

　　（C）转动柱塞　　　　　　　　　（D）调节供油行程

解析：螺旋边通过柱塞旋转和轴向运动，调整通闭油孔。改变螺旋边位置，改变供

油量大小。

471. 从几何供油始点到几何供油终点的柱塞供油行程称为（C）。

（A）充油行程 （B）空行程 （C）有效行程 （D）回油行程

解析：全行程，从柱塞下止点到上止点间的行程。

充油行程，柱塞自上止点向下止点方向移动时，柱塞下移到顶面开启上通油孔时，低压燃油可直通柱塞顶部油腔，这个为柱塞的充油行程。

空行程，从柱塞自下止点上移至柱塞套下通油孔被环形槽下水平边关闭止，这段行程称为空行程，DF_{4B} 为 6 mm。

有效行程，从几何供油始点到几何供油终点的柱塞供油行程。

472. 改变柱塞偶件的几何供油始点和几何供油终点就能（A），进而改变供油量。

（A）改变供油行程 （B）改变通油孔的位置

（C）改变空行程 （D）改变充油行程

解析：如图 48 所示，柱塞偶件与设置于其顶部的出油阀偶件一起控制柱塞泵油过程。出油阀实为具有一定开启条件的"止回阀"，在出油阀弹簧及高压油管剩余油压的联合作用下，控制通道的启闭。16V240ZJB 型柴油机喷油泵采用内负孔单螺旋边柱塞偶件，当喷油泵挺柱组件的滚轮接触供油凸轮于基圆部位时，柱塞处于下止位置，其顶面位于柱塞套的户通轴孔之下，而下通油孔则处于柱塞的环形槽处。当喷油泵挺往滚轮接触供油凸轮于最高圆弧面时，柱塞处于上止点位置，这时，柱垂套的上通油孔处于螺旋槽内，借助于水平孔与垂直孔使上甲油孔与柱塞顶油腔沟通，下通油孔则被环形槽下部的导向圆柱面所遮盖。从柱塞的下止点到上止点间的行程称为柱塞的全行程。

柱塞自上止点向下止点方向移动时，起初由于柱塞套的上通油孔处于螺旋槽内，泵体进油腔内的低压燃油进入螺旋槽，通过水平孔和垂直孔进入柱塞顶油腔。随着柱塞的下移，柱塞的螺旋边逐渐关闭上通油孔，与此同时，柱塞环形槽的下水平边逐渐接近下通油孔，当此下水平边开启柱塞套下通油孔时，则泵体进油腔内的低压燃油又由此进入柱塞顶油腔。当柱塞继续下移到顶面开启上通油孔时，低压燃油可直通柱塞顶部油腔。以上过程就是柱塞的充油行程。

当柱塞自下止点向上移动时，柱塞顶油腔逐渐缩小，顶腔内燃油受压，但由于上部出油阀弹簧力及高压油管内剩余油压的合力使出油阀关闭着，柱塞顶腔内的一部分燃油则通过通油孔回泄入泵体进油腔。柱塞继续上移时，上通油孔首先被柱窄顶面所关闭，此时柱塞顶腔内燃油尚能通过垂直孔、水平孔及下通油孔外泄，而后下通油孔很快被柱奉环形槽下水平边所关嵒，柱塞顶腔燃油的回泄之路全被截断。因此，从柱塞自下止点上移到柱塞套下通油孔被环形槽下水平边关闭止，这段行程称为空行程，见图 48（b）。空行程结束时，柱塞顶腔已无回泄之路，随着柱塞的继续上行，顶腔容积还要进一步缩小，使腔内基本不可压缩的燃油升压极快，其油压瞬间超过出油阀上部的合力而顶开出油阀，喷油云开始向高压油管供油，此供油行程一直会继续到上螺旋边刚开启上通油孔时为止。通常将柱塞环形槽下水平边刚遮盖下通油孔时的位置称为几何供油始点，见图 48（c），此始点的相位超前于该气缸曲柄上止点的角度称为几何供油提前角。柱塞上螺旋边刚开启上通油孔的位置称为几何供油终点，见图 48（d），此时已位于活塞上止点后某一曲轴转角。从几何供油始点到几何供油终点止的柱塞供油行程称方有效行程，举行程所占的曲轴转角称为几何供油延续角。

在几何供油终点以后柱塞还在上行，上通油孔开启面积增大，高压油通过此孔迅速回流，柱塞顶油腔内油压迅速下降，出油阀在压差下迅速落座。双螺旋边柱塞偶件与内顶孔单螺旋边柱塞偶件的泵油过程相似，前者的上下螺旋边分别对应于后者的上螺旋边及环形槽的下水平边直槽式单螺旋边柱塞偶件的顶边作为供油始点的控制边棱。当顶边刚关闭通油孔时为供油始点，当螺旋边刚开启通油孔时为供油终点。

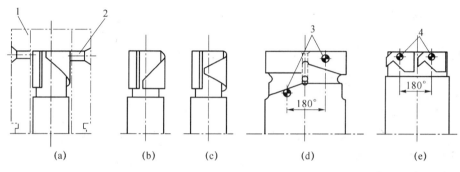

图 48 柱塞泵工作原理

473. 16V240ZJB 型柴油机喷油泵出油阀在高度位置上可分（C）区段。

　　（A）3 个　　　　　（B）4 个　　　　　（C）5 个　　　　　（D）6 个

解析：见 225 题的解析。

474. 为使柴油机各气缸内有相近的热力工作指标及动力均衡性，喷油泵组装后应具有同一（A）。

　　（A）几何供油提前角　　　　　（B）垫片厚度

　　（C）供油时间　　　　　　　　（D）压力

解析：几何供油提前角，16V240ZJB 型柴油机为 $21°$。

475. 制成柴油机止推环的最后一道工序是（A）。

　　（A）磨削　　　　（B）刨削　　　　（C）铣削　　　　（D）锉削

解析：磨削是精加工，必然放在最后一道工序。

476. 在专用平台上，支承凸轮轴（A）部位。

　　（A）1，5，9　　（B）2，4，6　　（C）3，6，9　　（D）2，5，9

解析：检修、检测凸轮轴时，使用 V 形支撑。

477. 在柴油机工作中，采用停止某缸供油的方法叫（A）。

　　（A）甩缸　　　　（B）甩车　　　　（C）停止　　　　（D）放弃

解析：见 220 题的解析。

478. 甩缸的方法是（B）。

　　(A) 停止喷油泵供油

　　(B) 将故障缸的供油齿条固定在停止供油位

　　(C) 截断柴油来路

　　(D) 停止泵油泵工作

解析：见 220 题的解析，按照正常手段是选 B。但 A、C 的方法也能达到目的，但方法不具体。

479. 在柴油机工作中测试增压器气道压力低或无压力应是（B）部件造成的可能性最大。

　　(A) 车体空气网脏　　　　　　　(B) 空气过滤器脏

　　(C) 气道堵塞　　　　　　　　　(D) 增压器损坏

解析：增压压力偏低。

比正常压力低 10%，认为增压压力偏低。增压压力可以在增压器上蜗壳上的测压孔，接压力表测得。一般不低于 117 kPa。增压压力低使气缸进气量不足，会造成功率下降、燃烧恶化致使排温上升。排温上升会造成很多问题。

主要原因如下。

1）空气滤清器堵。

2）增压器空气流道积垢，有时油垢厚度达 2 mm 以上。减少流通，增大阻力。

3）增压器转子转速降低。

①由于燃烧不良，转子与固定件间积碳。

②轴承损坏。

③喷嘴环出口面积增大

④增压器油封漏油，与燃气接触产生积碳，增加转子阻力。

⑤排气管漏气。

4）增压器进气管路接头处漏气。

5）压气机工作轮背面气封间隙过大或气封损坏。

6）镶套变形使其和涡轮径向间隙超限，泄漏损伤增加，使转速下降。

7）环境气压低和温度高，使进入压气机的空气密度下降。

480. 当中冷器出现漏水时，应采用（C）方法来检查。

　　(A) 水压　　　　　　　　　　　(B) 开稳压箱排污阀

　　(C) 开中冷器堵　　　　　　　　(D) 外观

解析：排污阀与中冷器空气腔相通，并是通路中的最低点。

481. 将柴油机主轴瓦放入标准胎具内，测量出瓦口高出胎具平面的距离，此距离称为（A）。

　　(A) 主轴瓦的紧余量　　　　　　(B) 主轴瓦的削薄量

　　(C) 主轴瓦的自由胀量　　　　　(D) 主轴瓦的厚度

解析：为使瓦背与主轴承孔表面良好贴合，防止轴瓦在孔内转动，利于导热和减少冲击，紧余量必须合适。测量时，将轴瓦放入标准胎具内，一端顶在定位面上，另一端施以 37.28 kN 的力，测量轴瓦端面与胎具平面的距离，为 0.08～0.12 mm，小于报废，大于时可以锉削。

482. 选配柴油机主轴瓦是根据计算出（C）来进行的。

　　（A）主轴孔直径　　　　　　　　（B）主轴颈直径
　　（C）主轴瓦的厚度　　　　　　　（D）润滑间隙

解析：轴瓦厚度公式 $S=（D-d-e）/2（mm）$

D——主轴承孔内径；d——曲轴主轴颈直径；e——润滑间隙，取 $0.2\sim0.25\ mm$。主轴瓦厚度为 $7.38\sim7.42\ mm$，分为 5 个等级，每个等级差 $0.01\ mm$，可选配。选配时要求上下瓦厚度差不大于 $0.03\ mm$。

483.16V240ZJB 型柴油机主轴瓦厚度共有 5 个尺寸等级，每（A）为 1 挡。

　　（A）0.01 mm　　（B）0.02 mm　　（C）0.03 mm　　（D）0.04 mm

解析：见 210 题的解析。

484. 一般情况下，连杆瓦的上瓦（A）。

　　（A）为受力瓦　　（B）不是受力瓦　　（C）开有油槽　　（D）具有过盈量

解析：见 138 题的解析。

485.16V240ZJB 型柴油机连杆瓦厚度为（B）。

　　（A）7.38～7.42 mm　　　　　　（B）4.91～4.94 mm
　　（C）5.28～5.42 mm　　　　　　（D）6.91～6.94 mm

解析：见 213 题的解析。

486.16V240ZB 型柴油机小时功率的供油提前角为（D）。

　　（A）21°　　　（B）23°　　　（C）24°　　　（D）25°

解析：应为 16V240ZJA 型柴油机，供油提前角为 25°。

487.16V240ZJB 型柴油机小时功率的几何供油提前角为（A）。

　　（A）21°　　　（B）23°　　　（C）24°　　　（D）25°

解析：以上两题表明，不同机型的供油提前角是不同的。

488.16V240ZJB 型柴油机喷油泵齿条刻线上的 0 刻线表示喷油泵在（B）。

　　（A）供油位　　（B）停油位　　（C）减油位　　（D）增油位

解析：见 216 题的解析。

489. 配气机构的调整包括（C）调整和配气相位的调整两个方面。

　　（A）凸轮位置　　（B）曲轴转角　　（C）冷态气门间隙　　（D）发火顺序

解析：见 217 题的解析。

490. 当司机控制器手柄位置固定后，柴油机转速起伏不定，供油拉杆来回移动，此种现象称为（A）。

　　（A）游车　　　（B）失控　　　（C）冲击　　　（D）振动

解析：见 219 题的解析。

491. 将某一发生故障的气缸喷油泵停止供油，使该气缸不发火的操作过程，称为（B）。

　　（A）手动配速　　（B）甩缸　　　（C）停车　　　（D）关机

解析：见 220 题的解析。

492. 人工扳动供油拉杆，使柴油机运转的操作过程称为（C）。

(A) 手动调速　　(B) 盘车　　　　(C) 撬车　　　　(D) 手动供油

解析：见 221 题的解析。

493. 四冲程 16 缸柴油机，均匀发火的间隔角度应为（A）。

(A) 45°　　　　(B) 50°　　　　(C) 55°　　　　(D) 60°

解析：见 222 题的解析。

494. 12V240Z 型柴油机，其均匀发火的间隔角应为（D）。

(A) 45°　　　　(B) 50°　　　　(C) 55°　　　　(D) 60°

解析：见 223 题的解析。

495. 从喷油器开始喷油到喷油泵停止供油，这一阶段称为（B）。

(A) 喷射滞后期　(B) 主喷射期　　(C) 自由喷射期　(D) 正常喷射期

解析：见 224 题的解析。

496. 缓冲式出油阀减压环带的作用是（C）。

(A) 缓和冲击　　(B) 降低喷油压力　(C) 降低剩余油压　(D) 减少供油量

解析：见 225 题的解析。

497. 一般情况下，机油系统油温超过（D）以上，柴油机不得停机。

(A) 20 ℃　　　(B) 30 ℃　　　(C) 40 ℃　　　(D) 60 ℃

解析：见 226 题的解析。

498. 若机油热交换器漏油，则膨胀水箱（A）。

(A) 有油花　　　(B) 涨水　　　　(C) 温度升高　　(D) 需焊修

解析：见 227 题的解析。

499. 柴油机的配气系统在进行组装和调整时，都要选一个适当的（C）作为调整的标准始点。

(A) 气门位置　　(B) 凸轮位置　　(C) 曲轴位置　　(D) 活塞位置

解析：见 228 题的解析。

500. 若供油提前角小于测定值，会造成（B）。

(A) 喷油提前　　(B) 后燃现象　　(C) 供油减少　　(D) 雾化不良

解析：见 229 题的解析。

501. 在冷机状态下，活塞处于上止点时，其顶面与气缸盖火力面之间的间隙称为（C）。

(A) 压缩比　　　(B) 垫片厚度　　(C) 气缸压缩间隙　(D) 有效压缩比

解析：见 230 题的解析。

502. 柴油机气缸中新鲜空气取代废气的过程叫（D）。

(A) 循环过程　　(B) 配气过程　　(C) 混合过程　　(D) 换气过程

解析：见 231 题的解析。

503. 进气门从开启到关闭所经历的曲轴转角，称为（A）。

(A) 进气持续角　(B) 进气提前角　(C) 进气延迟角　(D) 进气时间角

解析：见 232 题的解析。

504. 通常将活塞行至下止点到气门关闭的曲轴转角范围，称为（C）。

(A) 进气持续角　(B) 进气提前角　(C) 进气延迟角　(D) 进气时间角

解析：见 233 题的解析。以上自 483 至 504 题都是重复的题，前面已经解析过。

505. 若气缸压缩间隙大于设计要求，则（B）。

　　（A）气缸有效压缩比增大　　　　　（B）气缸有效压缩比减小

　　（C）气缸容积增大　　　　　　　　（D）爆发压力减小

解析：压缩比是发动机中一个非常重要的概念，压缩比表示了气体的压缩程度，它是气体压缩前的容积与气体压缩后的容积之比，即气缸总容积与燃烧室容积之比称为压缩比，也是压缩间隙和活塞行程之和与压缩间隙的比。所以压缩间隙大，压缩比减小。

506. 若气缸压缩间隙小于设计要求，则（A）。

　　（A）气缸有效压缩比增大　　　　　（B）气缸有效压缩比减小

　　（C）气缸容积增大　　　　　　　　（D）爆发压力减小

解析：如上题，压缩间隙小，则压缩比增大。

507. 气缸盖安装完毕后，通常用（C）检查气缸的实际压缩间隙。

　　（A）百分表　　　（B）塞尺　　　（C）压铅法　　　（D）专用量具

解析：压铅法，活塞和气缸盖底面共同将铅块压扁，测量铅块厚度就可得出压缩间隙。

508. 喷油泵、喷油器属于柴油机的（D）。

　　（A）固定件　　　（B）配气系统　　　（C）调控系统　　　（D）燃油系统

509. 中冷器、涡轮增压器属于柴油机的（B）。

　　（A）调控系统　　　（B）进、排气系统　　　（C）配气系统　　　（D）冷却系统

解析：答案应该为 B。进、排气系统，配气系统是指气门机构和气门驱动机构。

510. 曲轴组件是柴油机的（A）。

　　（A）运动件　　　（B）固定件　　　（C）传动装置　　　（D）执行件

511. 中冷器主要是用来冷却（C）。

　　（A）机油　　　（B）水　　　（C）增压空气　　　（D）柴油机

解析：在增压柴油机上装设中冷器，不但可以进一步提高增压效果，而且还能提高柴油机的经济性和工作可靠性。实践表明，增压空气每降低温度 10 ℃，柴油机的功率可提高 2%～3%，燃油消耗率可降低 1.5% 左右，并由于柴油机排气温度降低，使涡轮增压器和柴油机受热机件的工作状况得到改善。机车柴油机的中冷器大采用管片式水-空冷却器，用低温水流过冷却管来降低管外增压空气的温度。

512. 16V240ZJB 型柴油机压缩比是（B）。

　　（A）1.25　　　（B）12.5　　　（C）125　　　（D）0.125

解析：DF_{4B} 压缩比 12.5。压缩室容积/工作容积为有效压缩比，为 12.5－1＝11.5。

513. 曲轴减振器安装在曲轴（C）。

　　（A）输出端　　　（B）中部　　　（C）自由端　　　（D）顶部

解析：曲轴自由端安装有硅油减振器，输出端安装有弹性联轴节。

514. 燃烧室容积是（B）时，由活塞、气缸及气缸盖所包围的空间。

（A）开始燃烧时　　　　　　　（B）活塞处于上止点时

（C）最大燃气压力　　　　　　（D）活塞处于下止点时

解析：此为燃烧室定义，为活塞扫气面积乘以压缩间隙。

515. 排气门提前开启的目的是（B）。

（A）增加进气充量　　　　　　（B）减少柴油机功率消耗

（C）降低排气温度　　　　　　（D）增加排气量

解析：排气门在活塞到达下止点前 42°20′ 开启，此时燃烧后的废气有一定压力和温度，能够自动从排气门排出一部分，从而减少了活塞扫气量。减少柴油机阻力，即减少功率消耗。

516. 供油提前角是（A）的曲轴转角。

（A）喷油泵开始供油到活塞上止点　　（B）喷油泵开始喷油到活塞上止点

（C）燃油开始燃烧到活塞上止点　　　（D）喷油泵停止喷油

解析：16V240ZJB 型柴油机几何供油提前角 21°。

517. 气门重叠角是（A）的曲轴转角。

（A）进、排气门同时开启　　　（B）排气阀早开和进气阀晚关

（C）进、排气门持续开启　　　（D）排气阀晚开和进气阀早关

解析：见 241 题的解析。

518. 最大燃气压力应发生在活塞（C）。

（A）上止点以前　（B）上止点　　（C）上止点以后　　（D）下止点

解析：最大压力如果发生在上止点前，则做负功。如发生在上止点，此时活塞连杆组及曲柄销与曲轴垂直，扭矩为零。只有发生在上止点后才能发出爆发压力的有效作用。

519. 喷油泵出油阀密封锥面有（C）作用。

（A）控制喷油压力　　　　　　（B）调节喷油量

（C）保持剩余油压　　　　　　（D）调整雾化状态

解析：出油阀密封锥面封闭了柱塞顶面与高压油管的通路，使高压系统保持一定剩余压力，为下次升压喷油做准备。

520. 供油提前角小时，调整垫片厚度（B）。

（A）增加　　　（B）减少　　　（C）不变　　　　（D）增大

解析：需要增加供油提前角，即要减少柱塞下端面与供油凸轮间的距离，因此要减少垫片厚度。

521. 一般情况下，连杆瓦的上瓦（A）。

（A）为受力瓦　（B）不是受力瓦　（C）开有油槽　　（D）具有过盈量

解析：见 138 题的解析。

522. 16V240ZJB 型柴油机的压缩压力为（A）。

（A）2.65～2.84 MPa　　　　　（B）26.5～28.4 MPa

（C）12.5 MPa　　　　　　　　（D）1.25 MPa

解析：以上两道题解析过，12.5 MPa 是爆发压力。

523. 东风 8B 型机车柴油机装用的"大圆薄板"联轴节属于（C）联轴节。
    （A）弹性　　　（B）半弹性　　　（C）刚性　　　（D）半刚性

解析：DF$_{8B}$ 机车安装过盖林斯格弹性联轴节，机构复杂，检修不方便。后改为大圆薄板联轴节，为刚性联轴节，不能改善柴油机扭振性能，配合卷簧式减振器使用，达到可以接受的范围。

524. 东风 8B 型机车柴油机采用的增压器，其压气机端轴承由推力轴承和（D）轴承组成。
    （A）滚珠　　　（B）滚柱　　　（C）径向　　　（D）浮动

解析：浮动轴承，滑动轴承的一种，设有浮动套，置于轴承和轴之间，相对于轴承和轴都能做相对运动，这种轴承转速能够达到 30 000 r/min 以上，噪音低，适应增压器的工作情况具体见图 49。压气机端装有浮动轴承和推力轴承，涡轮端只装有浮动轴承。

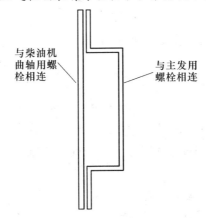

与柴油机曲轴用螺栓相连　　　与主发用螺栓相连

图 49　大圆薄板联轴节

525. 机车柴油机要求机油有良好的（B）。
    （A）聚合性　　　（B）分散性　　　（C）溶解性　　　（D）凝固性

解析：在机油中加入分散剂，作用是使最初生成的烟灰颗粒不互相吸引形成大颗粒，烟尘是在柴油机怠速运转和启动、停机时因燃烧不充分产生的烟尘，侵入机油。

526. "甩车"是防止柴油机发生（A）事故的有效措施之一。
    （A）水锤　　　（B）爆炸　　　（C）飞车　　　（D）停机

解析：甩车时，将燃烧室内的沉积的水和油通过示功阀排出。

527. 运用中，水箱水位升高的原因是（C）。
    （A）机油热交换器漏　　　　　　（B）燃油热交换器漏
    （C）气缸套裂　　　　　　　　　（D）中冷器漏

解析：机油热交换器漏，机油进入水系统；燃油热交换器漏，燃油进入水系统；中冷器漏，水进入稳压箱；气缸套裂，高温高压燃气进入水系统，使水系统产生虚水位，使水箱水位升高。

528. 甩车时示功阀喷火的原因是（D）。

　　（A）滤清器有燃油　　　　　　　（B）喷油泵有燃油

　　（C）喷油器针阀卡滞　　　　　　（D）控制拉杆卡滞

解析：甩车时，由于供油拉杆卡滞，齿条没有回到零位，使各缸喷油泵供油，在压缩压力作用下燃烧，示功阀喷火。

529. 16V280ZJ 型柴油机在 3 680 kW 时，排气总管温度不高于（D）。

　　（A）520 ℃　　　（B）600 ℃　　　（C）620 ℃　　　（D）630 ℃

530. 16V280ZJ 型柴油机在 3 680 kW 时，各缸排气温度不大于（A）。

　　（A）520 ℃　　　（B）600 ℃　　　（C）620 ℃　　　（D）630 ℃

解析：大修不超过 620 ℃；中修不超过 630 ℃，并且指涡轮进口处温度。

531. 16V280ZJ 型柴油机在 3 680 kW 时，各缸排气温差不大于（A）。

　　（A）60 ℃　　　（B）80 ℃　　　（C）85 ℃　　　（D）90 ℃

解析：以上 3 题是 DF$_{8B}$ 段修规程规定。

532. 16V280ZJ 型柴油机压缩压力为（C）。

　　（A）3.1～3.5 MPa　　　　　　　（B）2.65～2.84 MPa

　　（C）2.84～3.14 MPa　　　　　　（D）2.75～3.12 MPa

解析：工艺规定，16V280ZJ 型柴油机压缩压力为 2.84～3.14MPa。

533. 16V240ZJ 型柴油机采用（A）连杆。

　　（A）并列式　　　（B）叉形片式　　　（C）主副式　　　（D）复合式

解析：见 436 题的解析。

534. 12V240ZJ 型柴油机采用（C）连杆。

　　（A）并列式　　　（B）叉形片式　　　（C）主副式　　　（D）复合式

535. 16V280ZJ 型柴油机喷油泵柱塞顶部压力为 22 MPa±0.3 MPa 的条件下，严密度应为（A）。

　　（A）8～30 s　　　（B）9～10 s　　　（C）8～20 s　　　（D）9～30 s

解析：严密度试验：由试验台的液压缸产生作用力通过密封压盖密封柱塞偶件的顶面，确定柱塞的滑键中心线与柱塞套定位槽中心线相交成 40°夹角，试验时该状态由专用夹具予以保证。在柱塞套内充满试验油，由试验台的液力顶缸产生作用力，在柱塞的尾端施加 5595N 的恒定推力，使柱塞向上移动。这时在柱塞偶件的顶部将形成 22 MPa 的稳定油压，在整个有效供油行程里，由于柱塞与柱塞套之间存在着一定的间隙，使得里面的试验油慢慢渗漏，柱塞则缓慢上升。柱塞移动一个供油行程所需的时间即为柱塞偶件的严密度，在 8～30 s 之间。连续试验 2～3 次，测得的时间相差应不超过 4 s。以上为 16V280ZJB 型柴油机喷油泵严密度试验，两者方法一样，数据有差别。

536. 16V280ZJ 型柴油机的连杆组重量允差为（B）。

　　（A）0.2 kg　　　（B）0.4 kg　　　（C）0.3 kg　　　（D）0.35 kg

解析：16V280ZJ 型柴油机的连杆组重量允差为 0.4 kg，注意和 16V240ZJB 型有区别。

537. 16V280ZJ 型柴油机曲柄主轴颈原形尺寸为（B）。

(A) $228_{-0.029}^{0}$ (B) $230_{-0.029}^{0}$ (C) $240_{-0.029}^{0}$ $227_{-0.029}^{0}$

解析：$230_{-0.029}^{0}$ 是规定设计尺寸值，注意区分。

538. 16V280ZJ 型柴油机曲柄颈进行动平衡，允许的不平衡量为（C）。

(A) 2 100 g·cm (B) 2 500 g·cm (C) 2 400 g·cm (D) 1 500 g·cm

539. 曲柄打压试验时，油压 0.7 MPa，历时（D）不许泄漏。

(A) 3 min (B) 4 min (C) 7 min (D) 5 min

540. 16V280ZJ 型柴油机主轴承润滑间隙为（A）。

(A) 0.24～0.37 mm (B) 0.20～0.31 mm
(C) 0.20～0.45 mm (D) 0.22～0.31 mm

541. 16V280ZJ 型柴油机曲柄轴轴向移动量为（B）。

(A) 0.24～0.37 mm (B) 0.22～0.45 mm
(C) 0.20～0.31 mm (D) 0.20～0.45 mm

解析：以上几道题是有关 16V280ZJ 型柴油机参数，需要与 16V240ZJB 区分。

542. 16V280ZJ 型柴油机在整备状态下，当第 1 缸、第 16 缸活塞在上止点前 22°±0.5°时，第 1 缸和第 16 缸的供油凸轮滚轮升程为（C）。

(A) $6_{0}^{+0.02}$ mm (B) $8_{0}^{+0.02}$ mm (C) $5.5_{0}^{+0.02}$ mm (D) 5 mm

解析：DF$_{8B}$ 机车供油提前角为 22°，第 1 缸和第 16 缸的供油凸轮滚轮升程为 $5.5_{0}^{+0.02}$ mm。

543. 16V280ZJ 型柴油机同台柴油机喷油泵各泵油量差不大于（D）。

(A) 18 mL (B) 10 mL (C) 1 mL (D) 8 mL

解析：DF$_{8B}$ 喷油泵做供油量试验时，方法与 DF$_{4B}$ 相同，数据有差异。测量停油位、最低转速和最高转速的供油量。

544. 喷油泵组装后，须重新测（A）尺寸。

(A) B (B) K (C) D (D) C

解析：喷油泵装配、组装到柴油上时，需测量上体 B 尺寸。

545. 轴瓦的合口面须平行，在瓦口全长内平行度为（B）。

(A) 0.02 mm (B) 0.03 mm (C) 0.008 mm (D) 0.05 m

解析：DF$_{4B}$ 与 DF$_{8B}$ 相同瓦口全长内平行度为 0.03 mm。

546. 卷簧减振器不许泄漏，簧片不许（C）。

(A) 擦伤 (B) 泄漏 (C) 裂损 (D) 剥离

解析：卷簧减振器安装在柴油机自由端，内部充满机油，与曲轴主油道相通，油起到阻尼作用。

547. 主轴承螺栓伸长量为（D）。

(A) 0.5～0.7 mm (B) 0.6～0.8 mm
(C) 0.55～0.75 mm (D) 0.65～0.75 mm

解析：DF$_{8B}$ 机车主轴承螺栓伸长为 0.65～0.75 mm，DF$_{4B}$ 机车为 (0.6±0.05) mm。

548. 同一瓦孔内两片轴瓦厚度差不大于（A）。

    （A）0.03 mm   （B）0.035 mm   （C）0.08 mm   （D）0.06 mm

解析：《段修规程》规定。

549. 更换连杆衬套时，过盈量须为（B）。

    （A）0.03～0.15 mm   （B）0.06～0.13 mm

    （C）0.04～0.17 mm   （D）0.5～0.8 mm

解析：DF$_{8B}$机车更换连杆衬套时，过盈量为 0.06～0.13 mm。

550. 活塞环组装后，开口位置互相错开（C）。

    （A）90°   （B）270°   （C）120°   （D）60°

解析：DF$_{8B}$段规规定活塞环组装后，开口位置互相错开120°。如果是四道环就不适合了，第一道与第二道、第三道与第四道错开180°，第二道与第三道错开90°。

551. 喷油泵出油阀行程为（D）。

    （A）0.4～0.5 mm   （B）0.8～1.2 mm

    （C）6～8 mm   （D）5.4～5.7 mm

解析：DF$_{8B}$机车喷油泵出油阀行程为 5.4～5.7 mm，DF$_{4B}$机车为（4.7±0.2）mm。

552. 302D 型调速器输出最大转角须为（A）。

    （A）46°   （B）15°   （C）5°   （D）45°

解析：302D 为 16V280ZJ 型柴油机的调速器，其输出最大转角为 46°。

553. 302D 型调速器功率伺服器在（B）转角内转动须灵活。

    （A）200°   （B）300°   （C）270°   （D）360°

解析：功调电阻滑片的旋转角度最大为300°。从最大励磁位到最小励磁位电阻变化值为 0～487 Ω。

554. 302D 型调速器变换控制器手柄位置时，转速波动不超过（C）次。

    （A）11   （B）2   （C）3   （D）5

解析：转速波动表示调速器的性能，302D 型调速器变换控制器手柄位置时，转速波动不超过 3 次。

555. 16V280ZJ 型柴油机控制拉杆总阻力须小于（D）。

    （A）100 N   （B）200 N   （C）115 N   （D）118 N

解析：测量供油拉杆总阻力时，将供油拉杆与联调分开，用弹簧秤拉供油拉杆，测量拉力即为总阻力。此为 DF$_{8B}$机车是接入喷油泵时测值，DF$_{4B}$机车不接入喷油泵为 50 N，接入喷油泵为120 N，因此选 D。

556. 当柴油机转速达到（A）时，超速停车装置须动作。

    （A）1 120～1 150 r/min   （B）1 100～1 200 r/min

    （C）1 120～1 200 r/min   （D）1 000～1 150 r/min

557. 16V280ZJ 型柴油机在功率 3 680 kW 时，涡轮进口温度应小于等于（B）。

    （A）520 ℃   （B）630 ℃   （C）368 ℃   （D）600 ℃

解析：涡轮进口温度，与废气总管温度基本一致，小于等于 630 ℃。

558. 更换增压器后，须进行（C）并测量和调整有关参数。

(A) 启机　　　(B) 磨合　　　(C) 负载　　　(D) 停机

解析：更换增压器后，需要进行负载试验。

559. 柴油机-同步主发电机组轴向中心线与车架纵向中心线水平方向位置度允差为（B）。

(A) 1 mm　　　(B) 2 mm　　　(C) 3 mm　　　(D) 4 mm

解析：工艺规定柴油机-同步主发电机组轴向中心线与车架纵向中心线水平方向位置度允差为 2 mm。

560. 柴油机输出端两支承的安装中心到车架上平面横向中心的距离为（A）。

(A)（2 108±5）mm　　　(B)（1 076±5）mm

(C)（1 500±2）mm　　　(D)（2 000±5）mm

解析：DF$_{8B}$ 段规定柴油机输出端两支承的安装中心到车架上平面横向中心的距离为（2 108±5）mm。

561. 启动变速箱输入轴中心线须（B）柴油机同步发电机组输出法兰轴线 12～16 mm。

(A) 高于　　　(B) 低于　　　(C) 平行于　　　(D) 相交于

解析：启动变速箱低于主发电机中心轴线，由柴油机-主发承担万向轴重量，因为柴油机由弹性支承。静液压变速箱高于柴油机轴线 12～16 mm，由静液压变速箱承担传动轴重量，因为传动轴很长，一直伸入到柴油机泵支撑箱。

562. 水阻试验完后，须进行（A）试验复核功率。

(A) 自负荷　　　(B) 接地　　　(C) 加载　　　(D) 水阻

解析：DF$_{8B}$ 段修规程规定以上内容。自负荷是电阻制动系统的另一种应用，主发电机发出电流，由制动电阻消耗掉，验证主发功率数值。自负荷时，柴油机 1 000 r/min 运转 10 min。

563. 机油进入气缸，柴油机空转时，打开（C）会有机油排出。

(A) 稳压箱　　　(B) 曲轴箱盖　　　(C) 示功阀　　　(D) 凸轮轴箱

解析：示功阀连接燃烧室，空转时，进入气缸的机油来不及燃烧，会排出。

564. 柴油机工作时，气缸壁上的机油随着活塞的往复运动进入燃烧室，这种现象称为气环的（B）作用。

(A) 密封　　　(B) 泵油　　　(C) 布油　　　(D) 刮油

解析：活塞下行时，由于环与缸壁之间的摩擦阻力以及环本身的惯性，环将压靠着环槽的上端面，缸壁上的机油就被刮入下边隙与背隙内。当活塞上行时，环又压靠在环槽的下端面上，经过第一道环背隙里的油就进入汽缸中。如此反复，结果就像油泵的作用一样，将缸壁的机油最后压入燃烧室。泵油过多，烧机油；泵油过少，上部润滑不良。

565. 活塞环与环槽间隙过大时，会产生较大的冲击，缩短（A）的使用寿命。

(A) 活塞环　　　(B) 活塞　　　(C) 气缸套　　　(D) 气缸

解析：间隙过大，冲击大，漏气，机油窜入。间隙过小，活塞环易挠曲变形，使环卡住，失去活动性，因而削弱环的密封作业，发生窜气和拉缸现象。

566. 主手柄移动过快，柴油机转速同时加快，容易出现（D）现象。

(A) 喷油　　　　(B) 漏水　　　　(C) 冒白烟　　　　(D) 喘振

解析：手柄移动过快，供油量过大，进气量瞬间不足，发生波动，引起喘振。

567. 喷油泵柱塞的上下往复运动，是借助（C）的旋转实现的。

(A) 曲轴　　　　(B) 滚轮　　　　(C) 供油凸轮　　　　(D) 凸轮轴

解析：供油凸轮旋转，推动滚轮，推动柱塞上下运动。

568. 燃油沿缸壁流下会造成机油（C）。

(A) 燃烧　　　　(B) 泄漏　　　　(C) 稀释　　　　(D) 黏度增大

解析：柴油进入机油，造成机油稀释，机油黏度下降。

569. 当油环安装不当，环与环槽间隙过大，或活塞与气缸间隙较大时，机油进入燃烧室，即所谓（B）。

(A) 机油稀释　　(B) 机油上窜　　(C) 机油下窜　　(D) 燃油稀释

570. 当气阀导管与气阀杆之间的间隙较大时，机油经过此间隙进入燃烧室，即所谓（C）。

(A) 机油稀释　　(B) 机油上窜　　(C) 机油下窜　　(D) 燃油稀释

解析：以上两题都是烧机油的原因，曲轴箱内和摇臂箱内都存有机油。

571. 机油进入燃烧室，会使机油参与燃烧，同时大量喷（D）。

(A) 燃油　　　　(B) 火　　　　(C) 水　　　　(D) 机油

解析：机油虽然参与燃烧，闪点比燃油高很多，不能完全燃烧，随着废气排出气缸，形成喷油。

572. 针阀开度（A），会使柴油机大幅度悠车。

(A) 过大　　　　(B) 过小　　　　(C) 为零　　　　(D) 减小

解析：应该指的是补偿针阀，补偿针阀会控制补偿活塞上腔油压，针阀开度过大，补偿活塞上部油压卸出过多，油压不稳，造成动力活塞、补偿活塞上下波动，带动供油拉杆，形成游车。

573. 16V240ZJB 型柴油机同一曲柄控制的两个活塞不能同时到达上止点，而是始终相差（B）。

(A) 40°　　　　(B) 50°　　　　(C) 60°　　　　(D) 70°

解析：柴油机 V 形夹角为 50°，所以到达上止点要相差 50°。

574. 在正常情况下同一瓦孔中的两块瓦厚度差不大于（B）。

(A) 0.01 mm　　(B) 0.03 mm　　(C) 0.05 mm　　(D) 0.08 mm

575. 实选瓦的平均厚度与计算值差不大于（A）。

(A) 0.01 mm　　(B) 0.03 mm　　(C) 0.05 mm　　(D) 0.08 mm

解析：轴瓦等级就是每级 0.01 mm。

576. 受力轴瓦厚度的计算阶梯度相邻不大于（C）。

(A) 0.01 mm　　(B) 0.03 mm　　(C) 0.035 mm　　(D) 0.05 mm

解析：即相邻轴瓦在垂直方向的差值，应不大于 0.035 mm。

577. 计算主轴瓦厚度的公式为（A）。

(A) $\delta=\left[(D-d)-C\right]/2\pm\Delta$（mm）

(B) $\delta=\left[H-G-(0.025\sim0.45)\right]/2$（mm）

(C) $\delta=\left[D-d-(\delta_{上}+\delta_{下})\right]$（mm）

(D) $\delta=B-K$（mm）

578. 根据公式选配止推挡圈的厚度为（B）。

(A) $\delta=\left[(D-d)-C\right]/2\pm\Delta$（mm）

(B) $\delta=\left[H-G-(0.025\sim0.45)\right]/2$（mm）

(C) $\delta=\left[D-d-(\delta_{上}+\delta_{下})\right]$（mm）

(D) $\delta=B-K$（mm）

579. 计算主轴承油润间隙的公式为（C）。

(A) $\delta=\left[(D-d)-C\right]/2\pm\Delta$（mm）

(B) $\delta=\left[H-G-(0.025\sim0.45)\right]/2$（mm）

(C) $\delta=\left[D-d-(\delta_{上}+\delta_{下})\right]$（mm）

(D) $\delta=B-K$（mm）

580. 计算喷油泵垫片厚度的公式为（D）。

(A) $\delta=\left[(D-d)-C\right]/2\pm\Delta$（mm）

(B) $\delta=\left[H-G-(0.025\sim0.45)\right]/2$（mm）

(C) $\delta=\left[D-d-(\delta_{上}+\delta_{下})\right]$（mm）

(D) $\delta=B-K$（mm）

解析：答案有误，计算喷油泵垫片厚度的公式为：$\delta=(B-6)-K$（mm），其中，6 为标定工况下，柱塞顶面与上油孔下边平齐时，柱塞开始上行至供油始点的空行程。

581. 主轴承盖装入后应检查机体、主轴瓦、主轴承盖之间的端面不平齐度应小于（D），否则应撬平。

(A) 0.5 mm　　(B) 0.8 mm　　(C) 0.75 mm　　(D) 0.1 mm

解析：答案与段规有出入，段规规定是 0.5 mm。

582. 以（B）的力矩，从控制端向输出端依次预紧横拉螺钉。

(A) 490N·m　　(B) 250N·m　　(C) 100N·m　　(D) 300N·m

583. 用（B）测量主轴瓦孔的直径。

(A) 外径千分尺　　(B) 铰刀百分尺　　(C) 内径百分表　　(D) 深度尺

解析：绞刀百分尺，机务段并未使用，机车厂使用"内径指示器"测量主轴瓦孔，与选项 B 名称不同。

584. 用带磁力表架的（C）测量曲轴的横动量。

(A) 千分尺　　(B) 深度尺　　(C) 百分表　　(D) 游标卡尺

解析： 横向撬动曲轴，用百分表测横动力，方法和测跳动量一致。

585. 用（D）测量曲轴齿轮与中间轮的啮合间隙应符合 0.15～0.4 mm 的要求。

    （A）测量法　　（B）刻度法　　（C）外观检查法　　（D）压铅法

解析： 测量齿轮啮合间隙，一般都使用压铅法。

586. 当主轴瓦下瓦更换超过（A）时，或更换曲轴时，应严格要求选瓦，测量主轴瓦孔径，组装曲轴。

    （A）3 块　　　（B）4 块　　　（C）5 块　　　（D）6 块

解析： 工艺规定，当主轴瓦下瓦更换超过 3 块时，应严格要求选瓦，测量主轴瓦孔径，组装曲轴。

587. DF$_{11}$ 型机车气缸套内径用（B）测量不大于 ϕ（280＋0.30）mm。

    （A）内径千分尺　（B）内径百分表　（C）外径千分尺　（D）深度尺

解析： DF$_{11}$ 和 DF$_{4B}$ 一样，一般都用内径百分表进行。

588. 计算气缸套圆柱度应不大于（C）。

    （A）0.03 mm　　（B）0.05 mm　　（C）0.10 mm　　（D）0.6 mm

解析： 答案为 DF$_{4B}$ 型机车中修尺寸限度。

589. DF$_{11}$ 型机车气缸套圆度应不大于（B）。

    （A）0.03 mm　　（B）0.05 mm　　（C）0.10 mm　　（D）0.6 mm

解析： 答案 B 为 DF$_{11}$ 型机车大修限度，中修限度为 C 项的 0.10 mm。

590. 活塞刮油环锥面环的刃口应朝（B）。

    （A）上方　　　（B）下方　　　（C）活塞顶　　　（D）外面

解析： 刃口向下，便于刮油。

591. 活塞环各环的开口位置互相错开（B），并不许对准销孔两端。

    （A）90°　　　（B）120°　　　（C）270°　　　（D）36°

解析： 活塞环各环的开口位置互相错开 120°，防止机油上窜和燃气下窜，保证气缸气密性。

592. 凸轴轴承用（D）装入机体凸轮轴孔内。

    （A）加热法　　（B）注油法　　（C）冷冻法　　　（D）压入法

解析： 指采用压入法将瓦背装入机体座孔。

593. 用（D）检查凸轮轴承与凸轮轴径之径间间隙为 0.16～0.35 mm。

    （A）百分表　　（B）游标卡尺　　（C）深度尺　　　（D）塞尺

解析： 润滑间隙可用塞尺进行检查。组装前用千分尺和百分表测量。

594. 凸轮轴承外侧与机体凸轮轴孔内径过盈量为（A）。

    （A）0.06～0.10 mm　　　　　　（B）0.12～0.35 mm

    （C）0.5～1.0 mm　　　　　　　（D）0.22～0.45 mm

解析： 凸轮轴轴承安装。凸轮轴承外侧与机体凸轮轴孔内径过盈量为 0.06～0.10 mm。

595. 凸轮轴轴向间隙为（B）。

(A) 0.06～0.10 mm   (B) 0.12～0.35 mm

(C) 0.5～1.0 mm   (D) 0.22～0.45 mm

596. 用（C）测量凸轮轴的横动量，应在 0.12～0.35 mm 范围内。

(A) 游标卡尺   (B) 深度尺   (C) 百分表   (D) 内径千分尺

解析： 与测曲轴横动量方法一致，用百分表测量凸轮轴的横动量。

597. 用（D）检查曲轴的泵主动齿轮与水泵齿轮的啮合间隙应符合要求。

(A) 测量法   (B) 刻度法   (C) 外观检查法   (D) 压铅法

解析： 啮合间隙很难直接测出，可将铅条夹在两齿间，转动齿轮，在啮合过程中将铅条压扁，测量铅条厚度即为啮合间隙，这种方法即压铅法。

598. 用深度游标卡尺测量出喷油泵下体法兰上端平面至推杆顶面的距离，即所谓（A）尺寸。

(A) K   (B) B   (C) A   (D) H

599. （B）尺寸为喷油泵柱塞刚刚遮住柱塞套进油孔时，导筒平面至油泵上体法兰下端平面的距离。

(A) K   (B) B   (C) A   (D) H

解析： 题目中的"导筒平面"应改为"柱塞下端面"。

600. 喷油泵上油量分（C）三组。

(A) C、D、E   (B) A、C、E   (C) A、B、C   (D) B、K、H

解析： 以上内容在前面解析过，分组的作用是使每一组喷油泵供油量相同或接近。

601. 同一台柴油机上喷油泵属于同一油量组别，（D）。

(A) 可以混装

(B) 主侧不许混装

(C) 主、副侧可以混装

(D) 不许混装

解析： 北京型机车 12V240ZJ 型柴油机，为主副式连杆，两侧喷油泵供油量有区别，不许混装。

602. 在喷油泵体法兰的侧面打上（B）尺寸。

(A) A   (B) B   (C) C   (D) D

解析： 喷油泵测量 B 尺寸后用钢印刻在法兰侧面上，以备配件入库后选用。

603. 16V280 型柴油机采用（C）式喷油泵。

(A) 分体   (B) 化纤   (C) 单体   (D) 合一

解析： 柱塞式喷油泵属于往复容积式油泵，在结构形式上有单体泵及组合泵之分。前者为单柱塞油泵，每一气缸旁安装一个，其优点是高压油管较短，对控制燃烧有利；后者相当于将几个单柱塞泵合成一体，故属多柱塞泵，通常供应柴油机全部气缸或一半气缸的用油。

604. 主轴承和连杆轴承均属（D）。

(A) 稳定轴承   (B) 滚动轴承   (C) 止推轴承   (D) 非稳定轴承

解析： 稳定轴承转速和承受的载荷都不变化；非稳定轴承转速和承受的载荷都是变

化的。

605. 在运用中，必须保证轴瓦与轴径处于（A）状态。

　　（A）液体摩擦　　（B）干摩擦　　　　（C）滚动摩擦　　　　（D）滑动摩擦

解析：轴瓦即滑动摩擦，必须要保持液体摩擦。摩擦的类型前文有叙述。

606. 东风11型机车主轴瓦和连杆瓦的合金材料均采用（B）合金。

　　（A）球墨铸铁　　（B）高锡铝　　　　（C）硼　　　　　　　（D）全铝质

解析：主轴瓦和连杆轴瓦均采用钢背加锡铝合金双金属层。为锡、铜和铝的合金。

607. 主轴瓦下瓦为（A）。

　　（A）受力瓦　　　（B）非受力瓦　　　（C）定位作用　　　　（D）支撑瓦

解析：受力瓦，主要承受载荷的轴瓦，主轴瓦下瓦为受力瓦，连杆轴瓦上瓦为受力瓦。

608. 主轴瓦上、下瓦的对口处均有缓冲油槽，便于（B）分布。

　　（A）机油沿圆周　（B）机油沿轴向　　（C）热量沿圆周　　　（D）热量沿轴向

解析：如图50所示，上瓦为非受力瓦，中间开有油槽，槽内有5个直径20 mm进油孔，下瓦是受力瓦，不开油槽，仅在瓦口两端设过渡油槽（缓冲油槽）。便于机油沿轴向分布。

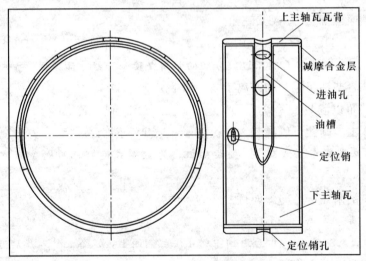

图50　主轴瓦

609. 为减少（C）的冲蚀作用，在主轴瓦下瓦对口处中部开有缓冲油槽。

　　（A）机油　　　　（B）水流　　　　　（C）穴蚀和油流　　　（D）穴蚀

解析：缓冲槽是斜面油槽，由油槽深度渐次与轴瓦内表面平齐，对压力机油起到缓冲作用。

610. 同一轴瓦上合金层的不均匀度不大于（D）。

　　（A）0.50 mm　　（B）4.9 mm　　　　（C）0.1 mm　　　　　（D）0.35 mm

解析：合金层厚度在0.30～0.95 mm，同一轴瓦上不均匀度不大于0.35 mm。合金层越薄，疲劳强度越大，但加工困难。

611. 在半圆形量具内用涂色法检测瓦背的黏合度，接触面积不小于全面积的（A）。

(A) 80%   (B) 60%   (C) 90%   (D) 50%

解析：段修工艺规定，在轴承孔座和轴颈上刷红丹油，接触面积不小于全面积的80%。安装轴瓦后，盘动曲轴一圈，拆下后，接触面积不小于60%。

612. 轴瓦（B）是硬质颗粒随机油进入轴瓦间隙，从而破坏摩擦面，形成拉痕。

(A) 掉块   (B) 拉伤   (C) 剥离   (D) 穴蚀

解析：掉块和剥离都是轴瓦本身破损，拉伤是硬颗粒外力造成破损。穴蚀是特殊形式蚀损。

613. 合金层表面产生密集状针孔的损伤成为（C）。

(A) 拉伤   (B) 剥离   (C) 冲蚀   (D) 碾瓦

解析：碾瓦是由于润滑不良，轴颈和瓦发生干摩擦造成的，见614题题干所述。冲蚀（穴蚀）是由于机油冲刷造成，原理前文已述。

614. 合金成片被挤出轴瓦，一部分合金黏结在轴颈上，这种损伤称为（D）。

(A) 拉伤   (B) 剥离   (C) 冲蚀   (D) 碾瓦

615. 当机体主轴承孔径或曲轴主轴颈作等级修理时，须配用（A）的主轴瓦。

(A) 相应等级   (B) 原形尺寸   (C) 大一个等级   (D) 小一个等级

解析：主轴颈磨损时，可按照规定等级进行磨削等级修理，然后进行氮化处理，选配相应等级的轴瓦。

616. 等级瓦只是改变（B）的厚度。

(A) 合金层   (B) 钢背   (C) 曲轴   (D) 连杆

解析：等级轴瓦要适当加厚钢背，增加 $\phi 0.5$、$\phi 1.0$ 或 $\phi 1.5$ mm。

617. 将机体正置在测量平台上，用（C）测量机体主轴零孔的同轴度。

(A) 百分表   (B) 水平仪   (C) 光学准直仪   (D) 千分尺

解析：光学准直仪是测量微小角度变化量的精密光学仪器，它适用于测量精密导轨的直线度误差及小角度范围内的精密角度测量，用准直仪测量被测量要素的直线度误差，利用准直仪的光轴模拟理想直线，将被测量直线与理想直线比较，将所得数据用作图法或求出直线度误差值。

618. 主轴承孔的全长同轴度应小于等于（C）。

(A) 0.02 mm   (B) 0.03 mm   (C) 0.1 mm   (D) 0.5 mm

解析：《段修规程》规定主轴承孔的全长同轴度应小于等于0.1 mm。

619. 在曲轴上，每个曲柄臂均安装有（A）。

(A) 平衡块   (B) 联轴节   (C) 轴承   (D) 防缓螺栓

解析：曲轴对外平衡并不等于内部不受力，作用在中间挡轴颈上的力矩虽相平衡，但其仍受有很大的内力矩和弯曲变形，这仍将使曲轴、机体及主轴承等件受损。为改善曲轴内部的平衡性，通常在曲柄臂下部增设平衡重，用以平衡惯性力和力矩，减轻主轴承负荷，改善轴瓦工作条件，减小曲轴内力矩，降低曲轴和机体的受力和振动。

620. 曲轴自由端轴颈锥面上有一个油孔与主轴颈油道相通，把（B）引入卷簧减振器。

    （A）燃油   （B）机油   （C）水   （D）黄油

解析：16V280柴油机自由端装有卷簧减振器，簧片成卷筒状通过题干所述的方法，把机油引入卷簧减振器。

621. 16V280ZJ 型柴油机曲轴采用（C）材料。

    （A）球墨铸铁   （B）高锡铝   （C）合金钢   （D）全铝

622. 16V280ZJ 柴油机曲轴颈（D）处理后，表面硬度高。

    （A）氧化   （B）镀铬   （C）精磨   （D）氮化

解析：氮化处理是指一种在一定温度下，一定介质中使氮原子渗入工件表层的化学热处理工艺。经氮化处理的制品具有优异的耐磨性、耐疲劳性、耐蚀性及耐高温的特性。

623. 曲轴轴颈的裂纹通常产生于（A）处。

    （A）圆角   （B）中心   （C）锥面   （D）油孔

解析：圆角即轴颈与曲柄的过渡圆处，此处后来复杂，负载急剧变化，易发生应力集中。

624. 曲轴轻微拉伤可（B）消除。

    （A）机器磨修   （B）打磨   （C）清洗   （D）擦拭

625. 检查曲轴平衡块与曲柄臂贴合面，用（C）塞尺不应塞入。

    （A）0.01 mm   （B）0.02 mm   （C）0.03 mm   （D）0.1 mm

解析：平衡块用螺钉固定在曲柄臂上，用 0.03 mm 塞尺不能塞入，要求密贴，不松动。

626. 如果柴油机发出较大的类似金属敲击声，一般称为（D）。

    （A）后燃   （B）水锤   （C）窜气   （D）敲缸

627. 如果喷油泵齿条窜出燃油，表明柱塞套裂纹或柱塞套下部（A）失效。

    （A）密封铜垫   （B）O 形密封圈 （C）压板   （D）衬套

解析：柱塞套与供油齿圈间有密封铜垫。

628. 如果喷油泵齿条窜出机油，表明喷油泵下体内的（B）磨损。

    （A）密封铜垫   （B）O 形密封圈 （C）压板   （D）衬套

解析：下体装有润滑油管，对内部运动件进行润滑，在挺柱和体之间装有 O 形密封胶圈，用以密封机油。

629. 如个别气缸排温很高而爆发压力下降，说明该气缸的喷油泵定时不对，多为喷油泵下体（C）发生故障。

    （A）密封铜垫   （B）O 形密封圈 （C）推杆滚轮 （D）压板

解析：推杆滚轮内铜套磨损，造成滚轮与轴间隙过大，造成供油晚，发生后燃。

630. 个别气缸的高压油管脉冲减弱或无规律，大多是因（A）引起。

    （A）塞柱弹簧或出油阀弹簧折断   （B）泵下体磨损

    （C）柱塞套裂纹   （D）出油阀体裂纹

解析：塞柱弹簧或出油阀弹簧折断，不能保证开启压力，油压低，脉冲减弱或无规律。

631. 回油管的回油成线状流出，表明（B）。
　　（A）喷油器压紧螺栓帽松动　　　　（B）忘记放密封垫
　　（C）喷油器体上 O 形密封圈未装　　（D）燃油压力低

　　解析：喷油器连接油管端部装有密封铜垫，如果忘记装，来自喷油泵的燃油部分自回油管排出，回油成线状流出。

632. 若喷油器器回油管中有燃气窜出，表明（A）。
　　（A）喷油器压紧螺栓帽松动　　　　（B）忘记放密封垫
　　（C）喷油器体上 O 形密封圈未装　　（D）燃油压力低

　　解析：喷油器没有压紧，燃烧室燃气窜入喷油器安装面内，会自回油管处窜出，回油管和回油基油管是用一塑料管连接，无密封。喷油器端部装有紫铜密封垫，用以密封喷油器端部与气缸盖喷油器孔平面，当忘记装或压偏，也会出现燃气窜出现象。

633. 若喷油器回油管中有机油窜出，表明（C）。
　　（A）喷油器压紧螺栓帽松动　　　　（B）忘记放密封垫
　　（C）喷油器体上 O 形密封圈未装　　（D）燃油压力低

　　解析：喷油器体装有外部装有橡胶 O 形密封圈，如果未装，摇臂箱内机油会向下窜入安装孔内，会在回油管处排出。

634. 若高压油管的脉冲很弱，而喷油泵工作正常，可能是由于（D）。
　　（A）喷油器压紧螺栓帽松动　　　　（B）忘记放密封垫
　　（C）燃油压力低　　　　　　　　　（D）喷油器故障

　　解析：喷油器针阀弹簧折断，或者调整压力低，喷射压力低，脉冲弱。

635. 16V240ZJB 型柴油机的燃油系统设有燃油精滤器、低压输油管、（C）、高压输油管、喷油器、限压阀及喷油泵和喷油器的回油管系。
　　（A）燃油泵　　（B）水泵　　　　（C）喷油泵　　　　（D）机油泵

　　解析：如图 51 所示。喷油泵与其他装置构成柴油机的燃油系统。

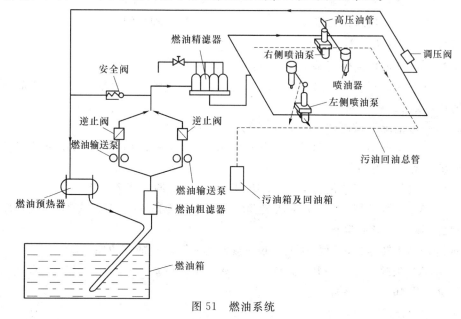

图 51　燃油系统

636. 柴油机机体主轴孔是经过（A）加工来完成的。

(A) 镗削　　　　(B) 钻削　　　　(C) 铣削　　　　(D) 车削

解析：见 465 题的解析。

637. 柴油机喷油泵柱塞偶件是经过（D）制成的。

(A) 抛光　　　　(B) 精磨　　　　(C) 光整加工　　(D) 成对研磨

解析：见 466 题的解析。

638. 为使柴油机各气缸内有相近的热力工作指标及动力均衡性，喷油泵组装后应具有同一的（A）。

(A) 几何供油提前角　　　　　(B) 垫片厚度

(C) 供油时间　　　　　　　　(D) 压力

解析：见 467 题的解析。

639. 紧固喷油泵压紧螺套时，若拧紧力矩过大，会（B）。

(A) 损坏泵体　　　　　　　　(B) 使柱塞偶件卡滞

(C) 使出油阀卡滞　　　　　　(D) 使出油阀弹簧压力过大

解析：见 203 题的解析。

640. 对柱塞偶件进行滑动性检查，通常是将其倾斜（B），再提起柱塞看其是否能自由滑动落下。

(A) 30°　　　(B) 45°　　　(C) 60°　　　(D) 80°

解析：见 45 题的解析。

641. 将柴油机主轴瓦放入标准胎具内，测量瓦口高出胎具平面的距离，此距离称为（A）。

(A) 主轴瓦的紧余量　　　　　(B) 主轴瓦的削薄量

(C) 主轴瓦的自由胀量　　　　(D) 主轴瓦的厚度

解析：见 481 题的解析。

642. 选配柴油机主轴瓦是根据计算出（C）来进行的。

(A) 主轴径孔　(B) 主轴径直径　(C) 主轴瓦的厚度　(D) 润滑间隙

解析：见 482 题的解析。

643. 一般情况下，连杆瓦的上瓦（A）。

(A) 为受力瓦　(B) 不是受力瓦　(C) 开有油槽　　(D) 具有过盈量

解析：见 138 题的解析。

644. 配气机构的调整包括（C）调接和配气相位的调整两个方面。

(A) 凸轮位置　(B) 曲轴转角　(C) 冷态气门间隙　(D) 发火顺序

解析：见 217 题的解析。

645. 柴油机转速失控而急速上升超过规定的极限转速的现象叫（D）。

(A) 失控　　　(B) 机破　　　(C) 甩缸　　　　(D) 飞车

解析：见 464 题的解析。

646. 若机油进入气缸，柴油机会（A）。

(A) 冒蓝烟　　　(B) 冒白烟　　　(C) 冒黑烟　　　(D) 震动

解析：水进入气缸，冒白烟；冒黑烟是燃烧不完全；机油进入气缸，冒蓝烟。

647. 柴油机喘振指的是（B）。

(A) 减振器　　　(B) 增压器　　　(C) 调节器　　　(D) 变扭器

解析：喘振是增压器的一种故障形式，当压气机的流量减小到一定值后，气体进入工作叶轮和扩压器的方向偏离设计工况，造成气流从叶片或扩压器上强烈分离，同时产生强烈脉动，并有气体倒流，引起压气机工作不稳定，导致压气机振动，并发出异常的响声。

648. V形柴油机连杆有（B）结构形式。

(A) 2种　　　(B) 3种　　　(C) 4种　　　(D) 5种

解析：3种结构形式为并列式、主副式、叉片式。

649. 四冲程柴油机凸轮轴与曲轴的转速比为（B）。

(A) 1/4　　　(B) 1/2　　　(C) 2　　　(D) 4

解析：曲轴转2圈，凸轮轴转1圈。

650. 凸轮轴是由（B）驱动的。

(A) 启动电机　　　(B) 曲轴　　　(C) 液力　　　(D) 电力

解析：曲轴主动齿轮-中间齿轮-介轮-凸轮轴齿轮。凸轮轴与曲轴旋向相反。

651. 检验柴油机性能指标的台架试验是（B）。

(A) 检查性试验　(B) 性能鉴定试验　(C) 专题试验　　(D) 可靠性试验

解析：检查性试验，检查柴油机制造及检修质量；专题试验，就某一目的进行专门试验；可靠性试验，试验安全性能，较长时间和较大负荷的考验。性能试验在一定工作条件下，得出柴油机的性能指标是否达到要求。

652. 测功器可以直接测出柴油机的（B）。

(A) 有效功率　　(B) 扭矩和转速　(C) 耗油量　　　(D) 温度和压力

解析：测量机械的输出扭矩或驱动扭矩的装置。如果同时测得机械的转速，还可算出机械的输出功率或驱动功率。

653. 为保证水力测功器工作稳定可靠，必须要保证供水的（C）稳定。

(A) 时间　　　(B) 耗水量　　　(C) 水量和水压　　(D) 负荷

解析：水力测功器是利用转动的水轮与壳体内水之间的摩擦吸收被测机械的功率，这种测功器只能测定有效输出功率。使用时，将水轮与被测机械轴连接起来，使之带动水轮转动。自由地支承在轴承上的测功器外壳，在水摩擦力作用下，也随之转动，通过测力机构可测出在定子力臂点上的制动力。水力测功器在工作时将所吸收的机械能变为热能，使水温升高，故需要定压冷却水系统。

654. 柴油机检修和组装时，要转动曲轴应使用（A）。

(A) 盘车机构　　(B) 点动机构　　(C) 飞轮机构　　(D) 联轴节机构

解析：电动或手动盘车，利用盘车机构、蜗杆机构。

655. 硅油减振器依靠（C）的阻尼力矩，抑制曲轴振幅。

(A) 弹簧片　　　(B) 惯性体　　　(C) 硅油　　　(D) 碱振器体

解析：硅油减振器即液阻式减振器。在密封的壳体内自由浮装有较大转动惯量的环形惯性体，惯性体与壳体之间具有一定的间隙，其间充满一种黏度极大的甲基硅油。甲基硅油在常温下的运动黏度达 $0.10\sim0.25$ m^2/s。当曲轴发生扭振时，减振器壳体随曲轴一边转动，一边快速扭摆，而惯性体仍维持匀速惯性转动，因此惯性体相对壳体位移，位移大小及方向瞬间变更，使高黏度硅油受剪切和产生层间滑移，分子间发生摩擦发热而消耗扭振的能量。

656. 当某一缸喷油泵柱塞卡滞，齿圈不能转动时，柴油机会（A）。

(A) 飞车　　　(B) 停机　　　(C) 转速不变　　　(D) 继续可控

解析：高位卡死，易引起飞车。

657. 16V280ZJ 型柴油机中修时，磨合时间不小于（C）。

(A) 1 h　　　(B) 3 h　　　(C) 5 h　　　(D) 10 h

658. 16V280ZJ 型柴油机的配气相位是进气门开，上止点前（B）。

(A) 44°　　　(B) 59°　　　(C) 64°　　　(D) 69°

659. 16V280ZJ 型柴油机的配气相位是进气门关，下止点后（A）。

(A) 44°　　　(B) 59°　　　(C) 64°　　　(D) 69°

660. 16V280ZJ 型柴油机的配气相位是排气门开，下止点前（D）。

(A) 44°　　　(B) 59°　　　(C) 64°　　　(D) 69°

661. 16V280ZJ 型柴油机的配气相位是排气门关，上止点后（C）。

(A) 44°　　　(B) 59°　　　(C) 64°　　　(D) 69°

解析：以上题目是 DF$_{8B}$ 机车柴油机的技术要求，与 DF$_{4B}$ 有区别。

662. （D）与气缸盖，活塞一起构成燃烧室。

(A) 喷油泵　　　(B) 喷油器　　　(C) 高压油管　　　(D) 气缸套

663. 12V240ZJB 型柴油机的配气相位是进气门开，上止点前（A）。

(A) 42°20′　　　(B) 44°　　　(C) 59°　　　(D) 64°

664. 12V240ZJB 型柴油机的配气相位是排气门（B），上止点后 42°20′。

(A) 开　　　(B) 关　　　(C) 前　　　(D) 后

665. 12V240ZJB 型柴油机的配气相位是进气门关，下止点（D）42°20′。

(A) 开　　　(B) 关　　　(C) 前　　　(D) 后

666. 若机车停放时间长，在启机前应打开（A）进行甩车，以排除气缸内积存的油和水。

(A) 示功阀　　　(B) 温控阀　　　(C) 盘车联锁　　　(D) 上水阀

解析：长时间停放后机车必须进行甩车，否则有可能发生"油、水锤"故障。

667. 16V240ZJD 型柴油机的配气相位是进气门开，上止点前（D）。

(A) 42°　　　(B) 42°20′　　　(C) 44°　　　(D) 50°

668. 16V240ZJD 型柴油机的配气相位是进气门关，下止点后（A）。

(A) 42°　　　(B) 42°20′　　　(C) 44°　　　(D) 50°

669.16V240ZJD 型柴油机的配气相位是排气门（A），上止点前 50°。

　　（A）开　　　　　（B）关　　　　　（C）前　　　　　（D）后

670.16V240ZJD 型柴油机的配气相位是排气门关，下止点（D）50°。

　　（A）开　　　　　（B）关　　　　　（12）前　　　　　（D）后

解析：16V240ZJD 型柴油机是 DF$_{4D}$ 机车使用的柴油机，配气相位参数与 DF$_{4B}$ 机车略有不同。

671.（A）给喷油器提供高压燃油。

　　（A）喷油泵　　　（B）凸轮轴　　　（C）曲轴　　　　　（D）示功阀

解析：喷油泵负责将低压油路来油进行加压，供给喷油器。

672.（C）的功能是将供油凸轮的旋转运动转换为喷油泵柱塞的往复运动。

　　（A）曲轴　　　　　（B）凸轮轴　　　（C）喷油泵下体　　（D）喷油器

解析：见 567 题的解析。

673.16V280 柴油机 1 000 r/min 转时，主机油道进口压力应大于（B）。

　　（A）0.35 MPa　　（B）0.48 MPa　　（C）0.6 MPa　　　（D）0.8 MPa

解析：DF$_{8B}$ 机车柴油机主机油泵出口压力为 0.83 MPa，1 000 r/min 时，主机油道进口压力如题所述，400 r/min 时主机油道进口压力 ≥0.108 MPa。

674.16V280 柴油机 3 310 kW 运转时，最高爆发压力为（C）。

　　（A）2.65 MPa　　（B）2.95 MPa　　（C）13.24 MPa　　（D）17.1 MPa

675.当曲轴箱内正压力超过（C）时，差示压力计动作。

　　（A）0.2 MPa　　　（B）0.4 MPa　　（C）0.6 MPa　　　（D）0.8 MPa

解析：此题答案有误，差示压力计为连通器原理，一端接曲轴箱，一端接大气，当曲轴箱压力大于 600Pa 时动作，通过 DLS 使柴油机停机。

676.主轴颈中心与（B）中心的距离称为曲柄回转半径。

　　（A）曲轴　　　　　（B）连杆颈　　　（C）凸轮轴　　　（D）连杆

解析：DF$_{4B}$ 机车为 137.5 mm，DF$_{8B}$ 机车为 142.5 mm。

677.主轴颈设有中心内孔，孔的两端加工出锥面，与钢质油封的锥面配合，以实现（C）。

　　（A）泄油　　　　　（B）油润　　　　（C）密封　　　　（D）承载

解析：油道加工需要，加工出油道后，用工艺螺堵住。

678.16V280 柴油机活塞环共有（C）气环安装在活塞头上。

　　（A）1 道　　　　　（B）2 道　　　　（C）3 道　　　　（D）4 道

解析：钢顶铝裙活塞，三道气环第 1、2 道为平环，第 3 道为锥环；两道油环，带弹簧钢丝的组合环。

679.16V280 柴油机活塞环共有（B）油环安装在活塞体上。

　　（A）1 道　　　　　（B）2 道　　　　（C）3 道　　　　（D）4 道

解析：见 678 题的解析。

680. 机油的（A）决定了其承载能力和摩擦阻力。

(A) 黏度   (B) 温度   (C) 清洁度   (D) 抗氧性

681. 气缸盖或气缸套的故障会在柴油机运行时，使（B）窜入冷却水。

(A) 燃油   (B) 燃气   (C) 机油   (D) 高温水

解析：由于气缸内压力较高，在柴油机工作时，气缸盖和气缸套裂纹，会使燃气窜入冷却水系统。当停机静置时，裂纹较大时，冷却水有可能进入气缸，启机时要防止水锤。

682. 16V280 柴油机在喷油泵四个特定供油挡位时的速度特性曲线包括扭矩，功率和（C）曲线。

(A) 转速   (B) 负荷   (C) 燃油消耗率   (D) 调速

解析：当喷油泵的齿条位置不变（即供油量不变）时，柴油机的性能指标及工作参数随转速而变化的关系称为速度特性。以标定工况下燃油全供量为100%时的速度特性称为全负荷速度特性或外特性。当喷油泵齿条在其他位置时，即供油量小于100%时的速度特性称为部分特性。外特性曲线只有一条，部分特性曲线有许多条。

683. 喷油提前角调整（B），会使燃烧不良，造成柴油机功率不足。

(A) 偏大   (B) 偏小   (C) 提前   (D) 偏后

解析：供油提前角偏小，油气混合不充分，活塞对燃油的压缩不充分，燃烧不良，后燃。

684. 东风 8B 型柴油机的压缩比为 12.5 时，理论垫片厚度为（C）。

(A) 5.1 mm   (B) 5.3 mm   (C) 7.7 mm   (D) 12.5 mm

解析：压缩间隙为 3.8～4.0 mm，气缸盖调整垫片不允许超过 3 片。气门调整垫片厚度按以下公式进行选配。

$$\delta = H + (b - a) - c$$

H——当活塞处于上止点时，活塞顶面到气缸盖火力面之间的线性距离，即压缩间隙。

a——当活塞处于上止点时，活塞顶面到气缸盖顶面的距离，用深度尺测量。

b——气缸盖顶面到其调整垫片安装面的距离，用深度尺测量。

c——气缸盖火力面到气缸盖连接密封底面的距离，用深度尺测量。

7.7 mm 为符合的答案。

685. 东风 8B 型柴油机的压缩比为 12.5 时，余隙高度 H 为（C）。

(A) 7.7 mm

(B) 12.5 mm

(C) 5.1～5.3 mm

(D) 0.45～1.7 mm

解析：余隙指压缩间隙。根据第 684 题解析中的公式，5.1～5.3 mm，为合适的答案。

686. 调整柴油机配气相位的目的是为了校对（A）的正确性。

(A) 柴油机组装   (B) 曲轴组装

(C) 主发电机组组装   (D) 辅助机构组装

解析：柴油机正确组装是建立在配气相位准确的基础上，否则柴油机不能正常工作。

687. 由于动力作用，使其在一定位置附近做周期性的往复运动称为 （A）。

(A) 振动 　　(B) 振幅 　　(C) 频率 　　(D) 摆动

688. 振动时，离开平衡位置的最大距离称为 （B）。

(A) 振动 　　(B) 振幅 　　(C) 频率 　　(D) 摆动

689. 振动时，在单位时间内振动的次数称为 （C）。

(A) 振动 　　(B) 振幅 　　(C) 频率 　　(D) 摆动

解析：以上 3 题是物理定律。

690. 由垂直或水平的通过柴油机重心波动所产生，主要使柴油机上、下或前、后直线运动的振动形式称为 （A）。

(A) 颤抖振动 　(B) 摇摆振动 　(C) 俯仰振动 　(D) 偏摇振动

691. 由通过柴油机重心以上的水平波动所产生，使柴油机前、后或左、右摆动的振动形式称为 （B）。

(A) 颤抖振动 　(B) 摇摆振动 　(C) 俯仰振动 　(D) 偏摇振动

692. 由波动的垂直力偶所产生，使柴油机绕水平轴纵向摆动的振动形式称为 （C）。

(A) 颤抖振动 　(B) 摇摆振动 　(C) 俯仰振动 　(D) 偏摇振动

693. 由波动力的水平力偶所产生，使柴油机绕垂直轴转动的振动形式称为 （D）。

(A) 颤抖振动 　(B) 摇摆振动 　(C) 俯仰振动 　(D) 偏摇振动

解析：以上题目说明了机车柴油机的几种振动形式，在安装柴油机的时候要充分考虑这几种振动，严格按照工艺标准安装减振装置。

694. 外来干扰力停止后的动力作用，称为 （A）。

(A) 自由振动 　(B) 强迫振动 　(C) 衰减振动 　(D) 共振

695. 受周期变化的外来干扰力作用而产生的振动称为 （B）。

(A) 自由振动 　(B) 强迫振动 　(C) 衰减振动 　(D) 共振

696. 振动物体之间的相对运动引起摩擦，物体自身变形时产生的内阻力作用下振幅会逐渐减小，直到最后停止，称为 （C）。

(A) 自由振动 　(B) 强迫振动 　(C) 衰减振动 　(D) 共振

697. 当部件固有频率与强迫振动的频率相等时，称为 （D）。

(A) 自由振动 　(B) 强迫振动 　(C) 衰减振动 　(D) 共振

698. 机油稀释是由于 （A） 漏入曲轴箱内，使机油黏度迅速下降，导致早期报废。

(A) 燃油 　　(B) 水 　　(C) 滑油 　　(D) 燃气

解析：当喷油器出现二次喷射等故障时，喷入气缸的燃油不能完全燃烧，会沿着气缸壁流入曲轴箱、油底壳，当油底壳含有的燃油数量达到一定程度时，发生机油稀释，机油黏性下降，润滑能力严重下降。

699. 压缩压力不符合要求时，应用 （B） 进行调整。

(A) 喷油泵垫片 　(B) 气缸垫片 　(C) 喷油器垫片 　(D) O 形圈

解析：通过增减或更换气缸盖与气缸套间的垫片，能够调整压缩间隙，进而调整压缩比，达到调整压缩压力的目的。

700. 东风 4 型机车调速器 0 位游车不得超过 （A） 齿条刻线。

    （A） 0.2   （B） 0.4   （C） 0.5   （D） 0.8

解析：调速器 0 位游车不得超过 0.2 齿条刻线。喷油泵在 0 刻线时如果供油，在起机后柴油机会工作粗暴。

701. 东风 4 型机车调速器抖动量不得超过 （B） 齿条刻线。

    （A） 0.2   （B） 0.4   （C） 0.5   （D） 0.8

解析：调速器抖动量与齿条抖动量略有差别，是配速活塞出现问题；DF_4 大修规程规定齿条拉杆抖动不大于 0.4 刻线（负载在 $2\,210\sim2\,650\,kW$ 时）。

702. 0 位时油马达指针应在 （B）。

    （A） 中间位   （B） 减载极限位   （C） 增载极限位   （D） 不确定

解析：0 位时功调电阻在最大值。

703. 1 000 r/min 时，油马达指针应在 （C）。

    （A） 中间位   （B） 减载极限位   （C） 增载极限位   （D） 不确定

解析：1 000 r/min 时功调电阻在最小值。

704. 东风 7C 型机车采用 （B） 型柴油机。

    （A） 16V240ZJ   （B） 12V240ZJB

    （C） 12V240ZJE   （D） 16V280ZJ

705. 16V240ZJB 型柴油机采用的是 （A） 型增压器。

    （A） ZN261-13D   （B） ZN261-13D-1

    （C） VTC254-13/ZN290D   （D） 261P-13

706. 16V240ZJ-1 型柴油机采用的是 （D） 型增压器。

    （A） ZN261-13D   （B） ZN261-13D-1

    （C） VTC254-13/ZN290D   （D） 261P-13

707. 16V280ZJ 型柴油机采用的是 （C） 型增压器。

    （A） ZN261-13D   （B） ZN261-13D-1

    （C） VTC254-13/ZN290D   （D） 261P-13

708. 12V240ZJB 型柴油机标定功率时最高爆发压力为 （C）。

    （A） 1.34 MPa   （B） 2.65 MPa   （C） 13.5 MPa   （D） 28.5 MPa

709. 12V240ZJB 型柴油机最低空载稳定转速时的压缩压力为 （B）。

    （A） 1.34 MPa   （B） 2.65 MPa   （C） 13.5 MPa   （D） 28.5 MPa

710. 12V240ZJB 型柴油机供油提前角为 （C）。

    （A） 23°   （B） 84°40′   （C） 21°±1°   （D） 50°

711. 12V240ZJB 型柴油机气缸燃烧室压铅值为 （D）。

    （A） 6～6.5 mm   （B） 6～11 mm   （C） 1～2.5 mm   （D） 3.8～4 mm

712. 12V240ZJB 型柴油机组标定功率为 （A）。

    （A） 1 620 kW   （B） 3 300 kW   （C） 1 910 kW   （D） 1 530 kW

713. DF$_{7C}$ 型机车，机车标定功率时，排气支管温度不大于 (B)。

(A) 580 ℃   (B) 480 ℃   (C) 630 ℃   (D) 520 ℃

714. 12V240ZJB 型柴油机主轴瓦和连杆瓦均采用 (C)。

(A) 球墨铸铁瓦   (B) 硼瓦

(C) 薄壁钢背锡铝合金瓦   (D) 金铝质瓦

解析：12V240ZJB 型柴油机与 16V240ZJB 型柴油机一样，主轴瓦和连杆瓦均采用薄壁钢背锡铝合金瓦。

715. 合适的紧余量可使轴瓦均匀地贴合在轴承孔座上，有利于轴瓦的 (A)，提高轴瓦的承载能力。

(A) 散热   (B) 冷却   (C) 刚性提高   (D) 润滑

解析：接触面积大，散热快。

716. 紧余量 (B)，会使瓦口向内缩，甚至超过瓦背的屈服极限。

(A) 过小   (B) 过大   (C) 变化   (D) 不变化

解析：紧余量过大，轴瓦会发生变形，改变润滑间隙，影响油膜建立。

717. 紧余量 (A)，会使轴瓦与座孔贴合不良，散热差，易烧损轴瓦。

(A) 过小   (B) 过大   (C) 变化   (D) 不变化

解析：见上两题的解析。

718. 12V240ZJB 型柴油机主轴瓦在 38kN 的压力下，紧余量为 (C)。

(A) 0.12～0.2 mm   (B) 0.08～0.2 mm

(C) 0.08～0.12 mm   (D) 0.20～0.24 mm

719. 12V240ZJB 型柴油机连杆瓦在 22.5 kN 的压力下，紧余量为 (D)。

(A) 0.12～0.2 mm   (B) 0.08～0.2 mm

(C) 0.08～0.12 mm   (D) 0.20～0.24 mm

720. 轴瓦贴合度应在专用轴瓦紧余量胎具上进行涂色检查，其瓦背贴合度不小于 (C)。

(A) 60%   (B) 70%   (C) 80%   (D) 90%

解析：进行涂色检查，将轴瓦背上涂红丹油，其贴合度不小于 80%，与轴瓦座合在一起，加上规定的压力后再分开，观察轴瓦座粘连的红色面积。

721. 曲轴自由端，安装曲轴齿轮和减振器，均采用 (C) 的锥度配台。

(A) 1∶30   (B) 1∶40   (C) 1∶50   (D) 1∶60

解析：DF$_{8B}$ 机车曲轴齿轮和减振器是采用锥度过盈配合，减振器装入量 10～13 mm，齿轮装入量为 6～8 mm。DF$_{4B}$ 机车减振器和齿轮是采用过盈配合加键配合，减振器配合量 0.03～0.06 mm。加热装入。

722. 柴油机连杆一般都做成工字形断面，其目的是为了 (D)。

(A) 外形美观   (B) 节约材料   (C) 加工方便   (D) 提高刚度

解析：连杆的截面形状主要是为了抗弯曲，当工字形截面受弯曲力时，中性面不受力，上边受压，下边受拉，所以工字形截面既能保证足够刚度，又能减轻重量。

723. 机油随活塞的往复运动进入燃烧室，主要依靠（B）的作用。

(A) 油环布油 　(B) 气环泵油 　　(C) 曲轴飞溅 　　(D) 活塞回油

解析：气环的泵油作用，将润滑油从下不断向上泵，油环的刮油作用抑制泵油作用。

724. 连杆工作时，主要受气体压力和活塞连杆的（C）。

(A) 重力 　　　　　　　　　　　(B) 离心力

(C) 往复运动惯性力 　　　　　　(D) 侧压

725. 东风 8B 型机车的燃油双针压力表的连接管上装有（B）。

(A) 温度传感器 　(B) 缓冲接头 　　(C) 热敏电阻 　　(D) 压力传感器

解析：缓冲接头安装在压力传感器与燃油管路之间缓冲燃油压力变化，稳定传感器测量压力的准确性，对传感器起到保护作用。

726. 只有当柴油机进口的油水温度大于（C）才能加负荷。

(A) 20 ℃ 　　　(B) 30 ℃ 　　　(C) 40 ℃ 　　　(D) 50 ℃

解析：见 205 题的解析。

727. 测定气缸密封环的目的是使各个气缸具有十分接近的（A），从而保证各缸的压缩压力在允许的范围内。

(A) 几何压缩比 　(B) 压缩压力 　　(C) 爆发压力 　　(D) 喷射压力

728. 旨在检验柴油机制造或修理质量的台架试验是（A）。

(A) 检查性试验 　(B) 性能鉴定试验 　(C) 专题试验 　(D) 磨合试验

解析：见 651 题的解析。

729. 旨在检验柴油机性能指针标的台架试验是（B）。

(A) 检查性试验 　(B) 性能鉴定试验 　(C) 专题试验 　(D) 可靠性试验

解析：见 651 题的解析。

730. 测功器可以直接测出柴油机的（B）。

(A) 有效功率 　(B) 扭矩和转速 　　(C) 耗油量 　　(D) 温度和压力

解析：见 652 题的解析。

731. 为保证水力测功器工作稳定可靠，必须要保证供水的（C）稳定。

(A) 时间 　　　(B) 耗水量 　　　(C) 水量和水压 　(D) 负荷

解析：见 653 题的解析。

732. 机车乘务员操纵机车运行的手动电器叫（B）。

(A) 转换开关 　(B) 司机控制器 　　(C) 接触器 　　(D) 调速器

733. 东风 4 型内燃机车的换向手柄共有（C）位置。

(A) 3 个 　　　(B) 4 个 　　　　(C) 5 个 　　　(D) 6 个

解析：中立位、前牵位、前制位、后牵位、后制位。

734. 使用 C 型联合调节器的无级调速系统中，司机控制器有（D）工作位置。

(A) 2 个 　　　(B) 3 个 　　　　(C) 4 个 　　　(D) 5 个

解析：零位、1位、保位、升位、降位。

735. 内燃机车主发电机的主要运行特性是（D）。

    （A）空载特性，外特性   （B）外特性，负载特性

    （C）负载特性，调节特性   （D）外特性，调节特性

解析：空载特性：转速恒定，电枢电流为零时，发电机端电压随励磁电流而变化的关系。外特性：主发电机转速恒定，励磁电流恒定，功率因数恒定（负载性质不变），发电机端电压随电枢电流变化的关系。负载特性主发电流为常数，功率因数为常数，端电压与励磁电流的关系。调节特性：转速为恒定，功率因数为常数，为保证主发电机输出电压恒定，励磁电流随负载变化的关系。

736. 东风7C型机车柴油机采用的增压方式为（B）。

    （A）恒压   （B）脉冲   （C）多级   （D）机械

解析：各排气支管排气相位互不重叠，所以给增压器的废气增压是脉冲增压方式。特点是排气支管短，容积小，燃气流过时膨胀扩散损失少，保留较大的压力波，涡轮有较大的波动。

737. 在曲轴轴瓦油槽附近发生（D）状损坏，称之为冲蚀现象。

    （A）擦伤   （B）磨损   （C）小块剥落   （D）腐蚀

解析：见613题的解析。

738. 影响柴油机机油消耗量的因素是（D）。

    （A）气门间隙   （B）配气定时   （C）轴瓦间隙   （D）机油黏度

解析：机油是否报废的主要衡量指标是机油黏度。

739. 预热锅炉工作时，燃气流是从（A）加热炉体内的冷却水的。

    （A）从上到下   （B）从下到上   （C）从左到右   （D）从右到左

解析：燃气流量是从上面被风机向下吹，冷却水是由水泵自下向上泵水。

740. 预热锅炉的燃油控制电磁阀是控制向（B）的供油的。

    （A）燃油泵   （B）喷油器   （C）点火器   （D）涡流室

解析：喷油器与点火器组合在一起，称为喷油点火器，燃油控制电控阀是控制燃油量，而燃油量是通过喷油器向燃烧室喷油进行燃烧的。

741. 减振器的阻尼特性是（C）与活塞速度间的关系来描述的。

    （A）连杆   （B）缸头   （C）减振力   （D）曲轴

解析：拉伸或压缩活塞所产生的阻力，决定于上下油腔的压力差，此压力差与活塞运行的速度，节流孔的形状和开度有关。

742. 由于动力作用，使其在一定位置附近做周期性的往复运动称为（A）

    （A）振动   （B）振幅   （C）频率   （D）摆动

743. 振动时，离开平衡位置的最大距离称为（B）

    （A）振动   （B）振幅   （C）频率   （D）摆动

744. 振动时，在单位时间内震动的次数称为（C）

    （A）振动   （B）振幅   （C）频率   （D）摆动

745. 由垂直或水平的通过柴油机重心波动所产生，主要使柴油机上、下或前、后运动的震动形式称为（A）。

    （A）颤抖运动   （B）摇摆运动   （C）俯仰运动   （D）偏摇运动

解析：以上4题与前面的试题重复。

746. 一根连杆的大头与另一根连杆的大头铰接在一起的结构形式称为（D）。

    （A）双连杆   （B）并列连杆   （C）叉式连杆   （D）主、副连杆

解析：见436题的解析。

747. 采用（D）提高平均有效压力是提高柴油机升功率最有效、最根本的措施。

    （A）加大缸径   （B）加大活塞行程

    （C）提高柴油机转速   （D）增压技术

解析：假定柴油机曲轴输出的循环有效功等于某一等值压力在一个行程内对同一活塞所做的有效功，则此压力称为平均有效压力，用 P_e 表示。平均有效压力是柴油机对外做功能力有效性的一种重要指标，它不仅说明工作循环进行的情况，而且还包含机械损失的大小。在同样条件下，加装增压器，可提高功率 $30\% \sim 50\%$，输出功率提高 $100\% \sim 200\%$。提高经济性 $5\% \sim 15\%$，单位功率重量下降 $30\% \sim 50\%$。

748. 限制同一台柴油机活塞连杆组的重量差是为了（D）。

    （A）装配方便   （B）提高装配效率

    （C）保持形状一致   （D）提高柴油机工作平稳性

749. 16V280ZJ型柴油机是（B）柴油机。

    （A）高速   （B）中速   （C）低速   （D）重载

解析：高速柴油机（曲轴转速大于 1 000 r/min 和活塞速度大于 9 m/s）、中速柴油机（曲轴转速为 350~1 000 r/min 和活塞速度为 6~9 m/s）、低速柴油机（曲轴转速小于 350 r/min 和活塞速度低于 6 m/s）。

750. 凸轮轴由柴油机曲轴通过（B）装置驱动，能正确、定时地直接控制各个气缸的配气和喷油。

    （A）凸轮   （B）传动齿轮   （C）传动系统   （D）介轮

751. 东风4B型内燃机车流经燃油预热器的冷却水靠（B）输送。

    （A）预热水泵   （B）高温水泵   （C）低温水泵   （D）自然水压差

解析：见199题的解析。

752. 启动变速箱的中间轴通过（B）和牵引发电机电枢轴相连。

    （A）弹性柱销联轴节   （B）万向轴

    （C）传动轴   （D）弹性柱销万向联轴节

解析：见148题的解析。

753. 东风4B型内燃机车冷却器共有（C）冷却单节。

    （A）52个   （B）56个   （C）58个   （D）60个

解析：应为56节，高温24节，低温32节，答案有误。

754. 预热锅炉燃油箱燃油储备量为（C）。

(A) 40 kg　　(B) 50 kg　　(C) 60 kg　　(D) 70 kg

755. 低温水系统冷却风扇的温度控制阀安装在（A）管路上。

(A) 机油热交换器前　　　　(B) 机油热交换器后

(C) 静液压热交换器前　　　　(D) 静液压热交换器后

解析：低温水系统负责对机油和增压空气进行冷却，温控阀是感温部件，安装在机油热交换器前，以准确掌握低温水系统的温度，进而控制低温冷却风扇转速。

756. 散热器采用的是（D）进行热交换的形式。

(A) 水与油　　(B) 油与空气　　(C) 水与水　　(D) 水与空气

解析：冷却风扇使空气流动对冷却单节内的水进行散热。

757. 启动变速箱属于（C）。

(A) 传动装置　(B) 动力装置　(C) 辅助传动装置　(D) 走行部分

758. 静液压变速箱属于（C）。

(A) 机油系统　(B) 启动装置　(C) 辅助传动装置　(D) 传动装置

759. 启动柴油机后，启动变速箱是由（A）直接驱动的。

(A) 柴油机　(B) 发电机　(C) 启动电机　(D) 牵引电机

760. 静液压变速箱是由（A）直接驱动的。

(A) 柴油机　(B) 发电机　(C) 启动电机　(D) 牵引电机

761. 静液压变速箱属于（B）传动装置。

(A) 液压　　(B) 机械　　(C) 电器　　(D) 混合

762. 东风4B型机车启动变速箱有（C）输出端。

(A) 2根输出轴，2个　　　　(B) 2根输出轴，3个

(C) 2根输出轴，4个　　　　(D) 3根输出轴，3个

763. 东风4B型机车启动变速箱安装在（A）。

(A) 柴油机的输出端　　　　(B) 柴油机的自由端

(C) 柴油机中部　　　　(D) 柴油机一侧

764. 东风4B型机车静液压变速箱安装在（B）。

(A) 柴油机的输出端　　　　(B) 柴油机的自由端

(C) 柴油机中部　　　　(D) 柴油机一侧

765. 东风4B型机车静液压变速箱有（B）输出端。

(A) 2根输出轴，3个　　　　(B) 3根输出轴，3个

(C) 2根输出轴，4个　　　　(D) 3根输出轴，4个

766. 东风4B型机车静液压变速箱共带（B）静液压泵。

(A) 1个　　(B) 2个　　(C) 3个　　(D) 4个

解析：以上10题可参考148题的解析。

767. 东风4B型机车启动变速箱采用润滑方式是（D）。

(A) 手工注油润滑　　　　(B) 油杯滴油润滑

(C) 压油润滑　　　　　　　　　　(D) 浸油飞溅润滑

解析：有关润滑方式的问题前文已经说明，变速箱内有齿轮装置，采用浸油飞溅润滑方式。

768. 东风 4C 型机车，启动发电机与启动变速箱之间用（D）连接。

　　(A) 万向轴　　　(B) 传动轴　　　(C) 花键　　　(D) 联轴器

解析：东风 4C 与 DF$_{4B}$ 机车一致，启动发电机与启动变速箱之间用联轴器连接。

769. 东风 4C 型机车采用（D）传递柴油机与静液压变速箱间的动力。

　　(A) 联轴器　　　(B) 离合器　　　(C) 接盘　　　(D) 万向轴

解析：东风 4C 采用万向轴，DF$_{4B}$ 机车采用传动轴。

770. 万向轴组装后，必须进行（D）试验。

　　(A) 扭转　　　(B) 剪切　　　(C) 压力　　　(D) 动平衡

解析：常用机械中包含着大量地做旋转运动的零部件，例如各种传动轴、主轴、电动机和汽轮机的转子等，统称为回转体。在理想的情况下回转体旋转时与不旋转时，对轴承产生的作用力是一样的，这样的回转体是平衡的回转体。DF$_{4B}$ 机车万向轴动平衡不允许量不超过 120 g·cm。

771. 双接头、万向轴采用花键连接结构，主要原因是（A）。

　　(A) 能随时调节万向轴长度　　　　　(B) 便于组装

　　(C) 有利于平衡　　　　　　　　　　(D) 强度高

解析：能调整长度、同轴度高，是花键轴的特点。

772. 机车万向轴使用的润滑剂是（A）。

　　(A) 润滑脂　　　(B) 润滑油　　　(C) 润滑粉　　　(D) 含油轴承

解析：见 382 题的解析。

773. 万向轴组装时，必须保证两端叉头上的十字销孔中心线（B）。

　　(A) 重合　　　(B) 在同一平面内　　　(C) 空间相交　　　(D) 平行

解析：见 158 题的解析。

774. 东风 4 型机车前、后通风机与传动装置的连接，使用的是（C）。

　　(A) 法兰　　　(B) 传动轴　　　(C) 绳联轴器　　　(D) 万向轴

解析：绳联轴器为尼龙绳，绳 ϕ14 mm，传递功率满足 40 kW 的要求。

775. DF$_{7C}$ 型机车辅助传动装置是通过（B）带动牵引电动机风机的。

　　(A) 离合器　　　(B) 尼龙绳　　　(C) 皮带　　　(D) 联轴器

解析：同 DF$_{4B}$ 通风机一样，DF$_{7C}$ 型机车辅助传动装置是通过尼龙绳带动牵引电动机风机。

776. 风扇耦合器的泵轮是通过（A）带动涡轮旋转的。

　　(A) 工作油　　　(B) 齿轮　　　(C) 联轴器　　　(D) 空气

解析：DF$_{7C}$ 型机车冷却风扇的驱动与 DF$_{4B}$ 不同，DF$_{4B}$ 采用的是静液压泵与马达，DF$_{7C}$ 采用的风扇耦合器驱动，是液力耦合器中的一种。

777. 万向轴组装不当，产生的冲击载荷将导致（D）过早损坏。

(A) 十字轴　　　（B) 法兰盘　　　（C) 轴承　　　（D) 花键副

解析：见158题的解析。

778. DF$_{8B}$型机车，冷却风扇是由（D）驱动的。

(A) 电动机　　　（B) 传动轴　　　（C) 液压泵　　　（D) 液压马达

解析：DF$_{8B}$与DF$_{4B}$机车相同，冷却风扇由液压马达驱动。

779. DF$_{8B}$型机车的液压泵通过柱塞底面与油缸体间的（C）变化，产生吸、排油作用。

(A) 速度　　　（B) 转速　　　（C) 容积　　　（D) 油孔大小

解析：DF$_{8B}$与DF$_{4B}$机车相同，液压泵通过柱塞底面与油缸体间的容积变化，产生吸、排油作用。

780. 万向轴的安装，必须使输入法兰轴线、花键轴线与输出法兰轴线之间的折角（B）。

(A) 平行　　　（B) 相等　　　（C) 成45°　　　（D) 成90°

解析：如图52所示，万向轴的安装，必须使输入法兰轴线、花键轴线与输出法兰轴线之间的折角相等。

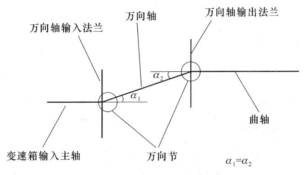

图52　万向轴安装折角

781. 机车运用中，每个单节散热片侧片面积不超过（B）。

(A) 3%　　　（B) 5%　　　（C) 10%　　　（D) 15%

解析：侧片即散热片倒片，《DF$_{8B}$段修规程》规定倒片面积不超过5%。《DF$_{4B}$段修规程》规定倒片面积不超过10%。

782. 中冷器中修时，堵塞管数不超过（D）。

(A) 5根　　　（B) 10根　　　（C) 15根　　　（D) 20根

解析：中冷器由6个散热单节组成，每个散热单节有68根管，当管路出现漏水时，可以将漏泄的管堵住，切断其通路。《段修规程》规定每个散热单节堵管不超过6根，整个中冷器堵管数不超过20根。

783. 变速箱装车后，箱体温度不超过（C）。

(A) 60℃　　　（B) 70℃　　　（C) 80℃　　　（D) 90℃

解析：变速箱内机油超过 80 ℃，氧化加重，黏度降低，不利于齿轮润滑。

784. 万向轴十字叉头磨损量不大于（B）。

　　(A) 0.05 mm　　(B) 1 mm　　　　(C) 1.5 mm　　　(D) 2 mm

解析：《DF$_{8B}$ 型内燃机车段修规程》规定万向轴十字叉头磨损量不大于 1 mm。

785. 万向轴不平衡量不大于（A）。

　　(A) 120 g·cm　(B) 190 g·cm　　(C) 210 g·cm　　(D) 250 g·cm

解析：见 770 题的解析。

786. 东风 7C 型机车风扇耦合器控制系统高温温度调节阀装在机车（A）的管路中，热动元件被冷却水所包围。

　　(A) 高温水系统　(B) 低温水系统　　(C) 燃油系统　　　(D) 滑油系统

787. 东风 7C 型机车风扇耦合器控制系统低温温度调节阀装在机车（B）的管路中，热动元件被冷却水所包围。

　　(A) 高温水系统　(B) 低温水系统　　(C) 燃油系统　　　(D) 滑油系统

788. 东风 11 型内燃机车采用的恒温元件动作温度范围是（C）。

　　(A) 40 ℃～50 ℃ (B) 50 ℃～60 ℃　(C) 55 ℃～65 ℃　(D) 65 ℃～75 ℃

解析：如图 53、图 54 所示，恒温元件是一种感温装置，通过感受温度确定高温油和低温油的比例，以调整机油温度。

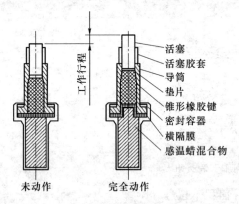

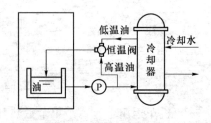

图 53　恒温元件　　　　　　　　　　图 54　恒温阀调整原理

789. 变速箱箱体修复后，轴承座孔的同轴度允差为（B）。

　　(A) φ0.08 mm　(B) φ0.10 mm　　(C) φ0.19 mm　　(D) φ0.20 mm

解析：如图 55 所示，虚线为修理后的轴承座孔位置，轴承座孔的同轴度允差为 φ0.10 mm。

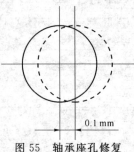

0.1 mm

图 55　轴承座孔修复

790. 万向轴组装时，两端叉头安装在十字孔的中心线须在（A）内。

　　（A）同一平面　　（B）垂直平面　　（C）交叉平面　　（D）不同平面

解析：见 158 题的解析。

791. 双接头、万向轴采用花键连接结构，主要原因是（A）。

　　（A）能随时调节万向轴长度　　　　（B）便于组装

　　（C）有利于平衡　　　　　　　　　（D）强度高

解析：见 771 题的解析。

792. 机车万向轴使用的润滑剂是（A）。

　　（A）润滑脂　　（B）润滑油　　（C）润滑粉　　（D）含油轴承

解析：见 382 题的解析。

793. 风扇耦合器的泵轮是通过（A）带动涡轮旋转的。

　　（A）工作油　　（B）齿轮　　（C）联轴器　　（D）空气

解析：见 185 题的解析。

794. 万向轴的安装，必须使输入法兰轴线、花键轴线与输出法兰轴线之间的折角（B）。

　　（A）平行　　（B）相等　　（C）成 45°　　（D）成 90°

解析：见 780 题的解析。

795. 东风 4B 型机车静液压变速箱有（B）输出端。

　　（A）2 根输出轴，3 个　　　　（B）3 根输出轴，3 个

　　（C）2 根输出轴，4 个　　　　（D）3 根输出轴，4 个

解析：见 148 题的解析。

796. 静液压变速箱属于（B）传动装置。

　　（A）液压　　（B）机械　　（C）电器　　（D）混合

解析：见 148 题的解析。

797. 柴油机的冷却系统由（D）节温器、冷却管系及气缸体、曲轴箱、气缸盖内的水腔等所组成。

　　（A）机油泵　　（B）变速箱　　（C）风扇　　（D）水泵

798. 离心式水泵由曲轴通过（A）传动，吸入的冷却水经过机油冷却器后，进入机体进水管送入机体和气缸盖的水腔。

　　（A）齿轮　　（B）联轴节　　（C）万向轴　　（D）传动轴

解析：此题题意不通，该水泵将水送入气缸盖水腔，应为高温水，机油冷却器应为散热器。

799. 水泵轴常在与衬套、水封配合处产生磨损，磨损不严重时可以更换（B），恢复间隙。

　　（A）水封　　（B）衬套　　（C）轴承　　（D）轴

解析：水泵中设水封，防止冷却水与机油互窜。由于水泵轴是不断运动的，所以不

可避免地与衬套、水封摩擦，导致磨损发生。

800. 水泵轴磨损严重时，可以采用（C）等方法恢复原尺寸，更换新衬套，达到配合标准。

    （A）焊修　　　　　（B）气焊　　　　　（C）刷镀　　　　　（D）磨修

解析：如图56所示，刷镀类似于电镀，部件不用浸泡在电解液内，而是用供液器供给在阳极与部件间。

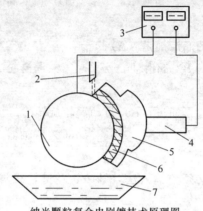

纳米颗粒复合电刷镀技术原理图

图56　刷镀

1—工件；2—供液器；3—刷镀电源；4—镀笔；5—阳极；6—包套；7—镀液容器

801. 水泵壳体在安装轴承处松动，可用（D）对壳体内孔施修。

    （A）电焊　　　　　（B）气焊　　　　　（C）磨修　　　　　（D）刷镀

802. 水泵壳体出现裂纹，可用（A）或气焊法修补。

    （A）电焊　　　　　（B）刷镀　　　　　（C）磨修　　　　　（D）抹胶

解析：焊接时按工艺严格执行，做好保温措施。

803. 冷却风扇由（B）、叶片组成。

    （A）变速箱　　　　（B）轮毂　　　　　（C）万向轴　　　　（D）节温器

解析：如图57所示，冷却风扇由轮毂、叶片组成。

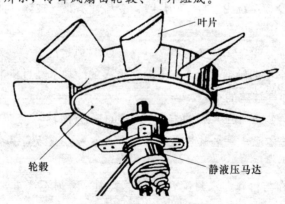

图57　冷却风扇

804. 机车柴油机均采用（D），因为它具有结构简单、尺寸小、排量大、良好的调节性能。

　　（A）同心式水泵　（B）柱塞式水泵　　（C）润滑油泵　　（D）离心式水泵

　　解析：离心式水泵具有结构简单、工作可靠、压头与流量均能满足需要等优点。水泵叶轮高速旋转，使由从芯部进入的水被叶轮带动旋转而获得动能，水被离心甩到叶轮外缘，并以一定方向及流速冲入涡壳流道，水流在变截面的涡壳流道内逐渐减速，使其一部分动能逐渐转化为压能，提高压力而进入循环水管。同时，由于叶轮芯部的水被离心甩出，进水道内形成局部真空，使冷却水从吸水口不断被抽吸进入叶轮芯部。

　　805．离心水泵主要由（A）和泵壳组成。

　　（A）叶轮　　　　（B）吸入管　　　（C）螺旋室　　　（D）水封

　　解析：如图 58 所示，离心水泵主要由叶轮和泵壳组成。

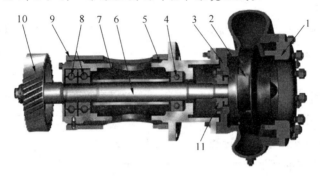

图 58　水泵结构
1—吸水盖；2—叶轮；3—涡壳；4—滚动轴承；5—水泵体；6—出水管
7—水泵轴；8—滚动轴承；9—水泵体套；10—驱动齿轮；11—密封座

　　806．水泵叶轮安装在泵壳内，并由柴油机曲轴通过（A）来驱动。

　　（A）齿轮　　　　（B）联轴节　　　（C）万向轴　　　（D）传动轴

　　解析：见 805 题的解析。

　　807．离心水泵在启动前，必须先将水充满（C）内，在运转过程中进水管路也可有空气进入。

　　（A）泵体　　　　　　　　　　　（B）泵座

　　（C）吸入管和螺旋室　　　　　　（D）水封

　　解析：因为膨胀水箱在高处，所以高低温水泵中始终充满水。

　　808．离心式水泵在一定的转速下工作时，压力随流量的（D）而降低。

　　（A）减小　　　（B）变化　　　（C）不变化　　　（D）增加

　　解析：见 14 题的解析。

　　809．离心式水泵在高效范围内功率及效率随流量的（D）而增加。

　　（A）减小　　　（B）变化　　　（C）不变化　　　（D）增加

　　解析：功率与流量和压力成正比。

　　810．冷却水泵由（A）、水泵体、吸水盖、水泵座、轴、齿轮、油封和水封组成。

　　（A）叶轮　　　（B）泵壳　　　（C）衬套　　　（D）齿轮

解析：水泵座，是指水泵体上与柴油机泵板的安装座，通水泵座的 8 个螺孔，用螺栓固定在泵板上。上面图 58 的水泵结构中，没有标出水泵座的位置。

811. 水泵体与座之间设有（B）装置，以防止叶轮背面的水大量流入泄水腔。

    （A）密封   （B）水封   （C）回水   （D）齿轮

解析：见 799 题的解析。

812. 对万向轴的不平衡量进行调整，用的是（C）。

    （A）去重法   （B）配重法

    （C）调整平衡块位置   （D）改变平衡块重量

解析：调整是要在动平衡试验台进行，不应改变平衡块重量或使用去重法。

813. 启动变速箱属于（C）。

    （A）传动装置   （B）动力装置   （C）辅助传动装置   （D）走行部分

解析：见 148 题的解析。

814. 静液压变速箱属于（C）。

    （A）机油系统   （B）启动装置   （C）辅助传动装置   （D）传动装置

解析：见 148 题的解析。

815. 东风 4B 型机车启动变速箱采用润滑方式是（D）。

    （A）手工注油润滑   （B）油杯滴油润滑

    （C）压油润滑   （D）浸油飞溅润滑

解析：见 767 题的解析。

816. 柴油机主轴瓦中的油瓦安装在主轴承（A）部位。

    （A）上方   （B）下方   （C）左侧   （D）右侧

解析：见 608 题的解析。

817. 柴油机主轴瓦中的受力瓦安装在主轴承（B）部位。

    （A）上方   （B）下方   （C）左侧   （D）右侧

解析：见 608 题的解析。

818. 万向轴组装时，必须保证两端叉头上的十字销孔中心线（B）。

    （A）重合   （B）在同一平面内   （C）空间相交   （D）平行

解析：见 158 题的解析。

819. 离心水泵的壳体外形为螺旋线，目的是为了提高出口的（C）。

    （A）流量   （B）流速   （C）压力   （D）压差

解析：水泵叶轮高速旋转，使由从芯部进入的水被叶轮带动旋转而获得动能，水被离心甩到叶轮外缘，并以一定方向及流速冲入涡壳流道，水流在变截面的涡壳流道内逐渐减速，使其一部分动能逐渐转化为压能，提高压力而进入循环水管。同时，由于叶轮芯部的水被离心甩出，进水道内形成局部真空，使冷却水从吸水口不断被抽吸进入叶轮芯部。

820. 启动发电机对前变速箱相应轴线的同轴度公差为（C）。

(A) 0.1 mm　　　(B) 0.2 mm　　　(C) 0.3 mm　　　(D) 0.4 mm

解析:《段修规程》规定。

821. 启动发电机对前变速箱相应轴线 R150 mm 圆周上的端面跳动公差为 (D)。

(A) 0.1 mm　　　(B) 0.2 mm　　　(C) 0.3 mm　　　(D) 0.4 mm

解析: 根据题设,应该是 DF$_{4B}$ 或 DF$_{8B}$ 机车,这两个机型段修规程规定值都是 0.4 mm,所以答案应选 D。

822. DF$_{8B}$ 型机车通风机对前变速箱相应轴线的同轴度公差为 (C)。

(A) 0.1 mm　　　(B) 0.3 mm　　　(C) 1 mm　　　(D) 2 mm

823. DF$_{8B}$ 型机车后通风机对后变速箱的相应轴线的同轴度公差为 (D)。

(A) 0.1 mm　　　(B) 0.3 mm　　　(C) 1 mm　　　(D) 2 mm

解析: 以上 2 个题都是"段规"中规定的尺寸限度。

824. DF$_{8B}$ 型机车前变速箱各法兰上均设有用于拆卸的 M12X1.25 的 (A)。

(A) 螺纹孔　　　(B) 螺栓　　　(C) 螺母　　　(D) 定位销

解析: 前变速箱各法兰均为 1:50 锥度过盈配合,设置螺纹孔目的是在拆卸法兰是,可以使用液压油加压,使法兰安装孔膨胀,取下法兰。

825. DF$_{8B}$ 型机车后变速箱为单级,增速圆柱 (B) 齿轮箱。

(A) 斜齿　　　(B) 直齿　　　(C) 大　　　(D) 小

解析: DF$_{8B}$ 与 DF$_{4B}$ 相同,都是增速圆柱直齿轮,增速比 2 个静液压泵增速比为 1.163 倍,后通风机增速比为 2.632 倍。

826. 万向轴安装后形成的倾斜角是万向节轴承在工作中产生微量转动形成 (C) 的需要。

(A) 离心力　　　(B) 振动　　　(C) 润滑油膜　　　(D) 相对夹角

解析: 见 149 题和 780 题的解析。

827. DF$_{8B}$ 型机车当液压系统中产生空气爆炸性噪声并伴随剧烈的管路振动时,是由于 (B)。

(A) 管路中有水　　　　　　　(B) 管路中有空气
(C) 管路中有燃油　　　　　　(D) 管路中没有空气

解析: 管路中有空气,形成气泡,在压力作用下,气泡破裂形成爆炸性噪声。

828. 液压系统在工作中传递的 (D) 很大。

(A) 热量　　　(B) 压力　　　(C) 压强　　　(D) 功率

解析: DF$_{4B}$ 机车液压系统传递的功率很大,静液泵输入功率达到 65.2 kW,马达的输出功率达到 54.5 kW。

829. DF$_{8B}$ 型机车在运用中,燃油末端压力小于 (B) 时,显示屏显示"燃油压力低"。

(A) 100 kPa　　　(B) 150 kPa　　　(C) 250 kPa　　　(D) 400 kPa

解析: DF$_{8B}$ 机车没有燃油压力表,而是在操纵台设显示屏,当燃油压力低时,由压力传感器传递给终端显示,当燃油末端压力小于 150 kPa 时,显示屏显示"燃油压力低"。

830. 内燃机车（C）系统的功用是对柴油机各运动部件进行强迫润滑及冷却。

　　（A）燃油　　　　（B）冷却水　　　　（C）机油　　　　（D）液压

解析：机油系统的任务是把清洁的、具有一定压力和适当温度范围的机油输送到各摩擦面，并使之循环使用。

831. 内燃机车（A）系统的功用是向柴油机提供具有一定压力、流量、温度及清洁度的燃油。

　　（A）燃油　　　　（B）冷却水　　　　（C）机油　　　　（D）液压

832. 在燃油系统中设置（B），以保证在寒冷季节输入柴油机的燃油具有合适的温度和黏度。

　　（A）燃油泵　　　（B）燃油预热器　　（C）调压阀　　　（D）热变换器

解析：为保持进入喷油泵的油压稳定，左右燃油总管的末端都连到同一调压阀（限压阀）。调压阀的回油管接到燃油预热器，当燃油总管内剩余油压达（118±9.8）kPa时，阀顶开，部分余油流向燃油预热器后返回燃油箱。

833. （C）从散热器低温部分与膨胀水箱补水管道中吸入冷却水，泵入中冷器。

　　（A）高压水泵　　（B）高压油泵　　（C）低压水泵　　（D）燃油泵

834. 高温水系统在柴油机出水总管出口到冷却装置左上集流管入口间管道的（D）处，安设了排气支管。

　　（A）接连处　　　（B）最低处　　　（C）常开阀　　　（D）最高处

835. 在两个液压系统中的液压马达出口至油箱的管路上各串入一只（B），利用从主冷却风扇吸进来的空气冷却液压油。

　　（A）热交换器　　（B）油空散热器　　（C）冷却风扇　（D）液压马达

解析：DF$_{8B}$机车不设静液压油热交换器，而设置油空散热器，置于散热器 V 形夹角底部，使用风冷对静液压油进行散热。

836. 测量万向轴花键侧面间隙中修不大于（C）。

　　（A）0.1 mm　　（B）0.2 mm　　（C）0.3 mm　　　（D）0.4 mm

解析：间隙大，冲击就大，增加花键副的磨损，影响同轴度，中修不大于 0.3 mm。

837. 启动变速箱各法兰锥度配合面接触面积不小于（D）。

　　（A）20%　　　　（B）30%　　　　（C）50%　　　　（D）70%

解析：接触面积只在安装前锥轴与锥孔能够接触的面积不小于 70%，此时没有过盈量。

838. 启动变速箱主动轴法兰压入行程为（A）。

　　（A）6～8.5 mm　　　　　　　　　（B）5～6.5 mm

　　（C）2.5～4 mm　　　　　　　　　（D）0.5～0.66 mm

解析：锥度过盈配合，行程越大过盈量就越大，压入行程过大，易造成部件裂损。启动变速箱主动轴法兰压入行程为 6～8.5 mm。

839. 启动变速箱启动电机轴法兰压入行程为（B）。

　　（A）6～8.5 mm　　　　　　　　（B）5～6.5 mm

　　（C）2.5～4 mm　　　　　　　　（D）0.5～0.66 mm

840. 启动变速箱励磁机轴法兰压入行程为（C）。

　　（A）6～8.5 mm　　　　　　　　（B）5～6.5 mm

　　（C）2.5～4 mm　　　　　　　　（D）0.5～0.66 mm

841. 将检修后的启动变速箱固定在试验台上，启动至逐渐提高输入转速，待转速达到 1 000 r/min，空转试验（A）。

　　（A）1 h　　　（B）2 h　　　（C）3 h　　　（D）4 h

解析：空载磨合试验，应转速平稳，无异音。持续时间为 1 h。

842. 静液压变速箱输入法兰热装温度为（D）。

　　（A）180 ℃　　（B）110 ℃　　（C）140 ℃　　（D）220 ℃

解析：油浴加热，最高不超过 230 ℃。

843. 静液压变速箱输入法兰压入行程为（A）。

　　（A）6～8.5 mm　　　　　　　　（B）5～6.5 mm

　　（C）2.5～4 mm　　　　　　　　（D）0.5～0.66 mm

844. 万向轴更换零部件时，应进行（C）试验，不平衡量不大于 120 g.cm。

　　（A）打压　　　（B）转动　　　（C）动平衡　　　（D）力矩

解析：为 DF_{4B} 型机车万向轴不平衡量的值。

845. 万向轴法兰结合面用（D）塞尺检查，不得塞入。

　　（A）0.01 mm　　（B）0.03 mm　　（C）0.04 mm　　（D）0.05 mm

846. 启动变速箱齿轮面点蚀面积不许超过该齿轮的（A）。

　　（A）15%　　　（B）20%　　　（C）50%　　　（D）70%

解析：齿轮点蚀，是齿轮长期运转、工作后，齿面接触疲劳破坏。表面剥落，出现点状小坑。启动变速箱齿轮面点蚀面积不许超过该齿轮的 15%。

847. 转向架牵引电机悬挂装置安全托板与电机托座之间，正常情况下应有（A）的间隙。

　　（A）（50±5）mm　　　　　　　（B）（45±6）mm

　　（C）（40±5）mm　　　　　　　（D）（60±5）mm

解析：安全托板正常情况下不起作用，当电机吊杆发生故障，电机下坠，由安全托板托住，防止电机脱落。正常情况下，安全托板与电机托座之间有（50±5）mm 的间隙。

848. 为使各轮轴受力均匀，在组装弹簧时须保证每组弹簧在工作载荷下高度为（D）。

　　（A）（210±5）mm　　　　　　　（B）（256±10）mm

　　（C）（300±10）mm　　　　　　（D）（268±2）mm

解析：DF_{4B} 型机车同一台转向架上为（268±2）mm，同一台机车上为（268±3）mm。

849. (B) 可以使转向架有一个固定的回转中心。

　　(A) 牵引杆装置　(B) 心盘　　　(C) 旁承　　　　(D) 横动装置

解析：心盘有车体上心盘和转向架摇枕下心盘，用以连接车体和转向架，此类转向架没有牵引杆，如 DF_1 机车。DF_{4B} 机车没有心盘。

850. 高速内燃机车的牵引电机通常采用（C）悬挂。

　　(A) 轴悬式　　(B) 架悬式　　(C) 体悬式　　(D) 全悬式

解析：轴悬式：电机悬挂在轮对车轴上；架悬式：电机悬挂在转向架上；体悬式：电机悬挂在车体上。越向上机车簧下质量越小，对铁轨的冲击越小，机车速度越高。

851. 调整基础制动装置中制动缸的活塞行程目的是（A）。

　　(A) 保证闸瓦与轮箍的适当间隙　　(B) 增大闸瓦的压力
　　(C) 减少机车运行阻力　　　　　　(D) 保证制动稳定的工作状态

解析：基础制动装置设闸瓦间隙自动调整装置，以保证在闸瓦不断磨损变薄后，闸瓦间隙不变，制动力不变。

852. 闸瓦间隙调整器的直接作用是（A）。

　　(A) 调整制动缸活塞行程　　　　　(B) 调整闸瓦间隙
　　(C) 调整制动倍率　　　　　　　　(D) 调整制动率

解析：通过调整制动缸行程，并使闸瓦间隙调整到合适值。

853. 东风 4 型内燃机车转换架为（B）转换架，

　　(A) 2 轴　　　(B) 3 轴　　　(C) 4 轴　　　(D) 5 轴

854. 按弹簧悬挂方式分类，转换架可分为（B）。

　　(A) 1 种　　　(B) 2 种　　　(C) 3 种　　　(D) 4 种

解析：见 427 题的解析。

855. 连接轮对与构架的活动关节是（C）。

　　(A) 弹簧　　　(B) 车轴　　　(C) 轴箱　　　(D) 悬挂装置

解析：见 401 题的解析。

856. 机车轴重是指机车在静止状态时，(D) 压在钢轨上的重量。

　　(A) 整台机车　(B) 每一转向架　(C) 每一车轮　(D) 每一轮对

解析：轴重是计算黏着力的重要参数，轴重是指一个轮对承受的机车或车辆重量。轴重反映了轨道承受的静荷载强度，它决定了各部件交变应力的平均应力水平。

857. 一台四轴内燃机车整备重量为 92 t，则该机车轴重为（C）。

　　(A) 92 t　　　(B) 46 t　　　(C) 23 t　　　(D) 11.5 t

解析：重量除以轴数。

858. 为避免全轴距过长，曲线通过能力差，一般一台转向架不应超过（C）。

　　(A) 2 轴　　　(B) 3 轴　　　(C) 4 轴　　　(D) 6 轴

解析：见 402 题的解析。

859. 东风 4 型内燃机车牵引电机采用的悬挂方式是（A）。

　　(A) 轴悬式　　(B) 体悬式　　(C) 吊挂式　　(D) 弹簧式

解析：轴悬式，抱轴瓦结构。

860. 牵引电机的抱轴轴承为 (B)。

(A) 整体式　　　(B) 剖分式　　　(C) 可调式　　　(D) 内锥式

解析：牵引电机的抱轴轴承为剖分式，即每个轴瓦分成两半，分别安装。

861. 抱轴瓦与电机抱轴处采用的是 (A) 连接。

(A) 键　　　　　(B) 销　　　　　(C) 花键　　　　(D) 螺纹

解析：在抱轴瓦外径上开有键槽，在电机抱轴孔处开有键槽，使用平键连接。

862. 正常工作时，规定的抱轴瓦与轴颈的径向游隙为 (D)。

(A) 0.1～0.2 mm　　　　　　　(B) 0.2～0.3 mm

(C) 0.3～0.4 mm　　　　　　　(D) 0.2～0.4 mm

解析：0.2～0.4 mm 为原形尺寸或大修限度尺寸，同轴左右径向游隙差不大于 0.3 mm 为禁用限度。

863. 东风 4 型内燃机车牵引电机的传动齿轮齿轮模数是 (A)。

(A) 客运 $m=10$，货运 $m=12$　　　(B) 客运 $m=12$，货运 $m=10$

(C) 客运 $m=12$，货运 $m=14$　　　(D) 客运 $m=14$，货运 $m=12$

解析：机车速度不一致，客运机车 120 km/h，货运机车 100 km/h 的构造速度。

864. 牵引电机的传动齿轮齿面磨削加工后，必须进行 (C)。

(A) 时效处理　　(B) 氮化处理　　(C) 探伤处理　　(D) 齿合处理

解析：牵引电机的传动齿轮齿面磨削加工后，须进行表面磁粉探伤。

865. 牵引电机的传动齿轮均采用 (A) 装配。

(A) 加热法　　　(B) 冷却法　　　(C) 压入法　　　(D) 液压套合法

解析：一般情况下安装齿轮均采用加热法，此齿轮是锥度过盈配合。

866. 轴箱是 (A) 与轮对之间的连接关节。

(A) 构架　　　　(B) 车轴　　　　(C) 牵引电动机　(D) 车体

解析：见 401 题的解析。

867. DF$_7$C 型机车不设垂向油压减振器的轮对轴箱是 (C)。

(A) 1～6 位　　(B) 3～4 位　　(C) 2～5 位　　(D) 3～6 位

解析：2、5 轴不设油压减振器，因为中间轴振幅小，设减振器作用不大，振幅大的位置处于转向架 2 个端轴的位置。

868. 轮对轴箱是通过轴箱拉杆和 (C) 实现在构架中的定位的。

(A) 轴箱轴承　　(B) 轴箱止挡　　(C) 轴箱弹簧　　(D) 车轴

解析：见 401 题的解析。

869. 机车油压减振器工作时，内部油压最高可达 (D)。

(A) 0.1 MPa　　(B) 0.4 MPa　　(C) 1 MPa　　　(D) 4 MPa

解析：指 SFK1 型油压减振器。

870. DF$_7$C 型机车旁承装置是机车车体与转向架之间的 (B) 关节。

(A) 固定　　　　(B) 活动　　　　(C) 不受力　　　(D) 润滑

解析：见 401 题的解析，与 DF$_{4B}$机车结构类似。

871. DF$_{7C}$型机车转向架拐臂销孔内装有（D）。

　　（A）滚动轴承　　（B）滚珠轴承　　（C）滑动轴承　　（D）关节轴承

解析：同 DF$_{4B}$机车。

872. 牵引销上平面与牵引座相应平面保持间隙为（C）。

　　（A）0　　　　　（B）1 mm　　　　（C）2～5 mm　　（D）9～12 mm

解析：保持间隙，使牵引销两侧的斜面与牵引座斜面能够密贴。

873. DF$_{7C}$型机车抱轴瓦用油为（C）。

　　（A）3 代油　　（B）齿轮箱油　　（C）抱轴瓦油　　（D）润滑脂

解析：3 代油指柴油机油第 3 代，齿轮箱油在齿轮箱内使用，黏度较大，润滑脂黏度更大些。

874. DF$_{7C}$型机车预热锅炉水泵运用中，泄水孔泄漏每分钟不得超过（B）。

　　（A）1 滴　　　（B）5 滴　　　　（C）10 滴　　　（D）20 滴

解析：泄水孔泄漏每分钟不得超过 5 滴为工艺规定。

875. 电传动内燃机车牵引力和速度是牵引电机的（D）决定的。

　　（A）电流　　　（B）电压　　　　（C）形式和工作制　（D）转矩和转速

解析：通过牵引齿轮、轮对，使牵引电动机的转矩和转速转换为机车的牵引力和速度。

876. 牵引电机的工作特性主要是（A）。

　　（A）速率特性和转矩特性　　　　　（B）调节特性

　　（C）平衡特性　　　　　　　　　　（D）负载特性

解析：速率特性：在端电压不变的情况下，电动机转速与电枢电流间的关系；转矩特性：电动机转矩与负载电流的变化关系。

877. （B）是为了将液力传动装置的输出功率传递、分配给各车轴箱而设置的。

　　（A）液压系统　　　　　　　　　　（B）中间齿轮箱

　　（C）启动变速箱　　　　　　　　　（D）静液压变速箱

878. 车轴齿轮箱必须有（B）齿轮副才能实现传动。

　　（A）直　　　　　（B）锥　　　　　（C）螺旋　　　（D）斜

879. 车轴齿轮箱输入轴与机车轮轴成（C）状态。

　　（A）平行　　　　（B）45°　　　　（C）垂直　　　（D）重合

880. 两级传动的车轴齿轮箱由（C）构成。

　　（A）一对锥齿轮　　　　　　　　　（B）两对锥齿轮

　　（C）一对锥齿轮，一对直齿轮　　　（D）两对直齿轮

881. 车轴齿轮箱的螺旋齿轮齿面啮合检查时，其齿宽方向上接触位置在（D）处是合格的。

　　（A）齿面中间　　　　　　　　　　（B）齿面大端

　　（C）齿面小端　　　　　　　　　　（D）齿面中间稍靠小端

解析：螺旋锥齿轮是成对制造和使用的，其加工后的安装检验，通常也是成对检验。即检查成对齿轮的齿面接触区，齿轮间隙的变动及噪声。

接触区的位置应在节锥母线长度的中点，且在齿长中部略近小端处如图 59（a）所示接触区的位置与受载情况有关。由于齿轮和轮齿受力压发生弹性变形，轮齿的强度由大端至小端递减。轴齿变形则由大端至小端递增。还因轴向力的作用，引起安装距也稍有改变。因此使锥齿轮接触区在受载后发生变化，其变化规律由轮齿节锥面齿线的性质决定。圆弧齿锥齿轮在受载后，其接触区位单向大端移动，并且沿齿长与齿高两个方向上扩大如图 59（b）所示。

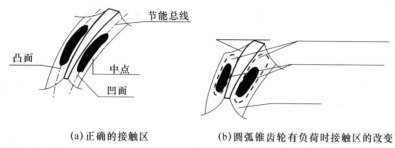

(a)正确的接触区　　　　(b)圆弧锥齿轮有负荷时接触区的改变

图 59　接触区

882. 车轴齿轮箱同时采用（C）两种方式。

（A）手工润滑，压力润滑　　　　（B）手工润滑，飞溅润滑

（C）飞溅润滑，压力润滑　　　　（D）油杯润滑，手工润滑

解析：采用飞溅润滑和压力润滑两种润滑方式，以保证润滑效果。

883. 牵引电机的冷却是由（B）进行的。

（A）自然风　　　（B）通风机　　　（C）冷却循环系统　　（D）冷却风扇

解析：前后通风机，分别给六个牵引电机进行强制冷却。

884. 用来传递机车牵引力和制动力的结构是（A）。

（A）牵引杆装置　（B）牵引电机　　　（C）旁承　　　（D）车架

解析：见 313 题的解析。

885. 解决机车在两系弹簧上沉浮振动的方法是采用（A）。

（A）较软的二系弹簧和较硬的一系弹簧

（B）较软的一系弹簧和较硬的二系弹簧

（C）均为较硬的一、二系弹簧

（D）均为较软的一、二系弹簧

解析：高速旅客列车主要解决沉浮振动，二系较软可显著减少车体振动加速度，一系较硬解决轮对空心轴问题（电机架悬振动问题）。对货运机车来说，要求弹簧一系较软，二系较硬，为了减少轴重的转移。

886. 车轴和轮心热装后，要用（D）检查其装配质量。

（A）台架试验　（B）扭转试验　　（C）拉伸试验　　（D）反压试验

解析：见341题。

887. 东风4型内燃机车车轴上的从动齿轮与轮心的连接是（A）。

（A）过盈连接 （B）键连接 （C）花键连接 （D）螺纹连接

解析：过盈配合，热装。

888. DF₇c型机车牵引电动机采用顺置排列，目的是（A）。

（A）减小轴重转移 （B）检修方便

（C）利于通风 （D）利于散热

解析：轴重转移：轴重的再分配，当机车产生牵引力时，各轴的轴重会有的增载，有的减载，称为轴重转移。当机车产生牵引力时各轴轴重心变化。

每个电机都安装在轮对的后侧，有利于减少轴重的转移。

889. 橡胶弹簧对（C）有显著效果。

（A）缓冲 （B）吸收低频振动 （C）吸收高频振动 （D）减少摩擦

890. 油压减振器外筒表面有泄漏油时，（C）。

（A）可以不修 （B）暂缓修 （C）须检修 （D）继续运用

891. DF₇c型机车牵引电动机悬挂装置中的球形关节轴承，（D）加注润滑油。

（A）不必 （B）中修 （C）大修 （D）定期

解析：球形关节如图60所示。球形关节轴承须定期加注润滑油。

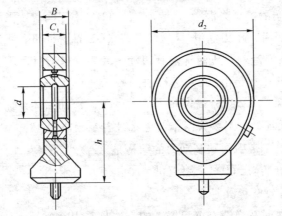

图60 球形关节

892. DF₇c型机车弹性圆柱销联轴器，由于弹性圈变形量小，所以（A）。

（A）减振性能不高 （B）减振性能高

（C）不减振 （D）不缓冲

解析：弹性柱销和法兰孔的间隙不大，橡胶弹性伸展空间小。

893. 为使机车各轴受力均匀，（D）需进行选配。

（A）牵引电动机 （B）轮对 （C）牵引拉杆 （D）轴箱弹簧

894. 齿轮罩用油与抱轴瓦用油，性能、规格（B）。

（A）一样 （B）不一样 （C）可混用 （D）可代用

解析：齿轮罩用油与抱轴瓦用油，性能、规格不一样，而且不允许互窜，齿轮罩油封不良，容易引起窜油。

895. 机车侧挡的设置是为了防止（B）发生问题而引起翻车事故。

(A) 牵引电动机　(B) 旁承　　　　(C) 轴箱　　　　(D) 轴箱拉杆

解析：见126题的解析。

896. 轴承内圈热装时，加热温度不超过（B）。

(A) 120 ℃　　(B) 100 ℃　　　(C) 300 ℃　　　(D) 200 ℃

解析：热装时：轴承≤100 ℃；齿轮≤180 ℃；法兰≤230 ℃；轮箍≤300 ℃；轮心与轴≤200 ℃。

897. 排障器距轨面的距离为（C）。

(A) 20～30 mm　(B) 100～120 mm　(C) 80～140 mm　(D) 18～20 mm

解析：本题指的是 DF$_8$ 型机车，排障器距轨面距离为80～140 mm。

898. 扫石器距轨面的距离为（C）。

(A) 20～30 mm　(B) 100～120 mm　(C) 80～140 mm　(D) 18～20 mm

解析：按 DF$_{8B}$ 段规的规定，应为 B。

899. 扫石器胶皮距轨面的距离为（A）。

(A) 20～30 mm　(B) 100～120 mm　(C) 80～140 mm　(D) 18～20 mm

解析：胶皮用螺栓安装在扫石器上，扫石器胶皮距轨面距离为20～30 mm。

900. 车钩在闭锁状态时，钩锁往上的活动量为（D）。

(A) 20～30 mm　(B) 18～19 mm　(C) 8～10 mm　(D) 5～22 mm

解析：13号下作用式车钩为5～22 mm。

901. 钩锁与钩舌的接触高度不少于（A）。

(A) 40 mm　　(B) 6.5 mm　　(C) 18 mm　　　(D) 10 mm

解析：见142题的解析。

902. MT-3 缓冲器中修时，自由高度须大于（B）。

(A) 600 mm　　(B) 572 mm　　(C) 500 mm　　(D) 550 mm

解析：见139题的解析。

903. 中修时，车钩中心线距轨面高度为（C）。

(A) 835～900 mm　　　　　(B) 820～890 mm

(C) 835～890 mm　　　　　(D) 820～900 mm

解析：中修限度、运用限度有所不同，835～890 mm 的高度值为 DF$_{8B}$ 中修的尺寸限度值。

904. 转向架球形侧挡磨耗量不大于（B）

(A) 1 mm　　(B) 2 mm　　　(C) 3 mm　　　(D) 4 mm

解析：见126题的解析。

905. 轴箱弹簧须无（A）。

(A) 裂损　　(B) 磨伤　　　(C) 锈蚀　　　(D) 污斑

906. 同一机车各轴箱弹簧工作高度允差为（C）。

(A) 11 mm   (B) 2 mm   (C) 3 mm   (D) 4 mm

907. 机车运行中，轴箱温升不超过（B）。

(A) 20 ℃   (B) 40 ℃   (C) 60 ℃   (D) 80 ℃

解析：温升指与环境温度的差，规定的标准环境温度为 40 ℃。轴箱温度过高有可能是其内部的轴承发生故障引起的，温度过高造成轴烧损，甚至"切轴"。

908. 牵引杆不许有（B）。

(A) 锈蚀   (B) 裂纹   (C) 磨伤   (D) 污斑

解析：牵引力传递的主要部件，不准有裂纹，尤其是横向裂纹，不许焊修。

909. DF_7 型机车牵引拐臂与连接销直径减少量不大于（C）。

(A) 0.05 mm   (B) 0.5 mm   (C) 1 mm   (D) 1.5 mm

910. 轴箱减振器以减小轴箱与（A）之间的垂向振动，特别是衰减构架相对于轮对的点头振动。

(A) 转向架构架   (B) 拉杆   (C) 弹簧   (D) 车体

解析：属于一系悬挂系统，指每台转向架两端轴上垂直安装的减振器，轴箱减振器主要是吸收振动。

911. 二系垂向减振器用于控制车体与转向架之间的垂向运动，即（B）和浮沉振动。

(A) 摇摆振动   (B) 点头振动   (C) 颤抖振动   (D) 偏摇振动

解析：二系垂向减振器，主要加装在速度高的机车上，DF_{4D}、DF_{11} 型机车都设有二系垂向减振器。

912. 二系横向减振器用于控制车体相对转向架之间的横向运动，即（C）和摇头动。

(A) 摇摆   (B) 点头   (C) 横摆   (D) 颤抖

解析：二系横向减振器，用于控制车体相对转向架之间的横向运动（横摆和摇头动），也是在速度高的机车上安装，如 DF_{4D}、DF_{11} 型机车，大功率机车 HXN_5 型也装设。

913. 在车体底架与转向架构架之间纵向安装（D），能有效地抑制转向架的蛇行运动。

(A) 垂向减振器   (B) 弹簧   (C) 纵向减振器   (D) 抗蛇行减振器

解析：DF_{4D}、DF_{11}、HXN_5 型机车均装纵向减振器。

914. 车体端部纵向和横向减振器用于衰减车体的纵向、垂向和（A）振动。

(A) 横向   (B) 点头   (C) 横摆   (D) 颤抖

解析：见 912、913 题的解析。

915. 在机车车辆上装用减振器的类型和数量取决于其（B）和转向架的结构。

(A) 机车重量   (B) 运行速度   (C) 构架重量   (D) 机车类型

解析：不同速度机车安装的减振器数量和类型也不一样。

916. 机车轴重是指机车在静止状态时，（D）压在钢轨上的重量。

(A) 整台机车 (B) 每一转向架 (C) 每一车轮 (D) 每一轮对

解析：见856题的解析，DF_{4B}轴重为23吨，DF_{8B}、HXN_5型机车轴重为25吨。

917. 气门与气门座接触环带应宽些，以利于（C）。

(A) 润滑 (B) 摩擦 (C) 散热 (D) 保温

解析：气门散热可以通过与气门座环带、气缸盖、冷却水接触进行散热。

918. 机油滤清器可（A）在柴油机主循环油路中。

(A) 串联 (B) 并联 (C) 密封 (D) 截止

解析：DF_{4B}型机车离心精滤器为并联。

919. 客、货运内燃机车相比较，客运机车主要具有（C）。

(A) 较高的速度 (B) 较大的功率
(C) 高速运行平稳和稳定性 (D) 良好的黏着性能

解析：见397题的解析。

920. 机车运行时，转向架承受的垂向力是由（D）开始传到钢轨上的。

(A) 构架侧梁 (B) 弹簧 (C) 轴箱 (D) 车体

解析：机车运行时，转向架承受的垂向力传递过程：车体-二系悬挂-转向架构架-一系悬挂-轮对-钢轨。

921. 机车运行时，转向架承受的纵向力是由（D）开始传到车钩上的。

(A) 轮对 (B) 轴箱 (C) 侧梁 (D) 钢轨

922. 旁承检修时，须注入（C）检查其泄漏情况。

(A) 水 (B) 汽油 (C) 煤油 (D) 机油

解析：见407题的解析。

923. 柴油机连杆瓦中的油瓦安装在连杆大端（A）部位。

(A) 上方 (B) 下方 (C) 左侧 (D) 右侧

解析：下方为油瓦，上方为受力瓦，应选A。

924. DF_{7C}型机车抱轴瓦用油为（C）。

(A) 3代油 (B) 齿轮箱油 (C) 抱轴瓦油 (D) 润滑脂

解析：见873题的解析。

925. 机车运用中，检查轮对轮缘垂直磨耗高度不超过（C）。

(A) 10 mm (B) 25 mm (C) 18 mm (D) 45 mm

解析：轮缘垂直磨耗，车轮轮缘垂直磨耗超限是指距车轮踏面滚动圆12 mm高处所测得的车轮轮缘厚度（标准轮缘厚度）不大于距车轮踏面滚动圆15 mm高处所测得的车轮轮缘厚度。垂直磨耗大于18 mm时，必须镟修。轮缘垂直磨耗严重时，会使其外形与钢轨内侧面的形状相一致，并使两者接触面积大大增加，这样不但加大了运行阻力，而且使钢轨与轮缘加速磨耗。

926. 机车运用中，检查踏面擦伤深度不超过（D）。

(A) 1 mm (B) 0.25 mm (C) 0.45 mm (D) 0.7 mm

927. 机车（A）设在底架缓冲座内，用于机车和车辆的自动连接和分解，同时又传递牵引力和承受列车制动的冲击力。

  (A) 牵引装置   (B) 辅助装置

  (C) 牵引杆装置   (D) 基础制动装置

解析：牵引装置设在底架缓冲座内，包括车钩与缓冲器两部分。

928. 轴箱采用无导框，(A) 定位。

  (A) 弹性拉杆   (B) 缓冲支撑   (C) 悬挂   (D) 旁承

解析：DF$_4$ 型系列机型均采用弹性拉杆定位，和谐内 5 机车为导框式。

929. 四杆牵引机构是在转向架与车体间的 (B) 配合下，进行转向作用的机构。

  (A) 一系弹簧   (B) 侧挡   (C) 二系弹簧   (D) 旁承

930. DF$_4$ 型机车转向架是采用 (C) 结构。

  (A) 无导框   (B) 弹性拉杆   (C) 无心盘   (D) 有心盘

解析：见 849 题的解析。

931. 牵引杆装置各销及套均采用 (D) 制造。

  (A) 合金钢   (B) 碳素钢   (C) 60 号钢   (D) 45 号钢

932. 牵引杆装置各销均需进行表面淬火，淬火硬度为 (A)。

  (A) 50～55HRC (B) 45～50HRC   (C) 60～62HRC   (D) 61～62HRC

解析：HRC 表示洛氏硬度。牵引杆装置各销均需进行表面淬火，淬火硬度为 50～55HRC。

933. DF$_4$ 型机车构架上两侧的侧挡内弹性压缩量各为 (B)。

  (A) 4 mm   (B) 5 mm   (C) 30 mm   (D) 2 mm

解析：见 78 题的解析。

934. DF$_4$ 型机车车体与转向架构架间的两侧总自由间隙为 (C)。

  (A) (25±2) mm   (B) (40±2) mm

  (C) (30±2) mm   (D) (60±2) mm

解析：见 78 题的解析。

935. DF$_4$ 型机车轴箱轴承与轴径的配合过盈量为 (D)。

  (A) 0.04～0.06 mm   (B) 0.2～0.4 mm

  (C) 1～26 mm   (D) 0.025～0.075 mm

936. DF$_4$ 型机车抱轴瓦的径向间隙应在 (B) 内。

  (A) 0.04～0.06 mm   (B) 0.2～0.4 mm

  (C) 1～2.6 mm   (D) 0.025～0.075 mm

解析：见 862 题的解析。

937. 测量 B 尺寸的目的是为计算 (A)，提供参数。

  (A) 垫片   (B) 曲轴转角   (C) 凸轮位置   (D) 柱塞行程

解析：见 204 题和 602 题的解析。

938. 测量 B 尺寸的关键部位是 (D)。

　　(A) 上体内径　　　　　　　　　(B) 弹簧高度

　　(C) 柱塞套外径　　　　　　　　(D) 上体凸台面与端面的距离

939. 高压油泵上体标注的尺寸是（A）。

　　(A) B 尺寸　　　(B) K 尺寸　　　(C) 柱塞长度　　　(D) 弹簧高度

解析：见 602 题的解析。

940. 测量 K 尺寸时应从柴油机（D）下体开始。

　　(A) 16 缸　　　(B) 9 缸　　　(C) 8 缸　　　(D) 1 缸

解析：见 204 题的解析。

941. 用（A）方法检查机体与缸套接触的要求。

　　(A) 塞尺　　　(B) 块尺　　　(C) 百分表　　　(D) 游标卡尺

解析：缸套与机体应密贴，允许有不大于 0.03 mm 的局部间隙。

942. 稳压箱主油道布置在机体（A）部位。

　　(A) V 形夹角内　(B) 两侧　　　(C) 前端　　　(D) 后端

解析：DF$_{4B}$ 机车 V 形夹角上方还有空气进气道夹角为 50°。

943. 柴油机连杆在运动过程中采用的（C）方式。

　　(A) 直线运动　(B) 往返直线运动　(C) 摇摆运动　(D) 圆周运动

解析：小端往返直线运动，大端圆周运动，整体摇摆运动。

944. 柴油的化学能在（A）情况下，可转化成热能。

　　(A) 压力和温度达到一定要求的　　(B) 空间

　　(C) 容积　　　　　　　　　　　　(D) 流量

解析：气缸内压力温度达到足够大时，燃油开始爆发燃烧，化学能转变为热能，热能再转变成机械能。

945. 在柴油机工作过程中，活塞承受（C）最大。

　　(A) 燃气压力　(B) 冲击力　　　(C) 热应力　　　(D) 惯性力

解析：活塞受燃气推动，所受热应力最大。

946. 柴油机连杆瓦的上瓦应为（A），并有槽孔。

　　(A) 油瓦　　　(B) 薄瓦　　　(C) 浮瓦　　　(D) 受力瓦

解析：答案错误，依题意应选 D，上瓦是受力瓦，下瓦是油瓦。

947. 柴油机连杆瓦下瓦应为（D），并有止推孔。

　　(A) 油瓦　　　(B) 薄瓦　　　(C) 浮瓦　　　(D) 受力瓦

解析：答案依题意应选 A，与上题正好相反。

948. 柴油机主轴瓦的上瓦应为（A），并有孔槽。

　　(A) 油瓦　　　(B) 薄瓦　　　(C) 浮瓦　　　(D) 受力瓦

949. 柴油机主轴瓦的下瓦应为（A），并有止推孔。

　　(A) 受力瓦　　(B) 薄瓦　　　(C) 浮瓦　　　(D) 油瓦

第二部分 判断题（237 道）

1. 一对啮合齿轮其轴线应该是平行的。（×）

解析：直齿圆柱齿轮是平行的，但齿轮种类很多，并不都是平行的，如锥形齿轮啮合时，两轴线垂直。

2. 柴油机完成一个工作循环，活塞运动需要四个冲程。（√）

解析：答案应为（×），因为柴油机有四、二冲程两种形式，二冲程柴油机，完成一个工作循环，只需要二个冲程。

3. 内燃机车有单司机室和双司机室两种型式。（√）

解析：DF_5、ND_5、DF_7、HXN_5 等为单司机室；DF_4、DF_8、DF_{11}、HXN_3 等为双司机室。

4. 非承载式车体都是罩式的。（×）

解析：车体按承载形式分为底架承载、侧墙和底架共同承载、整体承载三种。按外形分为罩式车体和厢式车体。罩式车体是将机车工作部分用车体罩起来，司机室和工作间分开，采用外走廊。厢式车体是类似于车辆车厢结构，车体将所有工作部件，包括司机室都包含在内，为内走廊。罩式车体为非承载式车体，但不是所有非承载车体都是罩式车体。

5. 若点 A（0，18，8）、点 B（12、4、10），则点 B 在点 A 之后。（√）

解析：从 V、H、W 三个投影面的交线得到三个坐标轴，即 x、y、z 轴，由 A、B 点的坐标位置，可以得知 A、B 点的前后位置关系。

6. 在基本几何体中，一面投影为等腰三角形，则此几何体一定是棱锥。（×）

解析：也有可能是圆锥体，不能说"一定"是棱锥。

7. 钻头刃磨时，主要磨后刀面。（×）

解析：钻头刃磨通常只刃磨两个后刀面，但要保证顶角（$118°\pm2°$）、后角、横刃倾斜角度要正确。所以本题说的不够准确，具体可参考图 61。

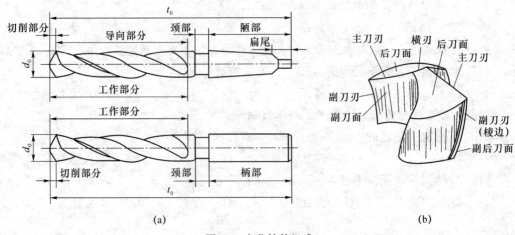

(a)   (b)

图 61　麻花钻的组成

8. 钻半圆孔时，要用手动进给，进给力要小些。（√）

解析：指在钻孔时只有孔的一半在工件上，相当于在工件表面钻半圆截面槽。钻削时通常用另一工件拼加在一起钻，以免损伤钻头和定位不准。

9. 钻深孔时，为提高效率应选较大的切削速度。（×）

解析：钻深孔时，应该经常退出钻头排屑和冷却。

10. 不等齿距铰刀比等距铰刀铰孔质量高。（√）

解析：一种刀齿不等距分布铰刀，其特征是在刀齿部分的半圆周上各齿间角 W 不相等，且半圆周上相邻齿间角的差不等，半圆周上的刀齿齿间角与另一半圆周上刀齿齿间角对称分布。

如果做得等距离，万一铰的过程中掐死，那么想再重新铰就需要很大的力（此时所有的刀口都是受力的）；齿距不等，重新铰的时候每个刀口受力因不平均而需要的力较小。

11. 用普通的标准高速钢机铰刀铰孔，其切削速度应比钻孔时大些。（×）

解析：铰削用量各要素对铰孔的表面粗糙度均有影响，其中以铰削速度影响最大，如用高速钢铰刀铰孔，要获得较好的表面粗糙度 $Ra0.63\,\mu m$，对中碳钢工件来说，铰削速度不应超过 $5\,m/min$，因为此时不易产生积屑瘤，且速度也不高；而铰削铸铁时，因切屑断为粒状，不会形成积屑瘤，故速度可以提高到 $8\sim10\,m/min$。

通常铰孔的主轴转速可选为同材料上钻孔主轴转速的 2/3。例如，如果钻孔主轴转速为 $500\,r/min$，那么铰孔主轴转速定为它的 2/3 比较合理。

$$500\times0.660＝330\,r/min$$

12. 手用铰刀比机用铰刀的切削锥角小，以便提高定心作用，减少轴向抗力。（√）

13. 圆柱管螺纹的公称直径是指管子的内径。（√）

解析：前面相关试题已解析过。

14. 等径丝锥比不等径丝锥切削量分配合理。（×）

解析：根据被加工螺纹直径和螺距的大小，以及被加工材料的性能，成组丝锥可设计成 2 支一组、3 支一组或 4 支一组。通常采用的设计方法有两种：等径设计和不等径设计。

等径设计是指在一组丝锥中，每支丝锥的大径、中径和小径的名义尺寸均相同，区别仅在于切削锥长度不一样。第一锥的切削锥长度最长，第二锥次之，第三锥最短。切削锥越长，参加切削的刀齿就越多，每个刀齿分担的切削负荷相应减小，使用寿命随之延长。反之，则每个刀齿分担的切削负荷越大，使用寿命也就越短。由于采用等径设计，丝锥的刀齿主要是以顶刃参加切削，两个侧刃对螺纹的廓形基本上无修正作用，因此，被加工螺纹的表面粗糙度较差，其切削图形如图 62（a）所示。

为了提高螺纹的精度和改善表面粗糙度，可采用不等径设计方法。不等径设计是指在一组丝锥中，每支丝锥的大径、中径和小径的名义尺寸各不相同。这种丝锥在切削时，顶刃和侧刃同时参加切削，增加了切削的有效长度，切削面薄而窄，散热条件好，每个刀齿对螺纹的齿廓均有修正作用。由于切削负荷分配合理，使丝锥的使用寿命得以延长，被加工螺纹的表面粗糙度得到改善。目前，在小直径及大直径螺纹加工中，成组不等径丝锥得到了广泛应用。其切削图形如图62（b）所示。

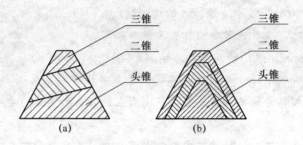

图62　丝锥切削图形

15. 调合显示剂时应注意，粗刮时调得稀些，精刮时调得干些。（√）

解析：显示剂用于检查刮削后两个接触面的接触面积的多少，粗刮时接触点少，接触点面积大，所以调得稀些，精刮时接触点多，接触点面积小，需调得干些。

16. 生产类型和产品的复杂程度，决定着装配的组织形式。（√）

解析：装配的组织形式有两种，即移动装配和固定式装配。

17. 完全互换法比修配法装配质量高。（×）

解析：不一定，前面有详细解析，互换法消除了加工误差，但不一定就比修配法质量高。

18. 一个装配工序可以包括若干个装配工步。（√）

解析：一个工序是由若干个工步组成的。

19. 拧紧长方形布置的成组螺钉、螺母时，应从一端开始，按顺序进行。（×）

解析：应该从中间开始，以对面对称的顺序拧紧，逐渐向两边。

20. 当过盈量及配合尺寸较大时，可用温差法装配。（√）

解析：温差法是利用金属材料热胀冷缩的物理特性，进行有过盈量的装配方法。

21. 当过盈量及配合尺寸较小时，一般采用在常温下压入配合法装配。（√）

22. 刮削滑动轴承内孔时，若研点两端硬，中间软，可以减少摩擦、防止漏油。（√）

解析：钳工刮研当中的研点是在平面里所高出来的点，其中点数越多也就是越平。一般0级精度的是在一个平方英寸里有20～25个点，也就是25.4 mm×25.4 mm里有的点数。

以轴为基准配刮主轴承的内孔，要求接触点为12点/（25.4 mm×25.4 mm）。轴瓦上的点子应两端硬、中间软，油槽两边的点子要软，以建立油楔，且油槽两端的点子要均匀以防漏油。

23. 往轴上装配滚动轴承时，必须把压力加在轴承外圈端面上。（×）

解析：内圈与轴是紧配合，外圈是与孔套松配合，往轴上装轴承时，应该压力加在内圈上。

24. 选择滚动轴承配合时，一般是固定套圈比转动套圈配合得紧一些。（×）

解析：正相反，如内圈为转动套圈，内圈要紧一些。

25．非液体摩擦轴承就是不使用润滑油的轴承。（×）

解析：非液体摩擦轴承有固体润滑轴等，固体润滑轴承用石墨、二硫化钼等粉末作为润滑剂。

26．推力轴承装配时，紧环应与轴肩或轴上固定件的端面靠平，松环应与套件端面靠平。（√）

解析：推力轴承主要是受轴向力，松环内径一般比紧环公称直径大 0.2 mm，紧环安装轴上与轴一起转动，松环应与套件端面靠平，一般松环固定不转。

27．传动带的张紧力过大，会使带急剧磨损，影响传动效率。（×）

解析：传动带是摩擦传动，适当的张紧力，是保证传动带正常工作的重要因素。张紧力不足会打滑，使传动带急剧磨损张紧力过大，降低传动带寿命，使轴和轴承上的作用力增大。

28．带轮表面太粗糙会加剧带的磨损，降低带的使用寿命。（√）

解析：带传动在工作中，会产生不同的弹性变形，由于带的弹性变形的变化引起微小的、局部的滑动现象称为弹性滑动，由于弹性滑动是不可避免的，带轮表面太粗糙，会加速带的磨损。

29．链轮和链条磨损严重是由于链轮的径向跳动太大。（×）

解析：磨损严重是因为链条太紧；前、后链轮不在一个平面内工作；链条太脏或者缺乏润滑。

30．水平安装链条应比垂直安装链条下垂度大些。（√）

31．安装弹簧卡片时应使其开口端方向与链的速度方向相同。（×）

解析：应该与速度方向相反。

32．蜗杆轴线与蜗轮轴线垂直度超差则不能正确啮合。（√）

33．基准零件、基准部件是装配工作的基础。（√）

34．确定部件装配顺序的一般原则是先下后上，从里向外。（√）

35．一个装配尺寸链至少有 2 个环组成。（×）

解析：至少有 3 个环。

36．一个装配尺寸链可以没有减环，但不能没有增环。（√）

解析：增环——尺寸链中某一类组成环，由于该类组成环的变动引起封闭环同向变动，该组成环为增环。如图中的 A_3。减环——尺寸链中某一类组成环，由于该类组成环的变动引起封闭环的反向变动，该类组成环为减环。

增、减环的第二种判别法，按箭头方向判断。

在封闭环 A_0 上面按任意指向画一箭头，见图63，沿已定箭头方向在每个组成环符号 A_1、A_2、A_3 上各画一箭头，使所画各箭头依次彼此头尾相连，组成环中箭头与封闭环箭头方向相同者为减环，相反者为增环。按此方法可以判定：A_2 为减环；A_1、A_3 为增环。

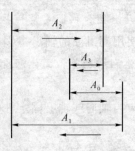

图 63　尺寸链

37. 装配单元系统图能直观地反映整个机械产品的装配顺序。（×）

解析：反映的是各零件的装配顺序，不能反映整个机械产品的装配顺序。

38. 用加热法装配滚动轴承主要适用于轴承内圈与轴颈的装配。（√）

39. 分离型轴承装配时，内、外圈应分别与相配合零件装配。（√）

解析：例如内燃机车轴箱轴承。

40. 采用完全互换法装配，装配精度完全依赖于零件的加工精度。（√）

41. 保证装配精度，从解尺寸链的角度看，实际上就是保证封闭环的精度。（√）

解析：在零件加工或机器装配过程中最后自然形成（间接获得）的环。一个尺寸链只有一个封闭环，见图 64。

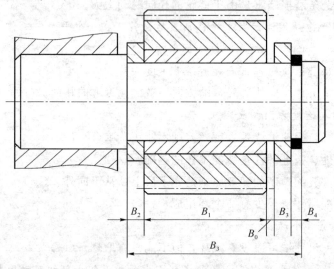

图 64　装配尺寸链

42. 螺纹零件拆卸时，关键是认清螺纹旋向，正确选择拆卸工具。（√）

解析：螺纹的螺旋线分为左旋、右旋。

43. 拆卸成组螺纹连接件，一般是从一端开始，依次按顺序进行。（×）

解析：对角拆卸，对称拆卸。

44. 过盈连接件的拆卸都是用压力拆卸法拆卸。（×）

解析：过盈量不大的可用机械装置压出、拔出；过盈量较大的可采取加热、注油、压力拆卸方法。

45. 四冲程柴油机是曲轴旋转 1 周，完成一个工作循环的柴油机。（×）

解析：两周二冲程柴油机是曲轴旋转一周，完成一个工作循环。

46. 调整气门间隙是在该气门打开状态下进行的。（×）

解析：冷态气门间隙的调整，必须是在推杆滚轮与凸轮轴基圆接触时进行。也就是气门关闭时进行。

47. 排气门的气门间隙一般应比进气门的气门间隙小。（×）

解析：排气门 0.5 mm，进气门 0.4 mm，因为排气门温度相对较高，所以应比进气门稍大些。

48. 曲轴曲柄的数目应等于气缸的数目。（×）

解析：对 V 型柴油机，每个曲柄上安装有 2 个连杆，有的柴油机甚至更多，如星形柴油机。

49. 曲轴上各曲柄的相互位置与发火顺序有关。（√）

解析：曲柄的角度排列就是安装发火顺序设置的。

50. 当喷油泵柱塞上行至油孔全被遮盖时，称为几何供油点。（√）

解析：①说法不够严密。

②"油孔全被遮盖"，必须具备两个条件，缺一不可。

条件一：柱塞套的上、下两个进油孔全被柱塞遮盖。

条件二：被柱塞顶面和柱塞螺旋面（包括柱塞螺旋槽面和下环形槽下水平边）同时遮盖。

③几何供油提前角度——几何供油始点的相位，超前于该气缸曲柄上止点的角度，称为几何供油提前角度。16V240ZJB 型柴油机的单螺旋柱塞，几何供油提前角度为 21°。

④如果只是柱塞顶面遮盖而螺旋槽没有遮盖住柱塞套的上个进油孔，以及柱塞的下水平边棱没有封密下通油孔，则不能供油。

例如：DF$_{4B}$ 机车的 16V240ZJB 型柴油机的单螺旋柱塞，当供油齿条"0"刻线时，柱塞由凸轮、高压泵下体挺柱推升，柱塞照样上下进行供油的动作，虽然柱塞顶面和柱塞下部的圆柱面遮盖了上、下两个进油孔，但是，由于柱塞螺旋槽面没有遮盖住柱塞套的上个进油孔，柱塞顶面的燃油，通过柱塞顶面的垂直孔和柱塞的水平孔沟通，然后经过螺旋槽、再通过上进油孔泄油，所以不能供油。

齿条"0"刻线泄油通路：柱塞顶面油腔的燃油→柱塞顶面垂直孔→柱塞水平孔→螺旋槽→柱塞套上进油孔→泄油。

51. 通常采用压铅法来测量气门间隙。（×）

解析：通常用塞尺，或百分表。

52. 气缸压缩间隙是用气缸与气缸盖结合面间的调整垫片进行调整。（√）

53. 采用侧壁承载车体能最大限度地减轻车体重量。（√）

解析：整体承载车体能够利用整体结构共同承载车体重量，所以相对底架就可以减轻重量。

54. 气门与气门座接触环带宽度不应过宽，以利于密封。（√）

解析：接触环带越宽，接触面单位密封压力减小，气门座面上的碳粒不容易碾碎，同时密封性能也差。

55. 气门杆与气门导管间隙过大，会造成严重偏磨、漏气。（√）

解析：间隙过大，气门在导管内摆动和冲击，造成磨损不均匀。机油流入过多，烧黏后增加磨损，间隙扩大，恶性循环，气门杆黏死。

间隙过小，机油流入少，润滑不良，气门受热膨胀，咬住气门导管。

一旦气门卡住，气门在常开位置，与活塞相撞，造成气门弯曲，漏气，压缩压力下降。

56. 气门弹簧采用两个绕向相反的弹簧，是为了消除共振。（√）

57. 气门冷态间隙是配气机构在冷机下预留的气门膨胀间隙。（√）

58. 机车柴油机大都采用镶嵌式气门座。（×）

解析：应该判为√，镶嵌式气门座，可以合理选择材质，提高气门座的密封性和耐磨性，同时具有更换方便，延长气缸盖的使用寿命的作用。

59. 机车柴油机中冷器一般采用水-空式，管外流水，管内通气。（×）

解析：应该是管内流水，管外通气。

60. 进气稳压箱的作用是消除空气压力波动，有利于提高各缸进气质量。（√）

解析：稳压箱的容积比较大，能够起到清除空气压力波的作用。

61. 高压油管的大小、长短、壁厚和弯曲形状，对柴油机喷射规律都有一定影响。（√）

解析：因为喷油泵出油压力较高，所以高压油管要求外径与内径比值在3倍以上，尽量减小油管的弹性膨胀及提高承受压力的能力。

62. 主喷射期长短主要取决于喷油泵柱塞的有效行程。（×）

解析：取决于供油齿条调节柱塞旋转的多少，即打开油管的时间（曲轴转角）。

63. 间断喷射是有些柴油机在低速空转时发生的，会使柴油机转速不稳。（√）

解析：转速低，喷油泵供油间隔长，供给喷油器的油量少，对一些喷油器可能会出现间断喷射，燃油顶开针阀后又被弹簧压住。

64. 滴油现象是喷油器针阀关闭过慢或密封不严而发生的少量燃油滴出现象。（√）

解析：燃油在喷射后期压力降低过于迟缓、针阀不能迅速落座等所致弹簧压力不足可引起滴油现象。

65. 设置机油系统的主要目的是使柴油机各运动零件具有良好的滑油条件。（√）

66. 靠运动零件将机油甩到摩擦表面进行润滑的方式，称为强制润滑。（×）

解析：将机油甩到摩擦表面是飞溅润滑。

67. 机油热交换器的作用就是使柴油机保温，保持一定的机油性能。（√）

解析：应该判为×较准确，热交换器的主要作用还是冷却机油。

68. 膨胀水箱应高于柴油机，并处于冷却水管路的最高位。（√）

解析：对冷却水系统的部件位置，水箱要依靠高出的高度，使冷却水靠重力保证冷却水系统的及时补水。

69. 设置冷却水系统的目的是冷却受热零部件，使柴油机性能稳定。（√）

解析：当柴油机温度低时，启机前可以通过预热锅炉和冷却水系统进行预热。

70. 预热系统的作用是对机油、冷却水进行预热，创造有效的启动条件。（√）

解析：通过预热系统对机油、冷却水的预热，为启动创造条件。

71. 二冲程柴油机比四冲程柴油机功率大一些。（×）

解析：说法太笼统不够准确。

72. 缓慢盘动曲轴，当摇臂从能够被摇动到摇不动的瞬间，即为该气门刚刚关闭的时刻。（×）

解析：根据题设，应该存在该气门刚刚关闭和刚刚打开的两种时刻。刚刚打开的时刻，是气门抵柱滚轮从基圆升到凸轮型面上，刚刚关闭的时刻，是滚轮从凸轮型面上下来回到基圆的时刻。

73. 更换主发电机后须重新进行水阻试验。（√）

解析：段规规定。

74. 当喷油泵柱塞上行到上止点时，便开始加油。（×）

解析：喷油泵上行到上止点只是供油的一个条件，并不能说便开始供油，该题与 50 题类似，也是喷油泵供油问题。

75. 过大的气门间隙，会增加气门持续开启时间。（×）

解析：减少开启时间。

76. 通常气门锥面锥角比气门座锥角大 $0.5°\sim1.0°$。（×）

解析：应该是气门座锥角比气门锥面锥角大 $0.5°\sim1.0°$，使相互接触的密封带落在气门座口。

77. 16V240ZJB 型柴油机采用开式喷油器。（×）

解析：喷油器由上部的喷油器体和下部的喷油嘴组成，按喷油嘴的结构喷油器分为开式和闭式两种。

开式喷油器的主要特点是喷油器内腔总是与燃烧室相通。由于它没有关闭喷孔的针阀，故称为开式喷油器。开式喷油器为一种开式喷油器的结构。喷油器体的下部有喷孔，其内装固定针阀，针阀的下锥面紧紧压在喷油器体的座面上，针阀上有轴向孔，下端有两个互成 90° 的孔，在针阀的锥形表面上制有沟槽，沟槽起喷孔作用。由喷油泵经高压油管流入轴向孔的燃料经孔流入沟槽，燃料喷射雾化成极细的燃料呈平射扇形喷入气缸。

开式喷油器的优点是没有精密配合的运动件，故结构简单。但它的缺点是易产生滴油，这是由于当供油开始时，高压管内还未建立足够的压力，燃料的油滴就可能进入气缸。而当断油时，由于油管和燃料的膨胀也可能产生滴油。故现代柴油机上已很少应用这种喷油器。

16V240ZJB 为闭式喷油器。

78. 自由喷射期间，高压油管内压力急剧下降，易产生雾化不良和出现滴油。（√）

解析：自由喷油期是指喷油泵停止供油，到针阀落座为止的这一时间。在这一期间，易发生题目中阐述的问题。

79. 二次喷射使整个喷射持续时间延长，可提高燃烧的经济性。（×）

解析：有害无利。二次喷射产生的原因是燃油在高压作用下的可压缩性和压力波在高压油路中的传播与反射。当喷油结构参数匹配不当时，主喷射期结束后，高压油路中残余压力过高，压力波在泵端与嘴端之间来回反射，当盛油槽压力峰值超过油嘴开启压力时，针阀二次开启，向汽缸内喷油。

80. 膨胀水箱的作用是放出冷却系统中的气体，同时向系统内补冷却水。（√）

解析：膨胀水箱的作用如下。设置在冷却水系统的最高处，系统中的气泡可以从这里排出，冷却水受热后有膨胀的余地，当系统中的冷却水由于蒸发或漏泄而减少时，可通过膨胀水箱的水进行自动补充，使系统在水泵压力之上叠加一静水头，进一步抑制气囊，并避免空气窜入冷却系统。

81. 机车柴油机广泛使用开式喷油器。（×）

解析：应是广泛使用闭式喷油器。

82. 喷油器进油管不是高压油管。（×）

解析：进油管实际也是属于高压油管，高压油管连接着喷油器进油管，内部为高压燃油。

83. 高压油管一般都是薄壁无缝钢管。（×）

解析：高压油管一般都采用厚壁无缝钢管。

84. 进、排气凸轮作用角等于气门开启范围凸轮转角。（×）

解析：因为存在气门间隙，随温度变化，实际气门开启范围凸轮转角略有变化。

85. 喷油器的作用是控制喷射压力和喷射质量。（√）

86. 高压油管中剩余油压愈低，喷油滞后期愈短。（×）

解析：应该是喷油滞后期愈长。

87. 喷油泵中的柱塞偶件是不能互换的。（√）

88. 离心式机油精滤器的作用主要是净化油底壳中的机油。（√）

89. 当机油、冷却水温度低于 40 ℃时，不应启动柴油机。（×）

解析：低于 20 ℃不应启机，低于 40 ℃，不应加载。

90. 当机油、冷却水温度低于 40 ℃时，柴油机不准上负载。（√）

91. 液力传动内燃机车在长大下坡道运行时，常使用液力制动减速。（√）

解析：液力制动：利用液力传动装置中液力制动耦合器的转子对工作液做功所产生的反扭矩消耗列车运行中的动能，降低或限制行车速度而实现制动。

92. 电阻制动可以代替空气制动。（×）

解析： 电阻制动在列车低速时制动力很小，不能用于停车，只能用于减速，不能代替空气制动。

93. 用来操纵液力制动器的机构是液力制动阀。（×）

94. 液力制动操纵阀的作用是调节制动功率。（√）

95. 机车手制动装置是一种辅助制动装置。（√）

96. 交流电的频率都是 50 Hz。（×）

解析： 说法不准确，我国交流电频率一般为 50 Hz。国外和我国有不同频率的交流电。

97. 同一电源的正极电位永远高于其负极电位。（√）

98. 一台发电机只能产生一个交变电动势。（×）

解析： 能产生一个交变电动势，也可以产生多个交变电动势。

99. 三相负载的接法是由电源电压决定的。（×）

解析： 由于三相电源相线之间电压为 380 V，相线与中线之间电压为 220 V。将三个负荷（一般为相等的负荷）连接在相线之间（每两相之间接一个负载），为三角形接法；将三个符合接在三根相线与中线之间（同样每个相线到中线连接一个负载）为星型接法。可以看出，三角形接法每个负载两端所加电压为 380 V，星形接法则为 220 V。因此，前者负载输出功率大，后者较小。同时，三角形接法对负载的耐压要求相应也较高。

所以，采用什么接法不单是决定于电源，并且更是决定于负载。

100. 当电源电压为 380 V，负载的额定电压为 220 V 时，应作三角形连接。（×）

解析： 应作星形接法。

101. 当电源电压为 380 V 负载的额定电压也为 380 V 时，应作星形连接。（×）

解析： 应作三角形接法。

102. 正弦交流电的三要素是最大值、角频率和初相角。（√）

103. C 型联合调节器补偿系统的反馈形式属于正向反馈。（×）

解析： 逆向反馈。

104. 变压器两端的绕组之比称为变比。（×）

解析： 变比是输入电压和输出电压的比，也等于它的输入侧匝数（原边匝数）和输出侧匝数（次边匝数）之比。

105. 变压器油的主要作用是绝缘。（×）

解析： 还有冷却作用。

106. 电动机的定子绕组是电动机的电路部分。（√）

107. 电动机的转子起输出机械转矩的作用。（√）

108. 当设备需要恒速、大功率长期连续工作时，应使用异步电动机作动力设备。（×）

解析： 应使用同步电动机。

109. 各种机械设备中，使用最多的是三相异步电动机。（√）

解析： 异步电动机结构简单、耐用、故障少、价格低。

110. 研磨必须在精加工之后进行。（√）

111. 抛光不能改变零件原有的加工精度。（√）

112. 钳工加工不属于机械加工。（√）

解析： 钳工加工主要是手工加工和组装。

113. 在吊运组装工作中，多人一起操作，一定要指派专人指挥吊车。（√）

114. 吊装及吊运柴油机、曲轴等重大部件时，一定要使用专用吊具。（√）

115. 吊装及吊运配件时，配件下禁止站人。（√）

116. 吊运加工后的精密零件，应使用三角带作吊具，以防损坏加工表面。（×）

117. 机动起重机用的钢丝绳其安全系数不得小于 3。（×）

解析： 安全系数 S 为机件的极限应力与工作应力之比。进行土木、机械等工程设计时，为了防止因材料的缺点、工作的偏差、外力的突增等因素所引起的后果，工程的受力部分实际上能够担负的力必须大于其容许担负的力，二者之比叫作安全系数，即极限应力与许用应力之比。也指做某事的安全、可靠程度。在机械设计中，零件或构件所用材料的失效应力与设计应力的比值。

应用场合及建议的安全系数如下。

起重机等，5～5.5。

桥式、门式、塔式、桅杆式吊车，最小 6。

118. 机动起重机用的焊接链条其安全系数不得小于 2。（×）

119. 手动起重机用的焊接链条其安全系数不得小于 1.5。（×）

解析： 最小不得小于 3。

120. 用编结法结钢丝绳绳套时，编结部分长度不应小于钢丝绳直径的 10 倍。（×）

解析： 应为 20 倍。

121. 钢丝绳折断一股或绳股松散即应报废。（√）

122. 焊接起重链条应用气焊。（√）

解析： 焊接链条不能用电焊，防止各链条出现粘连。

123. 吊钩、吊环必须经过负荷试验和探伤检查合格后方可使用。（√）

124. 起重用的吊具只要达到它的强度计算值即可使用。（×）

解析： 达到强度计算值只是一个计算结果，不能说即可使用。

125. 旁承检修时，须注入煤油检查其泄漏情况。（√）

126. 东风 4 型内燃机车采用一系弹簧转向架。（×）

解析： 采用一、二系两系转向架。

127. 东风 4 型内燃机车机车车轴上的从动齿轮与轮心的连接是键连接。（×）

解析： 是过盈配合连接。

128. 内燃机车修理过程中实行"记名检修"是为了加强责任制。（√）

解析：记名检修是指内燃机车及零部件修理实行检修记录制度，施修者完成检修作业自检自验合格后，在检修记录签上自己的名字。

129. 机车进行临修可以及时排出故障，保证运行，所以临修次数越多越好。（×）

解析：临修属于故障检修，越多说明机车质量越低。所以临修率在各级单位都有指标限制。

130. 采用本车修理法检修机车大部分磨损零件都要更换。（×）

解析：大都采用修配法。

131. 采用现车修理法只需对磨损零件进行修复，不宜更换。（×）

解析：到限的也需要更换。

132. 若燃油管路内混有空气，容易造成增压器喘振。（×）

解析：见后面233题的解析。

133. 燃油内含水分过多会使柴油机启动困难。（√）

解析：见后面234题的解析。

134. 差示压力计是一种计量装置。（×）

解析：是保护装置。

135. C型联合调节器调速补偿系统由缓冲腔、补偿活塞、补偿针阀、上下补偿弹簧、衬套等组成。（√）

136. 机车轮心和车轴接触的部分叫轮辐。（×）

解析：应叫作轮毂，是车轴与轮心过盈配合的连接部位。

137. 我国规定的机车轮缘厚度为33 mm，高度为28 mm。（√）

138. 我国规定的机车车轮轮缘角度为60°。（×）

解析：我国规定的机车车轮角度为65°。

139. 机车车轮的踏面是圆柱面。（×）

解析：应是圆锥面。

140. 我国生产的内燃机车都采用无导框式转向架。（×）

解析：我国早期一些机车采用导框式转向架，如DF_1型机车。

141. 在心盘和旁承的连接装置中，心盘只传递纵向力和横向力。（√）

142. 旁承可以是弹性的，也可以是刚性的。（√）

143. 拉杆定位属于无导框式定位形式。（√）

144. 电焊机使用的是直流电。（×）

解析：电焊机使用交流电。和变压器相似，是一个降压变压器。在次级线圈的两端是被焊接工件和焊条，引燃电弧，在电弧的高温中将工件的缝隙和焊条熔接。称为直流电焊机的，原边输入侧为交流电，输出的直流是经过整流后的直流焊接电流。

145. 焊接时，对人的眼睛、皮肤刺激性最大的是红外线。（×）

解析：应为紫外线。

146. 焊接时，能产生对人体有毒的气体。（√）

147. 电焊也能用来分割材料。（×）

解析：电焊是用来焊接的，用电焊分割材料，要造成材料的浪费等问题，是一种非正常的作业方法。

148. 气焊使用的可燃气体是乙炔。（√）

149. 不能站在工作物上指挥吊车。（√）

150. 不能用天车吊运氧气瓶、乙炔发生器等具有爆炸性的危险物品。（√）

151. 不能使用破损钢丝绳起吊重物。（√）

152. 吊挂重物时，要找好重心。重物吊起后不能倾斜、转动。（√）

153. 重物落吊后，要放置平稳。不准放在蒸汽、煤气管道及电缆线上。（√）

解析：以上5题多是"十不吊"规定中的要求。

154. 离心泵流量的单位一般用立方米表示。（×）

解析：离心泵流量的单位为 L/min。

155. 测量误差主要是人的失误造成，和量具、环境无关。（×）

解析：系统误差；随机误差；粗大误差。

156. 起重所用的吊具只要它的强度计算达到或超过屈服点即可使用。（×）

解析：吊具类似于起重机钢丝绳，安全系数比较高，钢丝绳安全系数最低为4，吊具的安全系数为1是不允许的。

157. 滚动轴承实现轴向预紧，就是要采用各种方法使其内、外圈产生相对位移，以消除游隙。（√）

158. 钻小孔时，因钻头直径小，强度低，容易折断，故钻小孔时的钻头转速要比一般孔低。（×）

解析：钻头轴向进给量小，转速稍高一点。

159. 在制订装配工艺过程时，每个装配单元通常可作为一道装配工序。任何一个产品一般都能分成若干个装配单元，若干道装配工序。（√）

160. 移动装配是被装产品经传送工具移动。一个工人或一组工人只完成一定工序的装配形式，适用于大批量生产。（√）

161. 集中装配形式，工人技术水平要求不高，组装周期长，适用于装配精度不高的单件小批量生产。（×）

解析：集中装配形式就是固定式装配，装配是在一个地点进行集中装配，分为部件装配和总装配。集中装配形式，要求工人技术水平高，组装周期长，适用于装配精度比较高的单件小批量生产。目前内燃机车的检修都是采用固定式装配。内燃机车生产制造，基本上也是属于固定式装配。

162. 产品验收技术条件是产品质量标准和验收依据，同时是编制装配工艺规程的主要依据。（√）

解析：1）编制装配工艺规程，也就是编制工艺文件。

2）内燃机车检修，装配工艺文件的编制，主要依据是铁道部颁布的不同机型的《段修规程》和《大修规程》。

163. 在装配过程中，每个零件都必须进行试装，通过试装时的修理、刮削或调整等工作，才能使产品达到规定的技术要求。（×）

解析：①在装配过程中，有的零件必须进行试装，通过试装时的修理、刮削或调整等工作，才能使产品达到规定的技术要求，例如：牵引电动机的抱轴瓦与车轴的配合，就是需要试装，通过试装时的修理、刮削，与车轴的配合达到 0.2～0.4 mm 的配合技术标准，这实际就是采用的装配工作的 4 种方法（完全互换法，分组装配法，修配法，调整法）中的修配法。

②大部分零件，不必进行试装，如轴承，牵引电动机—轮对组，在往转向架上组装时，不必进行试装。

164. 压缩比是内燃机车的重要参数，其值愈大，表示气体在气缸内被压缩得越厉害，压力和温度也升得愈高。（√）

解析：见 198 题的解析，工作容积也称为排量，16V240ZJB 型柴油机为 12.44 升，16 个气缸总容积为 199.05 升。

①气缸总容积 Va——活塞位于下止点时，活塞顶上部的全部气缸容积，称为气缸总容积。

②燃烧室容积 VC（压缩容积）——当活塞位于上止点位置时，活塞顶上部的气缸空间叫燃烧室，这个空间的容积，称为燃烧室容积。

165. 柴油机的冷却水愈冷愈好，以利于迅速地散热，从而防止柴油机因过热而造成的各种故障。（×）

解析：DF$_{4B}$ 型机车机油、冷却水温度的规定要求如下。

当机油、冷却水温度低于 20 ℃ 时，不应启动柴油机。低于 40 ℃ 时柴油机不应加负载。

①低温水进口温度不大于 45 ℃。

②由于机油、冷却水温度低，机械阻力大。

③因为柴油机各零件在低温时间隙大，工作时冲击和噪声严重。

④柴油机运转后，由于缸套、缸盖、活塞等零部件突然加温，增大了零件的热应力。

166. 气缸套、水套组装后要进行水压试验。不得有泄漏。（√）

解析：铁道部《DF$_4$ 机车段修规程》规定气缸套、水套组装后要进行 0.4 MPa 水压试验。保持 5 min 不得有泄漏。

167. 钻通孔时，在将要钻通时必须减少进给量，否则容易造成钻头的折断或钻孔质量降低等现象。（√）

解析：钻孔操作注意事项如下。

①钻通孔时，在将要钻通时必须减少进给量。防止造成钻头的折断或钻孔质量降低

等现象，如是自动进刀——应为手动进刀。

②钻盲孔时，应按所需要的深度调整好挡块。

③钻深孔或者硬材料时——应该经常退出钻头，排除铁屑，防止钻头过热，防止铁屑卡死钻头而折断。

④钻薄板孔时——应该使用薄板群钻钻头，以避免孔不圆。

⑤钻孔直径超过 30 mm 时，一般应该分两次钻成，先钻一个小孔（大约为 0.5～0.7 倍的孔径），然后在使用所需要的钻头扩孔。

168. 用手锯锯削管子时，必须选用粗齿锯条，这样可以加快锯削速度。（×）

解析：1）用手锯锯削管子时，必须选用细齿锯条，这样可以加快锯削速度，又能够保证管不能把锯齿啃掉，造成锯条报废的问题。

2）手锯锯弓长度最常用的为 300 mm，还有 200 mm，250 mm 两种。

3）锯条材质一般使用低碳钢冷轧渗碳，也有碳素工具钢或者合金钢的经过热处理淬硬。

4）锯齿规格——粗齿为 1.4～1.8 mm；细齿 0.8 mm；中齿 1.0～1.2 mm，锯齿按每 25 mm 长度内含有的锯齿数量计算。

5）锯齿角度楔角 50°。

6）锯条锯路——在锯条制造时，使锯条的齿按一定的规律左右错开的排列形状，分为交叉式，波浪式，斜式。

①交叉式——呈一齿偏左一齿偏右排列，适用于粗齿。

②斜式——呈一齿偏左，一齿偏右，一齿中间不动排列，适用于中齿。

③波浪式——呈 2～3 齿偏左排列，2～3 齿偏右排列，适用于细齿。

④锯路作用是防止锯条夹住和锯条与零件摩擦。

7）锯条的选用

①粗齿 1.4～1.8 mm——锯削软材料并且切削面比较大。

②中齿 1.0～1.2 mm——锯削中等硬度材料，厚壁管子。

③细齿 0.8 mm——锯削硬度高的材料，小切削面材料，薄壁管子。

169. 攻制左旋螺纹时，只要将一般右旋丝锥左旋攻人即可。（×）

解析：①攻制左旋螺纹时，只能使用左旋螺纹丝锥，不能使用右旋丝锥。

②因丝锥的切削刃是单侧面；并且丝锥是有左旋螺纹和右旋螺纹区别的。

170. 手攻螺纹时，每扳转铰杠 1/2～1 圈，就应倒转 1/2 圈。不但能断屑，且可减少切削刃因黏屑而使丝锥卡住的现象。（√）

解析：手攻螺纹时的主要方法如下。

①攻螺纹前，零件的孔口要倒角 90°——便于丝锥起削。

②夹紧零件，孔中心垂直。

③攻螺纹时，丝锥中心线与孔中心线重合，然后对丝锥施加一定压力，并顺时针转动铰手。

④当切削入 1~2 圈时，从间隔 90°的两个方向目测或者使用角度尺检查、校正丝锥与孔端面垂直。

⑤当攻 2~5 圈时，不用对丝锥施加压力，两个手用均匀的旋转力转动铰手即可以攻出螺纹。

⑥手攻螺纹时，每扳转铰杠 1/2~1 圈，就应倒转 1/2 圈，不但能断屑，且可减少切削刃因黏屑而使丝锥卡住的现象。

⑦攻螺纹时，加适当润滑液。

⑧攻盲孔螺纹时，应该经常旋出丝锥，把切削屑清除出孔外部。

⑨对对一般材料先用一锥，后二用锥，最后用三锥。

⑩对比较硬材料，一、二、三锥要交替使用，防止扭断丝锥。

171. 当机油、冷却水温低于 40 ℃时，不应启动柴油机。（×）

解析：当机油、冷却水温低于 20 ℃时，不应启动柴油机。

172. 液压传动系统是由油泵、油缸、油马达、压力控制阀、流量控制阀、方向控制阀及其他装置组成。（√）

解析：另外一种液压传动系统组成分类，是把液压传动系统分为 5 个部分。

①动力元件——即液压泵。它是把原动机输入的机械能转换为液压能的装置。作用：为液压系统提供压力油；是液压系统的动力源。

②执行元件——是指液压马达，液压缸。把液体的压力能转换为机械能的装置。

作用：在压力油的推动下，输出力和速度（或者力矩和转速），以驱动工作部件。

③调节控制元件——是指各类阀类元件，如溢流阀、节流阀、换向阀等。作用：控制液压系统中油液的压力、流量和方向，以保证执行元件完成预期的工作运动。

④辅助元件——以上 3 个组成部分以外的其他装置，主要包括油箱、油管、管路接头、滤清器、压力表、流量表等。作用：保证系统正常工作，是液压系统不可缺少的部分。

⑤工作介质——即传动液体，通常为液压油。作用：实现运动和动力传递。

173. 柴油机排出的废气呈现白色、蓝色或黑色也是燃油充分燃烧的表现。（×）

解析：1）柴油机排出的废气呈现白色、蓝色或黑色，是柴油机出现故障的一种现象。

2）柴油机排出的废气呈现白色，是气缸有水分参与燃烧。

3）柴油机排出的废气呈现蓝色，是气缸有机油参与燃烧，一部分机油燃烧形成积碳，一部分没有燃烧的以微粒的状态排入大气，形成蓝色。

4）柴油机排出的废气呈现黑色，是气缸内燃油燃烧不充分的现象，燃油在高温缺氧情况下，分解聚合成石墨结晶形状的碳烟排出，形成黑色。

5）正常的排烟颜色如下。

①一般情况下，柴油机在启动和低温情况下，短期内排烟有黑色、白色、蓝色排烟是正常情况。

②在高负荷下，排烟应该呈无色或者淡灰色。

174. 水阻试验的基本内容是测量绝缘电阻，耐压试验、电器动作试验和水阻试验。（√）

解析：按水阻试验的项目有4项：①空载试验；②负载试验；③保护装置试验；④柴油机-发电机组功率曲线的调整。

175. 电阻制动能代替空气制动，不仅能减速而且还能制动停车。（×）

解析：电阻制动是机车的辅助制动装置，电阻制动不能代替空气制动，电阻制动只能用于减速，而不能用于制动停车。

176. 机车上静液压系统中温度控制阀是控制元件，起着自动控制冷却风扇变速的作用，使柴油机的机油、冷却水的温度保持在规定的范围内。（√）

解析：温度控制阀是根据柴油机机油、冷却水的温度，自动控制静液压系统进入静液压马达的压力油流量，从而自动控制冷却风扇转速的快慢速，使柴油机的机油、冷却水的温度保持在规定的范围内。

2）温度控制阀的感温元件（温包）安装在机油、冷却水中，它的温包蜡室内有膨胀剂，由石蜡和800目铜粉组成，铜粉起热传导快的作用，温包受热石蜡融化，体积膨胀，推动推杆和滑阀，关闭或者打开温度控制阀，控制通过静液压马达的压力油流量。

3）DF$_{4B}$机车感温元件（温包）有三类。

①第一类——低温2号，55℃~65℃，用于低温风扇。

②第二类——高原高温4号，66℃~74℃，用于3000米以上高原，高温风扇。

③第三类——高温5号，用于3000米以下，74℃~82℃，用于高温风扇。

177. 全制调速器控制可限制柴油机最高和最低工作转速。（×）

解析：调速器按调节的转速范围分为三种。

①单程（单极）式调速器——只在某一个转速时（一般为额定转速）起作用，适用于工作转速恒定的柴油机，如发电机，空气压缩机用柴油机等。

②两极（两制）式调速器——只在柴油机最高和最低转速时起调节作用，在其他转速时，由人为进行控制。适用于工作时负荷变化比较大而且工作范围宽广的柴油机，如拖拉机、内燃机车、船舶、工程机械等。

③全程（全制）式调速器——在柴油机全部工作转速范围内都能够起调节转速的作用（包括最高和最低转速，最高和最低转速之间的任何转速）。柴油机可以在转速范围内的任意转速下稳定运转，都能够起作用。

178. 完善柴油机燃烧过程的因素就是确定良好的喷油规律，除了应保证良好的雾化条件外，主要要求供油系统能在一定时间内，将预定数量的燃油按预定速率送入气缸内与充分的空气燃烧。（√）

解析：①喷油规律——是指曲轴每个单位转动角度中，喷入气缸的燃油量与随着曲轴转动角度变化的规律。

②影响喷油规律的主要因素——由喷油泵凸轮外形决定；影响喷油规律的相关因素

包括喷油泵柱塞直径，喷油器针阀喷孔总截面面积，高压油管、进油管等高压容积。

179. 靠运动零件将机油甩到摩擦表面进行润滑的方式称为强制润滑。（×）

解析：主要有五种润滑方式。

①手工定时润滑。②油芯、油垫润滑。③油浴、油环、溅油润滑。

④油雾润滑。⑤压力供油润滑。

16V240ZJB 柴油机机油系统润滑供油方式主要有以下几种。

①压力供油润滑——柴油机主轴瓦、连杆瓦等。

②飞溅供油润滑——气缸内表面，传动齿轮。

③手工供油润滑——喷油泵供油齿条。

180. 利用水阻模拟机车负载所进行的试验称为水阻试验。（√）

解析：机车新造、大修、中修必须进行水阻试验，机车小、辅修，临修都经常需要进行水阻试验，水阻试验是对机车进行的综合性能试验，也是机车最重要的试验。

181. 齿轮按轮廓外形不同可分为圆柱齿轮、圆锥齿轮、非圆形齿轮三类。（√）

解析：齿轮可以按下述四种类别分类。

①第一种分类——根据不同的条件，齿轮传动按轴线位置、齿形、啮合方式的分类。

②第二种分类——按照齿轮传动的工作条件分类，分为闭式齿轮传动（齿轮安装在封闭的箱体内），开式齿轮传动，半开式齿轮传动。

③第三种分类——按照齿轮曲线分类，渐开线齿轮传动，圆弧齿轮传动，摆线针轮齿轮传动（与星形齿轮结合）。

④第四种分类——齿轮按轮廓外形不同分类（非圆形齿轮——齿条可以算非圆形齿轮，但是实质是基圆无限的圆柱齿轮）。

182. 由后向前所得的视图为前视图。（×）

解析：①由后向前所得的视图为后视图，后视图是基本视图中 6 个视图的一种。

②基本视图——包括 6 个方向的投影视图，视图放置的位置按照规定的位置放置，不必标注视图的投影方向。

183. 由前向后所得的视图为主视图。（√）

解析：①由前向后所得的视图为主视图，主视图是基本视图中 6 个视图的一种。

②基本视图——包括 6 个方向的投影视图，视图放置的位置按照规定的位置放置，不必标注视图的投影方向。

184. 六个基本视图之间应符合"长对正、高平齐、宽相等"的投影关系。（√）

解析：六个基本视图——将机件置于正 6 面体中间，分别向 6 个投影面投影，得到机件的 6 个基本视图。六个基本视图之间应符合的"长对正、高中齐、宽相等"称为三等关系。

185. 将机件的某一部分向基本投影面投影所得的视图称为斜视图。（×）

解析：根据国家标准，视图分为基本视图，向视图，斜视图，局部视图，共四种表达方法。

186. 花键一般用于传递较小的转矩。（×）

解析： 花键工作时，靠键齿的侧面与齿槽侧面的挤压传递转矩。花键也像导向键一样，适用于轮毂零件在轴上能做轴向滑动的场合，并能够传递比较大的转矩。

187. 模数与齿轮几何尺寸大小有关，模数越大，齿形越小。（×）

解析： 由公式分度圆直径 d：$d = m \cdot Z$，其中 m 称为模数，Z 为齿数。

模数反映了齿距（周节）p 的大小，即齿轮的大小。

模数大——齿轮的尺寸也就大，齿轮相应尺寸也大齿轮承受载荷的能力就高。

188. 进、排气阀弹簧卡死，横臂导杆折断，气阀间隙调整螺钉松动，会引起增压器喘振。（√）

解析： ①进、排气阀弹簧卡死，横臂导杆折断，气阀间隙调整螺钉松动，都会引起进气门或是排气门打不开或关不严。

②无论进气门或者是排气门打不开或者关不严，其结果都是对增压器的空气需求量下降，空气需求量下降，使气缸内的燃烧恶化，造成排气总、支管的温度升高。

③高的总、支管温度，使增压器的转速升高，加大了吸气能力，从而导致增压器喘振。

189. 柴油机活塞油环的主要作用是阻止燃烧室中的新鲜空气及燃气漏入曲轴箱。（×）

解析： 柴油机活塞油环的作用是节制泵油作用。

①油环安装位置——在气环下面，有一道或者二道。

②环槽的温度及燃气气压比较低，主要作用是刮掉气缸壁上多余的机油，并使油膜均布；它具有特殊的截面积及排油措施。

190. 四冲程柴油机转速为 1 000 r/min 时，凸轮轴转速为 500 r/min。（√）

解析： ①四冲程柴油机是曲轴旋转旋转二圈（720°）柴油机完成一个工作循环，在一个循环中，每个气缸爆发一次，得到喷油泵一次的喷油。

②当柴油机转速为 1 000 r/min 时，每个气缸爆发 500 次，得到喷油泵的喷油也是 500 次，所以凸轮轴转速必须是 500 次，达到喷油泵喷油 500 次的作用。

191. 无级调速机车当柴油机转速升到 800 r/min 时，功率部分的油马达即开始转动。（×）

解析： ①无级调速机车，在机车一定速度范围内，当柴油机转速升到 700 r/min 时，功率部分的油马达，开始由减载极限位顺时针转动。

②当柴油机转速在 700 r/min 以下时，油马达在减载极限位不动，主发电机没有进入恒功率调节。

192. 控制机构主要由弹性连接杆，横轴及左、右供油拉杆，最大供油止档及紧急停车拉杆等组成。（√）

解析： 控制机构作用——实施调节器调节的中间执行机构。

最大供油止挡防止柴油机超负荷运转，控制喷油泵齿条最大供油量。

193. 活塞运动两个冲程，曲轴旋转 720°；完成一个工作循环的柴油机称为二冲程柴油机。（×）

解析：①二冲程柴油机——活塞连续运行两个冲程（曲轴旋转一圈 360°）完成一个工作循环（进气过程、压缩过程排气过程燃烧膨胀过程）的柴油机。

②四冲程柴油机——活塞连续运行四个冲程（曲轴旋转二圈 720°）完成一个工作循环（进气过程、压缩过程排气过程燃烧膨胀过程）的柴油机。

194. 气门间隙其实质就是气门与气门座之间的冷态间隙。（×）

解析：①气门间隙——在冷态的柴油机，当气门处于关闭状态，气门驱动机构与气门之间必须有一定的间隙，该间隙成为气门间隙。

②冷态的柴油机是指柴油机内的冷却水、机油温度不超过 40 ℃。

③预留气门的间隙原因是柴油机工作时条件变化，气门和气门驱动机构受热膨胀伸长；气门机构（气门与阀座之间）会出现下陷；配气机构各零件因为振动脱离原定位置。

④减小冲击力——气门落座时的冲击力不会直接传递给气门驱动机构。

195. 当转向架上液压减振器受拉时，储油筒的油经下腔进入上腔。（×）

解析：当转向架上液压减震器受拉时，储油筒的油经上腔进入下腔。

受压时活塞向下运动，压力油通过活塞的心阀向上运动，通过活塞的心阀的节流作用，压力油发热消耗振动的动能，转换为油的热能；同时，活塞下方的下进油阀部打开，压力油通过下进油阀进入油腔 Ⅲ，打开下进油阀的作用是限制减振器的油压，以免引起损坏。

196. 16V240ZJB 型柴油机曲轴相对于第 5 个曲柄，前后半部的曲柄位置完全对称。（×）

解析：是相对于第五位主轴颈，不是第 5 个曲柄，前、后半部的曲柄位置完全对称。

16V240ZJB 型柴油机曲轴的曲柄是呈镜面对称排列，指曲轴前半段曲柄排列、在镜中的成像即为后半段曲柄排列；即曲轴前后两半段曲柄排列对称于中间档主轴颈。

197. 压缩比是燃烧室容积与气缸总容积之比，以符号 ε 表示。（×）

解析：压缩比 ε 是气缸总容积与燃烧室容积的比值。

气缸总容积 V_a：活塞位于下止点时，活塞顶上部的全部气缸容积，称为气缸总容积。

压缩室容积 V_C：当活塞位于上止点位置时，活塞顶上部的气缸空间叫燃烧室，这个空间的容积，称为燃烧室容积。

压缩比公式：$\varepsilon = V_a / V_C$

压缩比表示了活塞从下止点移动到上止点时，气体在气缸内被压缩的程度。柴油机压缩比的范围一般为 $\varepsilon = V_a / V_C = 11 \sim 22$。

198. 16V240ZJB 型柴油机供油凸轮最大升程为 20.4 mm。（×）

解析： 16V240ZJB 型柴油机供油凸轮最大升程为 20.0 mm。

供油凸轮参数（单螺旋喷油泵柱塞）：基圆直径 $\phi45$，最大升程 20.0 mm；凸轮桃子最高点圆直径为 $\phi65.0$ mm。

199. 喷油泵供油行程的大小，实际上是取决于柱塞套上进油孔，从柱塞顶部到柱塞上螺旋边之间的垂向距离的长短。（√）

解析： 从柱塞的下止点到柱塞上止点之间的行程，称为柱塞全行程。16V240ZJB 型柴油机单螺旋柱塞全行程为 20 mm，控制供油始点的边棱为下水平边而控制供油终点的边棱为左向螺旋边。

200. 燃油的喷射过程可分为：喷射落后期、主喷射期、自由喷射期、过后喷射期 4 个阶段。（×）

解析： 燃油的喷射过程可分为喷射落后期、主喷射期、自由喷射期 3 个阶段。没有过后喷射期这个第 4 阶段的说法。

①喷射滞后期（没有喷油阶段、喷射落后期或者延迟期）——从高压系统实际开始升压到燃油喷射时为止的这一时期，称为喷射滞后期。

16V240ZJB 型柴油机新凸轮的喷射滞后是 $7.56°$ 曲轴转角。在喷射滞后期内，高压系统内的油压从剩余油压 P_r 基础上开始上升，当喷油器端所叠加的油压值达到启阀压力 P_0 时，喷油器针阀升起，针阀喷孔开始喷油，这一阶段结束。

②主喷射期（主要喷油阶段）——从实际喷射开始到喷油泵供油结束为止，这一阶段，称为主喷射期。

喷射压力从 P_0 开始上升达到 P_{max}，再由 P_{max} 开始到略有下降到 P_{max1}。

③自由喷射期（喷射质量差的喷油阶段）——从喷油泵停止供油到针阀落座为止，这一时间称为自由喷射期。

喷射压力从 P_{max1} 开始下降，至喷射压力下降到 P_C（喷射压力下降到 P_C 时，针阀落座），此阶段出油阀已经落座，但是针阀没有落座，仍然能够喷油。

④喷油泵的几何供油提前角大于实际喷油提前角。几何供油持续角小于实际喷油泵的喷油持续角。

201. 最大供油止挡的作用是限制柴油机的最高转速，防止柴油机"飞车"。（×）

解析： 最大供油止挡组成——主要由止挡，横轴，调节螺钉，锁紧螺母，铅封，组成；止挡与横轴的铅垂线夹角为 $17°$。

最大供油止挡作用是防止柴油机超负荷运转，控制喷油泵齿条最大供油量。

202. 低温冷却系统冷却增压空气、机油、静液压工作油。（√）

解析： ①低温水进口温度为不大于 45 ℃，在环节温度为 40 ℃，低温水进口温度最高不超过 64 ℃。

203. 高温冷却系统冷却气缸、气缸盖、涡轮增压器。（√）

解析： 见图 65 所示。

图 65 高温冷却水循环通路图

204. 静液压系统安全阀开启压力为 170 kPa，是一个固定不变的数值。（×）

解析：静液压系统安全阀开启压力是一个变化的数值，最高开启压力为 170 kPa，最高开启压力与回油压力有关。

与回油压力的关系试验值如下：

回油压力为 0.1、0.2、0.3、0.4 MPa，对应的安全阀开启压力为 4.5、8.5、12.5、16.5 MPa。

安全阀作用是防止静液压系统内油压正常波动而形成的不利影响。

当温度控制阀的旁通油路处于关闭状态时，能够消除静液压系统高压管路中暂短的油压冲击，避免高压系统的零件损坏。

205. 牵引装置的作用在于将牵引力（或制动力）从转向架构架传到车体上去。（×）

解析：牵引装置指的是车钩及缓冲装置，作用是自动连接或分解机车和车辆，传递牵引力和压缩力，缓和及衰减冲击和振动，保证列车的行车安全。牵引杆装置的作用是传递水平载荷（牵引力或制动力），将牵引力（或制动力）从转向架构架传到车体上去。

206. DF$_{4B}$ 型内燃机车冷却系统采用高温闭式冷却。（×）

解析：采用常温、开式冷却循环系统。

高温、闭式冷却系统——冷却水管系为封闭式，在最高水位处，作用一个高于一个大气压的压力空气，冷却水能够在超过 100 ℃ 的条件下工作。一般的高温、闭式冷却系统最高工作水温为 110 ℃～130 ℃，所加的绝对气压为 205～345 kPa。

常温、开式冷却系统——是指循环冷却水管系与大气相通，为使循环水不汽化，最高水温低于 100 ℃，并有一定余地。

207. 16V240ZJB 型柴油机采用脉冲增压方式。（×）

解析：16V240ZJB 型柴油机采用定压增压方式。

定压涡轮增压系统——向一台增压器供气的各个气缸，通过排气支管相连接到一个排气总管，排气总管长而粗，各个气缸燃气在总管中膨胀和扩散，燃气的压力、温度、流速波动小，基本以稳定的压力进入涡轮机。增压可以达到高增压 250 kPa 以上压力，布置结构简单。

脉冲涡轮增压系统——对柴油机各个气缸排气支管分组，每组气缸的排气支管相连接到一个排气歧管，几个排气歧管同时连接到增压器的进气壳上。

208. 柴油机转速下降后，联合调节器储气筒油位会下降。（√）

解析：柴油机转速下降时，储气筒油位变化如下。

① 当柱塞向上使动力活塞下行时（下行时减少供油量），动力活塞杆带动补偿活塞

同时向下移动。

②补偿活塞下油腔压力增加，通过泄油孔的油路向池油排油。

③补偿活塞上油腔呈现真空状态，通过连接储气筒的油路，从储气筒吸油，储气筒的油位下降，气垫减压，部分油暂时外借。

209. 温度控制阀对温度的感应有一定的滞后现象。（√）

解析：温度控制阀的感温元件（温包）石蜡受热逐渐融化膨胀工作过程如下。

当油水温度达到石蜡融化温度，温包受热石蜡融化，体积逐渐膨胀，推动推杆和滑阀，逐渐关闭温度控制阀，使通过静液压马达的压力油流量增加，冷却风扇的转速逐步的上升。

感温元件（温包）石蜡逐渐凝固、体积逐渐减小工作过程如下。

当油水温度低于石蜡融化温度时，温包石蜡逐渐凝固，体积逐渐减小，在弹簧的作用下，推动推杆和滑阀逐渐返回，返回到组装后的开启状态，使通过静液压马达的压力油流量减少，冷却风扇的转速逐步的下降由于感温元件的石蜡受温度变化而逐渐融化与凝固，所以对温度的感应有一定的滞后。

210. 气门间隙过小会导致压缩压力不足。（√）

解析：气门冷态间隙是配气机构在冷机下预留的气门膨胀间隙，如间隙过小，在热抗状态下。

柴油机工作时条件变化，气门和气门驱动机构受热膨胀伸长，气门机构（气门与阀座之间）会出现下陷，配气机构各零件因为振动脱离原定位置可以导致气门关闭不严，压缩压力下降。

211. 机油黏度过大会导致压缩压力过高。（√）

解析：黏度是机油流动时分子之间的摩擦内阻力及润滑性能的主要特性指标之一，为使摩擦部件处于最佳的润滑状态，必须选择适当黏度的机油。

机油的 5 个作用中，有一个是密封作用。在气缸内，与活塞组对气缸燃烧室的密封作用，机油的油膜与活塞、活塞环共同完成活塞组的密封作用，所以当机油黏度过大时，使活塞组的密封作用增强，因此会导致压缩压力过高。

212. 机油稀释越严重，机油消耗量越大。（√）

解析：机油稀释主要是燃油漏入曲轴箱内，使机油的闪点、黏度大幅度下降，导致机油早期报废。所以，机油稀释越严重，机油消耗量越大。

213. 16V240ZJB 型柴油机连杆瓦紧余量为 0.22～0.30 mm。（×）

解析：连杆瓦紧余量（余面高度）——连杆瓦放在测量胎具内，一端固定，另一端施加 $P=22554$ N 的力，测量轴瓦高出余面高度为 0.20～0.24 mm，即轴瓦的端面高出测量平面 0.20～0.24 mm。

连杆瓦紧余量（余面高度）作用——是连杆瓦可靠工作的一个极为重要的参数。合适的紧余量可以使轴瓦均匀可靠地贴合在轴承孔内，达到足够的精度和刚度，有利于轴瓦的散热，提高轴瓦的承载能力。

214. 机油过多窜入气缸参与燃烧会引起排气温度过高、排气支管及总管发红。（√）

解析：支管总管发红、温度高基本原因是燃烧状态差，燃油在气缸内没有完全燃烧，在排气支管及总管中燃烧。

机油过多窜入气缸参与燃烧，使气缸内的零件表面形成积碳，造成磨损增大，喷油器雾化质量恶化，燃烧状态变差，是引起排气支管及总管发红的1个因素。

机油还会随着排气进入排气支管及总管，在管内燃烧引起排气温度过高，引起排气支管及总管温度升高，造成排气支管及总管发红。

215. 只有喷油提前角过小时，才会造成未经燃烧或燃烧不良的燃油从缸壁漏入曲轴箱，加速机油的稀释。（×）

解析：1）喷油提前角——在活塞靠近上止点前，让燃油提前喷入气缸，等到燃油燃烧时，活塞正靠近上止点，燃烧的气体做功处于最佳位置，这个提前喷油的曲轴转角称为喷油提前角。

2）喷油提前角过小是引起机油稀释的一个原因。

喷油提前角过小，由于喷油后延，造成后燃严重，排气冒黑烟，排气温度高，燃油在气缸内不能充分燃烧，有可能进入油底壳，引起机油的稀释，也是一个因素。但是，引起机油稀释的原因很多，还有如下一些方面。

①缸套、活塞间隙大。

②喷油器雾化质量差。

③柴油机长期在低转速下空转。

④各气缸喷油泵小油量相差悬殊。

⑤经过机体内部的喷油泵、喷油器回油管接头松或者回油管裂纹。

216. 喷油器间断喷射现象只是用于柴油机低速空载时，柱塞每循环供油量较小而造成的。（×）

解析：引起间断喷射的原因很多，按题目的说法只是一种原因，表达的不够全面。

间断喷射（间隔喷射）是喷油泵两次向喷油器供油，喷油器只喷油一次的喷射。

其他的原因如下。

①每个循环的供油量比较少。②高压系统的容积大。③出油阀回油量多。

④喷射启阀压力油压高。⑤剩余油压低等原因。

217. C 型联合调节器恒压室压力油的压力为 0.50～0.60 MPa。（×）

解析：当 60 ℃～70 ℃时，C 型联合调节器恒压室压力油的压力为 0.65～0.7 MPa。当油的压力为 0.6 MPa 时，液压马达应该转动灵活。

218. 当司机提高主手柄位时，联合调节器联合杠杆先左侧上移，然后右侧下移。（×）

解析：当司机提高主手柄位时，联合调节器联合杠杆先左侧下移，然后右侧上移。

左侧下移，当司机提高主手柄位时，步进电机正转，蜗轮旋转，带动配速活塞杆下移，使配速活塞下压调速弹簧（宝塔弹簧），使飞锤收拢。

右侧上移，左侧下移的同时，通过联合杠杆，右侧动力活塞杆以悬挂点为中心，绕悬挂点上移，带动短路活塞向上移动，通过传动结构，供油连杆把喷油泵的齿条拉出来，齿条刻线增加，使喷油泵供油量增加，柴油机的转速上升。

219. 联合调节器补偿针阀排油时，动力活塞正在上移。（√）

解析：只有在补偿活塞向上移动时，补偿活塞上油腔的容积缩小，补偿活塞上油腔才会向油路Ⅳ排油（同时向储气筒排油），同时补偿针阀排油。

当补偿活塞向上移动时，是因为被动力活塞向上拉动的结果，所以，补偿针阀排油时，正是由于动力活塞正在上移的结果。

220. 联合调节器主要是通过飞铁的张开与合拢来感受柴油机扭矩的变化。（×）

解析：联合调节器主要是通过飞铁的张开与合拢来感受柴油机转速的变化。

飞铁用来感受柴油机转速的变化，与柴油机曲轴的转速成正比。

221. 机车在牵引运行中，当柴油机的转速稳定时，曲轴的右旋力矩正好与主发电机的左旋力矩平衡。（×）

解析：机车在牵引运行中，当柴油机的转速稳定时，曲轴的转矩（动力矩）与主发电机的阻力矩相平衡。主发电机与电动机不同，它不存在产生转动的电磁转矩，主发电机在负载工作时，只存在阻力矩。

222. 机油滤清器体焊修后须进行 1.5 MPa 压力试验，保持 5 min 不许渗漏。（√）

解析：段修规定机油滤清器体焊修后须进行 0.9 MPa（大修为 1.2 MPa）压力试验，保持 5 min 不许渗漏。

223. 冷却单节须进行 0.6 kPa 水压实验，保持 5 min 不许渗漏。（×）

解析：段修冷却单节须进行 0.4 MPa（大修为 0.5 MPa）水压实验，保持 5 min 不许渗漏。

224. 冷却单节每个单节堵焊管数不许超过 2 根。（√）

解析：《DF$_4$ 段修规程》规定每个单节堵焊管数不许超过 6 根（大修为 4 根）。

《DF$_{8B}$段修规程》规定每个单节高、低温侧堵焊管数均不许超过 2 根（大修为 2 根）。

225. 热交换器堵焊管数不许超过 15 根。（×）

解析：DF$_{4B}$段修热交换器堵焊管数不许超过 20 根（大修 8 根）。

226. 轴向柱塞泵的柱塞中心线平行于转轴轴线。（√）

解析：DF$_{4B}$内燃机车的 ZB732 液压泵是轴向柱塞式定量泵，Z 表示轴向，B 表示泵，7 表示 7 个柱塞，32 表示柱塞直径，流量是 285 L/min，转速 1 220 r/min。

227. 变量泵容积一经调定，运转中该容积即保持常值。（×）

解析：变量泵容积一经调定，运转中该容积是随着负载变化变化而的，当达到最大压力 P$_{max}$ 时，密封的容积不再变化，流量最小并接近于零，压力稳定不变。

228. 所谓增压就是指增加燃油的压力。（×）

解析：所谓增压是指增加进入气缸的空气压力。

增压的方法，机车柴油机采用涡轮增压器，增压器采用单级轴流式涡轮机和单级离心式压气机。

229. 直接与轴箱联系的弹簧叫二系弹簧。（×）

解析：直接与轴箱联系的弹簧叫一系弹簧。东风4型内燃机车采用二系弹簧转向架。

230. 与增压器气机连通的抽气装置是一种换气装置。（×）

解析：与增压器气机连通有两个气口，进气口和出气口，都不属于换气装置。进气口与进气道连通，进气道前端连接的滤清器。出气口与出气道连通，出气道后端连接的中冷器。

231. 柴油机润滑系统机油压力不足是由机油泵造成的。（×）

解析：柴油机润滑系统机油压力不足，由机油泵造成的只是其中一种原因，不能确定就是机油泵造成的。

232. 在燃油系统设置安全阀是为了减少燃油压力。（×）

解析：安全阀作用是防止由于燃油精滤清器堵塞，油压过高可能损坏燃油精滤清器或者产生泄漏。当燃油精滤清器前的管路压力达到 245 kPa 时，安全阀开启，使一部分燃油通过燃油预热器回燃油箱。

233. 若燃油管路内混有空气，容易造成增压器喘振。（×）

解析：此题与132题完全相同。

燃油管路内混有空气，与增压器喘振无关。

燃油管路内混有空气的影响如下。

①柴油机冒黑烟。②柴油机转速不稳定。

③柴油机功率不稳定。④燃油压力低。

234. 燃油内含水分过多，会使柴油机起机困难。（√）

解析：合格的燃油内是不准含有水分的，燃油内含水分过多，会使柴油机起机困难。

燃油内含水分过多引起的后果如下。

①引起柴油机冒白烟。②柴油机功率不稳定。③柴油机启动困难。

235. 机油或冷却水温度低，会使柴油机突然停机。（√）

解析：机油或冷却水温度低，会使燃烧状态不良，排气冒黑烟，影响到柴油机转速的稳定。也会造成启机困难。

启机困难原因如下。

①机油或冷却水温度低，活塞和缸套的温度也比较低。

②活塞和缸套他们之间的间隙比较大，这时气缸内的空气漏泄会使压缩压力下降，柴油点火压力就不容易达到，即使能够点火，也会使活塞敲击缸套；所以启机和加负载温度应该严格执行。

236. 限制同一台柴油机活塞连杆组的重量差是为了提高柴油机工作平稳性。（√）

解析：活塞组重量要求——称重包括活塞销、活塞环，同一台柴油机各活塞组重量差不超过 200 g（铸铁活塞不超过 300 g）；活塞重量打印在销座下方。

连杆组质量要求——包括连杆瓦、衬套、连杆螺钉，同一台柴油机连杆组质量差不超过 300 g；连杆组质量最大不超过 38.5 kg，质量值打印在连杆大头侧面上。

活塞连杆组质量差——同一台柴油机，活塞连杆组质量差不超过 200 g（铸铁活塞不超过 300 g）。

237. 建立质量体系的目的是为了更好地实施质量管理。（√）

解析：1）质量体系概念如下。

①质量体系——为实施质量管理的组织结构、职责、程序、过程和资源。

②如何建立质量体系—— 一般步骤：质量体系的策划与准备；质量体系的文件编制；质量体系的试运行；质量体系的评价与完善。

2）质量体系的策划与准备。

①教育培训，统一认识。

②组织落实，拟定计划。

③确定质量方针，制定质量目标。

④现状调查和分析。

⑤调整组织结构，配置资源。

3）质量体系的文件编制。

①编制质量手册。

②编制程序文件。

③编制作业文件。

④编制其他文件。

4）质量体系的试运行。

①宣传贯彻体系的文件。

②质量体系运行实施。

③协调、改进、反馈。

5）质量体系的评价与完善。

①规定的质量方针、质量目标是否可行。

②体系文件是否覆盖主要质量活动，文件接口清楚与否。

③各部门职责是否明确，组织结构是否合理。

④质量体系要素选择的是否合理。

⑤规定的质量记录要起到见证作用。

⑥全体职工执行情况如何，养成按照体系文件操作和工作的习惯。

参 考 文 献

[1] 铁道部人才服务中心．内燃机车钳工．北京：中国铁道出版社，2008.

[2] 李晓村．内燃机车柴油机．北京：中国铁道出版社，2010.

[3] 李晓村．内燃机车总体．北京：中国铁道出版社，2008.

[4] 迟卓刚．内燃机车制动机．北京：中国铁道出版社，2008.

[5] 王连森．内燃机车检修．北京：中国铁道出版社，2007.

[6] 祖国庆，马春英．机械基础．北京：中国铁道出版社，2007.

[7] 安增桂．机械制图．北京：中国铁道出版社，2006.

[8] 铁道部．东风4型内燃机车段修规程．北京：中国铁道出版社，1993.

[9] 铁道部．铁路技术管理规程．北京：中国铁道出版社，2006.

[10] 铁道部．东风8B型内燃机车段修技术规程．北京：中国铁道出版社，2004.